【經典】
HUMANITY
【人文】

源自臺灣的慈悲涓流，
如何匯為全球的濟世浪潮？

島嶼善潮

推薦序／

假如臺灣沒有慈濟？

荒野保護協會榮譽理事長
李偉文

雖然我們知道，「成住壞空」，這世界本來就是一直在變化著，但是這些年因為科技的進步，導致不管是人類社會或自然環境改變之大，更是令人心驚。

臺灣是一個島嶼，承受變化的能力相對有限，對於長期關心環境與臺灣永續的我而言，這些年常常浮現心底的一個問題是：「假如臺灣沒有慈濟那會變成怎麼樣？」

誠如作者所寫的：「如果慈濟能以一個佛教法師，一滴善水，跨國跨洋形成浪潮……這股心靈力量的具體實踐模式，對於當代功利社會，是否更為重要？」

總覺得慈濟帶給臺灣，帶給世界的是一場無聲的溫柔革命。一般所謂的革命，通常是以為自己掌握了真理，然後會以強烈的態度指正別人，推到極致，甚至會以強大的壓力甚至暴力來達其所願。但是溫柔的革命剛好相反，是從自己改變做起，透過尊重與包容，甚至留有空間來等待，讓周邊的人因為親眼所見而改變。常會覺得，這種來自內心的感動，才是真正且持久的力量。

姑且不論慈濟數十年來對於醫療、環保、慈善發展出許多創新、獨特，並且可複製的模式，我覺得它對世界的最大貢獻是來自人心的改變，就像書中一位受訪者所說的：「慈濟並不是俯視弱勢群體，而是仰視弱勢群體，志工做了好事以後要感恩的。感謝能夠來伸出援手，這個給我震撼非常大。」

也誠如作者訪問慈濟基金會顏博文執行長後所體悟到的：「在全世界裡，慈濟這個根生於臺灣的基金會或許還不能算大，但它以佛法為根基所帶出來的信仰與行動力，相信可以為國際社會注入一種源於東方的慈善模式與人間美學。」

的確，慈濟志工的行動力令人讚歎，如同〔證嚴〕上人一再提醒的：「做，就對了！」這種願意起身行動的信心，正是溫柔革命的力量。比如單以慈濟環保志業來看，在臺灣，慈濟環保站與環保點加起來將近一萬處，全球天天有超過十萬人在為環境而付出行動，這個或許大家沒有注意到的隱形力量，讓我對臺灣的未來充滿信心。

記得在二十多年前荒野保護協會成立前，就發現環境運動最大的困境其實是在「環境保護」成為普世價值之後。在以前，關心環境的朋友不管是為哪一個議題或哪些理念在努力時，總是透過各種數據資料，用各種方式來說服不同意見的人，期望這些人被我們說服時，情況就會有所不同，環境就會有所改善。

可是到了二十一世紀的今天，幾乎每個人都同意環境保護很重要，可是當你要說的一切他們也都同意時，我們還能夠再「說」些什麼嗎？當我們不需要「說服」（也無從說服起，因為他們全部同意你）任何人時，環境卻還是在快速惡化中，這就是我所說的環境運動的困境。

因此，這個困境已無法透過更多的環境教育來解決，而是必須減少從「認知」到「行動」之間的落差。

而且，這些年重要的環境議題，甚至牽涉到我們這個文明能不能永續下去的關鍵，是全球暖化導致的氣候變遷，以及因為經濟全球化導致的貧窮問題與自然資源快速耗損。這些挑戰跟早年環保團體所著力的保護某個森林、某條溪流或某個物種完全不同。過去我們對抗的是具體的單位，可以明確地找到策略方針。但是今天我們面對的敵人不是別人，而是我們自己、我們的生活習慣、我們的價值觀。

我們發現，只有一個人變成願意行動的志工，他的生活習慣，價值觀，才會真正的改變。這也是荒野保護協會不斷發展志工組織的原因。

不過我也知道，很多人還是很悲觀，認為我們面前的挑戰似乎都太過於鉅大，再加上我們發現竟然找不到罪魁禍首時（原來我們習慣過的方便生活與舒適享受，以及因全球競爭所帶來的低廉物價……居然是問題的癥結），許多人不免會沮喪地想：「我們個人微不足道的力量能產生什麼改變？」

的確，面對七十多億人口，複雜且龐大的全球經濟體系，我們每個人似乎是汪洋裡的一滴水，顯得如此渺小。

面對大海，每一滴水似乎是那麼微不足道，可是整個海洋不就是這些微不足道的水滴所集合起來的嗎？因此，每個水滴也都有它的責任，每個水滴的貢獻都有它的意義存在。

就像上人勉勵我們的：「善猶如一滴水，一把沙，一滴水匯入大海，功德如海；一把沙堆積成山，功德如山。」

是的，個人的努力如同一滴水，但是如何讓這一滴水永不乾涸？答案是流入大海中。也就是把我們個人的努力，匯聚入一個可長久良善的組織。

這場根植於臺灣的溫柔革命，島嶼善潮，如果有如同你我更多的善水加入，就會形成改變人心，改變世界的溫柔力量。

推薦序

蕞爾臺灣 壯潤人心
和風大地 世界同行

內政部部長 徐國勇

臺灣的宗教團體平日深入社會的每一個角落，從事各式各樣的社會服務工作，將資源與關懷延伸到政府不及的地方；每當國內發生重大災難時，宗教團體更是在第一時間抵達現場，發揮無遠弗屆的影響力，協助政府進行賑災，讓社會快速復原、受災的家園迅速重建，並膚慰受災者受創的心靈。所以，宗教團體在臺灣，不僅是安定社會的力量，也是國家最強大的後盾，而證嚴法師一九六六年在花蓮縣「靜思精舍」一手創建的慈濟功德會，就是臺灣最重要的宗教團體之一。

慈濟從一九六六年創立以來，以宗教大愛的情懷，配合政府的政策，致力興辦各種社會公益慈善事業，慈善事業的版圖涵蓋醫療、慈善、人文與教育等四大志業；舉凡國內外賑災、骨髓捐贈、資源回收、社區服務，都可以看到慈濟人穿梭不斷、積極投入的身影；並隨著時間的遞移、志工人數的成長與組織的逐漸擴大，慈濟的慈善志業更擴及到國外，除了在世界各地陸續成立分會及醫院外，並與國際非政府慈善組織進行各項人道救助合作事宜。

然而慈濟這樣一個組織複雜、志業經營多元並被公認華人世界最具規模的慈善事業團體，是如何從被慈濟人稱為心靈故鄉的「靜思精舍」開始，逐步發展成為擁有四百多萬會員的龐大慈善機構呢？王俊富先生撰寫的這本《島嶼善潮》，就是透過宏觀的歷史與理論的層次，梳理慈濟在這半世紀的發展過程中，重要的人物與事件，讓我們得以深入瞭解慈濟如何以其「為佛教、為眾生」的宗教慈愛精神，一步一腳印地成為國內外具最具指標性的宗教團體之一，並在國際間擁有無與倫比的影響力。

這本書除了說明慈濟這五十多年來組織發展演變過程，也特別聚焦在慈濟近十年的會務特色，並以許多篇幅說明書中所稱：「堪稱慈濟成立五十年來遭遇過最大的衝擊」、「為慈濟上了一堂代價極高的課」的二〇一五年慈濟內湖開發案事件爭議、慈濟對爭議的回應及後續因應社會期待的一連串改革，提供我們瞭解慈濟如何將這場重大危機變為轉機，並樹立宗教慈善組織領導及管理的典範。我尤其喜歡這本書中提到的一個小故事：證嚴法師在一九七九年宣布要在花蓮籌建五百床規模的大醫院，至一九八一年時募款仍然艱辛無比，但有一位日本善心人士表示願意捐兩億美金襄助，卻被證嚴法師婉拒了。因為證嚴法師堅信，這件好事應該由寶島上的更多善心人士共襄盛舉。這個婉拒也傳達了證嚴法師的一個理念，就是慈善不能一人為之、市井小民皆可為菩薩。

我非常認同證嚴法師的「慈善不能一人為之」的理念，我相信人們涓滴的善念善行，終將滙聚成為浩瀚湧動的善潮，從而發揮愛與善的影響力，使社會祥和、世界安和。今年，慈濟在臺灣即將邁入第五十五年，在這五十多年來，臺灣人民捐善款、當志工，樂於行善助人，可以說是慈濟啟發了臺灣千萬顆的愛心，不僅讓臺灣成為國際間愛心密度最高的寶島，也讓臺灣的宗教團體及其慈善志業受到國際肯定及讚揚。文末，謹以「蕞爾臺灣，壯濶人心；和風大地，世界同行」感謝慈濟與臺灣所有宗教團體對於慈善的實踐力與影響力，讓蕞爾臺灣成為宏大壯濶、充滿愛與包容的慈善寶島，並深願臺灣的慈善和風，遍行人間，與世界同行。

守護生命、健康與愛的慈濟

衛服部部長
陳時中

以臺灣面臨最嚴峻的人口高齡化為例，慈濟服務內容與政府大方向相當一致，極力推動社區長照。花蓮、大林、臺北、臺中以及關山慈濟院從二〇一八年起，依據政府的長照2.0計畫，成立「A級社區整合型服務中心」，連結在地專責提供長照服務之「B級複合型服務中心」及「C級巷弄長照站」，建構以社區為基礎之整合式服務體系。另外，慈濟環保站，雖然不是政府目前長照計畫的一環，但實質上，也提供許多銀髮長者活動與提升生命價值的空間。

我曾參訪過慈濟苗栗園區的長照據點，可以感受到慈濟的用心，以及長者們的歡喜。長照就是要運用社會整體的力量，給家庭充分的支持，不能讓照顧問題拖垮一家。銜接居家醫療，推動醫療與照顧結合，將是最完善的服務結構。慈濟志工能在各地發掘個案、減少長照悲歌，將長照資源推廣到各角落，結合宗教、社會與政府的力量，更能讓長照資源充分被利用。

對於國內的慈善服務，慈濟可說著力很深。過去十年間重創臺灣的天災，慈濟除了支援速度與效率高，更從未缺席過。一九九九年發生九二一大地震後，慈濟承諾援建五十一學校。至今，已經持續完成二十多所校園減災希望工程的援助，對於臺灣本島的愛與資源的投注，功不可沒。慈濟更以守護生命、守護健康、守護愛之理念造福偏鄉民眾，除了設置醫護院校，為花東培育許多的專業人才，也設立花蓮慈濟醫院等七家醫院、骨髓幹細胞中心、倡議教學用大體與器官捐贈、協助推動社區健康促進等，以及在尖端醫療技術與倫理、觀念的引領上，為臺灣醫療做出相當大的貢獻。以救治血液疾病患者為例，自一九九三年成立慈濟骨髓幹細胞中心，推動造血幹細胞暨臍帶血移植，迄今就已拯救超過五千多個家庭。

慈濟人愛心醫療無國界，集結各地慈濟人醫會之台灣醫療義診團隊，聞聲救苦深入全球各地，包括東非辛巴威、馬拉威、莫三比克等。慈濟醫療體系在跨國醫治、醫衛合作及國際醫療長期耕耘的努力，連續獲得二〇一七年、二〇一八年「國際醫療典範獎」及二〇一九年「第十二屆TCSA台灣企業永續獎」等獎項，足證「生命是跨越種族、國家界線的」，臺灣的醫療實力足以與世界共享，而獲獎者的卓越表現，也是可貴的醫療外交成果，讓世界看見臺灣。

期許未來慈濟醫療志業持續善盡「守護生命、守護健康、守護愛」職責，朝「成為專業與人文最優質之國際化醫療體系」願景而邁進。

出版者序／

涓滴匯河成潮的慈濟群像

慈濟傳播人文志業基金會平面總監
經典雜誌總編輯
王志宏

得先告解的是，《島嶼善潮》一書的內容原是我一直盤算離開職場後想寫的一些慈濟見聞，尤其想用5W1H來理性分析解讀我所敬佩的慈濟人。自從有了這樣的念頭，想像中的書在腦中堆久了已然成形，但也因一直未能實踐，結果久而久之就成了懸於心中的大石。但我還是得先說，本書原始的腹案，約莫是一種臉譜的概念：那是進入慈濟基金會工作的二十餘年間，那一張張交會過的臉，那一雙雙合十問候的雙手，那一次次的溫馨擁抱……，而這些不尋常的際遇，也因有足夠的時、空間的累積來醞釀與發酵，這些深植在大腦皮質上的一幕幕總是值得再三回味；也因為如此，或許自覺能拼湊出約略的慈濟群像。

信手捻來當然不是三言兩語可以敘述完整的：一九九七年在衣索匹亞高原的偏僻一隅，協助蓋診所的L君，敘述著如何想讓一輩子沒看見煙火的小朋友能有個特別的聖誕夜；煙火施放時意外地引來了軍隊的關切；一九九八年在阿富汗，明知此行可能是「單程票」的C君、S君等，如何帶著八百公斤的抗生素等藥物進入被塔里班軍隊圍城的北方聯盟巴米揚孤城；而回到國內的華航大園空難，如同鄰家親切大嬸的L姐，如何鎮定的協助撿拾散落的大體遺骸；九二一地震發生後，原在北朝鮮處理援助事宜的台中L君，如何急切返臺並夜以繼日地協助大愛村的構築……。然後，在我協助《經典》創刊之際，那位白髮慈祥的G嬸，持續將清晨掃地、白天賣水果的結餘，無畏而全然地慷慨布施之餘，竟也三不五時捎來熱騰騰的雜誌訂單。稍後，我才知曉到她不識字的事實。

自己出錢，自己請假，無怨無悔的付出，是這群人共同的特質，但原因呢？在此，我必須承認，原本只打算用五年時限投入《經典》，但後來竟展延成十年、再一晃，已過了二十年……。無非是因為工作中聽聞與見證了更多的感動而回頭鞭策自己更精進，這一切猶如磁石般吸引住自己、並化為令我願傾注全副心血的最大動力。

從年輕時的一線工作，逐漸退居到幕後二線，雖然缺少了能親臨現場再體驗滿滿感動的收穫，但身為報導者與出版者，仍是思索應如何能客觀地替這些人群塑像，成為大時代下的典範見證。

在本書作者王俊富決定開啟了他斜槓人生後，我覺得應是把心中的大石轉移的時候了。俊富的專業是傳播，有文字記者、攝影記者的歷練，當過大學講師、又當過節目製作人，最後是節目部經理。雖然彼此不在相同的部門工作，但曾經也讓他在極短的時間將他在貴州的採訪經驗整理出書，對他的文筆也因此有一定的信心，而最近幾年外賓參訪大愛電視台必看、且好評如潮的慈濟基金會三十分鐘介紹短片，也是出自他的手筆。理性與感性兼容的他，更重要的是一直因著採訪與節目工作的需要，不停且深入地結交世界各地的慈濟人。我想，順勢交棒將此艱鉅任務轉付與他，應是最好的抉擇。

數以萬計的全球慈濟人該如何書寫？當然，我倆都認識相當多的慈濟人，但如何選取所欲書寫的個人，這當然有相當主客觀因素，但我們事先也曾思索著各類型的典範（Role model），在有限的篇幅，相對有限的書寫時間，於是因事而有人，有人方成事，因著慈濟的發展，俊富一方面就他過去的採訪經驗，另方面也積極再安排更深入的採訪，巧妙地以理性的時間與空間來當背景，每一個大事件的成因、相關人物的側寫，就如同他所擅長的記錄片般，在紙上流暢地揮灑開展出來。

事實上，二十萬字說多不多，說少不少，但用來描述慈濟五十餘年來的事與人，那當然是萬萬不足的。但俊富的文字，確能解釋出慈濟何因、何事、何地、何時、何人與何法的5W1H來，且更旁徵博引地詮釋了慈濟半世紀來的因緣種種：如何從台灣到全世界，如何從證嚴法師到無數的志工群。

將自己未來的寫書計畫轉給他人，當然不捨。但拜讀了他的文稿後，竟然是喜悅與驕傲，前者是慶幸所託對人，精采絕倫；而後者是喜當伯樂的驕傲，所識對人。

期盼讀完此書的讀友，當了解從涓滴匯河，入海成潮，源於島嶼的善潮如何影響著當代與未來的大洋與大洲，也深盼您的參與承擔！

第一部
平行線
歷史的對位

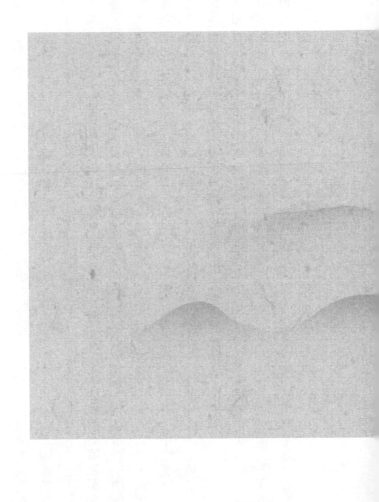

第一章

事實、數字與未知

二〇一八年十二月，在馬來西亞北部吉打州（Kedah），出現了一場生前告別式。主角是大馬知名米商、也是當地華人家族的核心人物——被稱為三姊的劉寶鑾。此刻她七十歲、是位淋巴癌末期病患。走向未知終點前，家族成員與認識她的好朋友們以溫馨儀式祝福劉寶鑾。劉寶鑾篤信佛法，對生命價值有一定的徹悟。身體越是孱弱，她的心卻越顯平和。這個家族從先祖移民、求生、創業興衰、遭逢挫折與再起，曾經充滿血淚。

在中東國家約旦（Jordan）邊境的敘利亞（Syria）難民營，來自臺灣的陳秋華望著無盡的苦難。眼見身有病痛卻茫然無助的婦孺小孩，數度滴下傷心淚。陳秋華曾是中華民國海軍陸戰隊軍官、跆拳道九段武術大師、榮獲過「國家英雄」殊榮。年過六十，他發了一段簡訊給我：「您讓我看到年輕的我，陸戰隊三不怕（不怕苦、不怕難、不怕死）。如今的我難以自我形容，想著都是生病要手術、給藥的難民小孩們。以前的威，不見了。」這段話，讓人感傷。一個高段武者面對苦難現前，內心竟然如此脆弱。

新北市三重區，年過六十的家庭主婦羅美珠告訴我，她有個機緣與十年前菲律賓「海燕風災」災區的孩子相遇。這個長大的孩子對她說，我怕您早已忘記我。羅美珠拿出相片說：「沒有，我一直把你放在心裡。」這些因為賑災而發生的故事，或許不是一般家庭主婦有機會經歷的。但對羅美珠來說，生命裡有一大半，透過災難與志工參與，讓自己看到更為廣闊的世界。

土耳其（Turkey）實業家胡光中為了替難民籌建學校，在政治與地方勢力間周旋。他的故事，實足以構成一部諜報小說的素材。二〇〇三年，美國「九一一恐怖攻擊」事件後，他因為助唱慈善募款歌曲中的一段歌詞，被土耳其情報單位祕密「逮捕」監禁。多年來，常遭黑函誣陷。身處伊斯蘭國度，這個來自臺灣、最多每天可以淨賺一百萬元的臺商，是自己無聊找罪受嗎？認識他多年，每次見面，在福態笑臉間，其實深藏著胡光中跟太太周如意的情感壓力。因為，他們同樣身處難民流竄的區域。悲憫，常常讓他充滿無力感。但為無力感尋找出路，成為他往前奮進的動機。

動筆這一瞬，觸動大腦記憶區，決定以上面幾個故事片段作為開場白。希望透過親身採訪與體驗，作為本書的撰寫起點。

此刻、回看與遠眺

二〇〇二年，華航 CI 611 班機於澎湖海域發生空難。當時，我在無線電視台擔任記者。第一時間趕赴馬公採訪後，待了兩個禮拜。港口船隻進出繁忙，一批批上岸的除了機身殘骸，就是某個人的身體、或只是身體的一部分！當時，記者寫稿、過音與剪接的工作站就在冷藏大體的冰櫃區附近。屍臭不算濃，但偶曾飄來一絲曾經是生命的淡淡味道。

職涯裡，首次因為嗅覺疲勞而習慣屍臭的場合是一九九九年的「九二一集集大地震」。過去半世紀的臺灣近代史上，這場巨災應屬空前，其影響之深遠更難以計量。當時，我跑遍中部災區。隨著日子一天天過去，屍臭不再，但成為隱隱絕望的代名詞。

跑完澎湖空難，我產生濃厚的厭世感，也對職業產生疑問。究竟這世界怎麼了？作為媒體工作者，我們應該扮演怎樣的「翻譯者」角色？隨後有個機會，我轉職到大愛電視台，開始了超過十五年的探索之路。

二〇〇四年，我在大愛電視台擔任《大愛全紀錄》節目製作人。這一年的十二月，南亞發生災情慘重的大海嘯。臺灣慈濟基金會透過國際人脈，火速把醫療團送進印度東南方的重災區島國斯里蘭卡（Sri Lanka），我也奉派隨團採訪。醫療團從首都可倫坡（Colombo）一路推進到南方小鎮漢班托塔（Hambantota）時，方為災後第三天。小鎮充滿一種詭異的安靜與清幽。來自叢林、村落與廟宇的環境音，向來者的聽覺打了聲道地的招呼。下車，當腳踏在土地上那一刻，我不知即將面對怎樣的場景。

漢班托塔緊鄰湛藍的印度洋。南國風景綺麗浪漫，氣溫引人閒散慵懶，我跟編導馬儁人來到一處「假日市集」。這裡原本應該人聲鼎沸、交易熱絡。但此時，濤聲之外、空寂地可怕。毛細孔感受到的，是詭譎的靜謐。突然電話聲響起，記得傳來那句話是：「挖土機到了，正開挖，快過來。」我跟編導趕過去採訪，目睹重型機具在引擎聲中、掀開薄土下煉獄般的劇幕——斷頭的孩子、坐在馬桶上的男人、某個媽媽的手、某個爺爺的腳、一窩破碎的器官與殘肢。海嘯襲來瞬間，這些人怎麼走的？或許快到連他們都來不及理解發生什麼事！畫面，就這樣一幕幕傳進幾位臺灣記者的眼簾、知覺與記憶區中。此刻的濃濃屍臭味再度提醒我——腳下，就是地獄！

在很多災難現場採訪，印象最深刻的是鑽進瓦礫堆中救人與搬運大體的身影、來自各國的救難隊與國際非政府組織（International Non-Government Organization）以及無數志工。除了記錄慈濟醫療團的畫面，我也見證大小團體陸續加入救援序列。一位無國界通訊組織（Télécoms Sans Frontières）成員對著我問：「你們是誰？從哪裡來？」為了將畫面傳回臺灣，我跟馬偕人趕到美聯社（Associated Press）衛星站作業，被問到的也是同一個問題。我的回答是：「我們是媒體工作者，為臺灣大愛電視台服務。這次跟隨慈濟基金會醫療團前來救災，並記錄點滴故事。」

短短三天，整備醫療團、跨國協調、交通安排、抵達災區投入義診。論效率，不輸國際組織；仰賴的，不是軍事運輸。這樣的動員力從何而來？方法為何？問題，一個一個浮現。當年前進漢班托塔的醫療團醫生，有許多現在都已經是院長級人物。但是人間有難，他們選擇的不是安逸、而是深入最需要人道協助的戰線。

本書的許多故事與反思，都將由「慈濟」這個根源於臺灣、發展超過半世紀的非政府組織講起。但想了解它，最好的視角應在此刻的時空站定，回望過去五十年的歷史脈絡、看清現在的人類處境、並往不可知的挑戰與未來寄望而去。

此刻、回看與遠眺，正是本書的撰寫基礎。從過去半世紀的人類歷史、當代世界樣貌、蕞爾小島慈善團體所做的一切，都值得臺灣人更為宏觀思考——我們是誰？該如何定位自己的未來？臺灣能往海外觸發的浪潮，究竟是什麼？

而本書描述的這個團體規模有多大、有多小？世界排名第幾？榮譽有多少？或許都不是重點。重點是，對臺灣來說，它的存在究竟蘊含著怎樣的意義？

定位臺灣，從歷史與時空思考

從幾個人物的片段故事起筆，與職涯有關。我在許多新聞、災難現場，見證過無數生離死別。生命價值，也往往在這樣的情境中才能獲得深刻彰顯。不過，現世的主流價值，聚焦的是物質享樂？抑或生命價值的探究？

過去二十餘年間，臺灣媒體從多元開放演進到沉淪墮落。這話不需科學實證，相信多數民眾充分有感。政治娛樂、八卦暴力、碎片訊息、偏見與專斷，讓傳媒公信力降至低點。而氾濫的社群科技，幫助你我看清了真相？或者更為困惑？

事實是——富者，財可敵國；窮者，身無分文；病者，可能在微弱氣息中等死；苦者，吞下抗憂鬱藥、依舊不得解脫。碎片化的新聞滿天飛，但真正結構性問題的根源，看來並非政府與傳媒真正有興趣解析與對治的。

於是，政媒聯手創造出前所未有的對立氛圍。年輕人控訴未來沒有希望；年紀大的世代在退休保障的爭議中，對僅存的時日不抱樂觀。這股「悶絕」未必島國獨有，或許舉世皆然。國際間黑天鵝當道、政經霸權繼續製造貧富差距。而意識形態的對立鬥爭、莫名突變與蔓延的不知名病毒、以及正在深遠影響人類的各種數位演算法，都深刻影響著現今每一個人。

從遙遠山村的貧農到抱怨低薪的中產階級，從旅行國際的商人到兵馬倥傯間的士兵，每個個人、每個群體，這整個世界，是否知道自己現在處於人類大歷史的哪個斷面？處在怎樣的境地裡？與可能面對怎樣的未來？這麼多複雜的問題，有沒有終極的答案？答案，不會自己浮現；它需要被引導、探索與體悟。而一旦有了答案，人生之道就會清晰透徹、通暢順遂。

為原生臺灣的全球性基金會回顧半世紀的當下，同時平行敘事的是人類的歷史、社會的變遷、智慧的傳播、價值的珍貴、以及引領千萬人探索生命答案的使命感。

進入故事本體前，先回顧二〇二〇年之前的半世紀。這五十多年間，地球上，發生了哪些大事值得省思？

半世紀的失序與秩序

從二〇二〇年回望半世紀，約莫是一九六〇年代中期。臺灣從一九四五年第二次世界大戰與日本殖民時代結束後、開始往開發中國家奮進。

六〇年代，世界上有幾個事件深具指標意義——政治上，越戰方酣。美國支持南越政府，與北越在泥淖山野間拉鋸戰線。來自布魯克林（Brooklyn, N.Y.）的工人與溪山（Khe Sanh）叢林中的越共互不相識，卻因為兩造政府灌輸的意識形態而彼此殘殺。為了求勝與面子，美軍在這純樸之國投下了比二次大戰噸數總和更多的炸彈與無數帶有劇毒的化學落葉劑（Agent Orange）；越共的地雷、陷阱、刁鑽的游擊戰術，則讓洋基大兵死傷遍野。長達十年的戰爭，重創越南、輸掉和平、撕裂美國社會。

當時的中華民國仍保有聯合國席位、邦交國很多。除了大家熟知的沙烏地阿拉伯（Saudi Arabia），中東火藥庫周邊國家的約旦也是其一。六〇年代，約旦為了增強防衛力，頻頻向臺灣提出軍事合作計畫的請求，內容包含代訓空軍飛官與陸軍部隊。這時的中東，因為以色列（Israel）與周遭阿拉伯國家的戰爭與對峙，氣氛極度緊張。

七〇年代初，陳秋華因為家境清貧，選擇進入陸軍士官學校就讀，並在一九七三年世界首屆跆拳道大賽中，以隊長之姿率全隊奪下銅牌。他說，當年一夕爆紅，在左營街上幾乎可以橫著走。時任士校校長的哈敷文看上陳秋華的人格特質，決定將他送到約旦。一九七四年，陳秋華抵達約旦，不僅擔任皇室衛隊教官、也一路將這個國家的跆拳道運動推上巔峰。然而，國際局勢丕變，一九七七年，約旦正式與臺灣斷交，而陳秋華就此留在這個中東國家，落地生根至今；並與約旦現任國王之弟哈山親王（Prince Faisal bin Hussein）維持超過四十年的莫逆情誼。

陳秋華在約旦以 Mr. Chen 叱吒風雲，與弟弟陳得雄聯手訓練出數千位跆拳道徒弟。學武的他，曾經一餐可以吃掉半頭羊。陳秋華在跆拳界素以嚴厲著稱，有學生只因為看到他的銳利眼神就當場尿褲子。他的個人傳奇，至今傳頌未斷。二〇〇三年初，我剛認識陳秋華。年底第二次因為採訪相遇，他已經開始吃素。當時陳秋華自我調侃說，不吃肉，真的讓他這個學武的人整天全身癱軟。這一年，美伊戰爭爆發，陳秋華跟著約旦皇室慈善組織（Hashemite Charity Organization）深入伊拉克（Iraq）境內發放物資給難民百姓。出發前，他將存摺、重要資料放在一個盒子內，親手交給自己的太太高怡怡。這個舉動，帶著點風蕭蕭兮的悲壯。

如果從國際政治變遷的角度而言，過去五十餘年，有一半時間處於冷戰衝突、升高與緩和結束的階段。直到一九九一年蘇聯解體，美國與盟邦成為勝利集團，輸贏終於論定。

從此刻回顧過去半世紀有其必要。因為，冷戰留下的影響依舊深遠。許多國家自有其社會制度與不同民情，但卻在戰爭後的強權分贓下成為犧牲品。統一前的兩德、分裂的南北韓，或許就是最警世的例子。但歷史沒有如果，人類往往只能在錯誤中看到愚蠢、然後從毀滅中學得教訓，再往下一個階段摸索而去。

大戰之後，小戰雲起

戰爭，正是照見人性愚蠢的歷史之鏡。冷戰美蘇兩大集團之外，中東與北非更是獨裁政權更迭、內戰不斷。後冷戰時期，大型戰爭不再，但區域衝突增加，黎民百姓總是最無辜的受害者。難民，逐漸成為新世代的全球性問題。

談起戰爭體驗，一九六八年出生的胡光中也算經驗豐富。

胡光中是個虔誠的穆斯林。二〇一八年底相約採訪時。他穿著印有伊斯蘭圖騰的寬鬆上衣，同樣帶著福態笑容、侃侃而談。但談話中，胡光中突然喊停，因為禱告時間已到。他借了條毯子，小淨後、透過手機App確認聖城麥加（Mecca）方向，恭敬禮拜真主阿拉。

胡光中在十八歲時就從臺灣遠赴利比亞求學，並遭遇人生中第一次衝擊。當時的利比亞政府對抗的是「美帝」。一九八六年，美軍對利比亞發動空襲。聽到炸彈聲之際，年輕胡光中嚇得驚慌失措。所有留學生們揹起行囊、匆忙準備逃命。但即便場面緊張，他的利比亞同學們因為久經戰亂，居然還能開心在炮火中聚在一起看電視、瘋足球。

在美國入侵與本國鬥爭中，胡光中就讀的學校並未免於意識形態的紛爭。學生們跟著校長走，如紅衛兵一般、揪出所謂的「反革命分子」抄家遊街。利比亞的煙硝與內鬥，讓胡光中首次深刻體會到戰爭的殘酷。二〇一八年，胡光中年過半百，已經是個移居土耳其的成功商人。此時的他，身分是慈濟基金會土耳其聯絡處負責人。胡光中面對的不再是煙硝，而是無數因為敘利亞內戰而離鄉去國的難民。

地球崩壞，力有未殆？

政治兵災之外，上半個世紀，國際經濟與地球環境亦有極大變遷。大國的發展未曾停歇，而更多第三世界國家，則奮力從農業往資本工業社會邁進。追求現代化的代價，無以計量。

六〇年代起，科技發展一日千里。電腦程式語言 Basic 問世，為資訊時代創造更多可能性。經濟上，石油輸出國組織 OPEC 成立。但石化燃料被人類大量需要的同時，也種下深遠禍因。因為，當能源結合權力，紛爭與危機就會隨之而來。

不過，六〇年代亦為環保意識的起點。一九六二年，美國生物學家瑞秋・卡森（Rachel Carson）出版了《寂靜的春天》（*Silent Spring*）。書中分析了農藥殺蟲劑對環境的破壞。美國政府開始對治劇毒殺蟲劑問題，並於一九七〇年成立「環境保護局」，各州紛紛立法禁止劇毒殺蟲劑的生產與使用。《寂靜的春天》也被認為是二十世紀環境生態學的標誌性起點。

水資源、溫室氣體、物種滅絕、各式汙染、糧食不足、人口危機問題的病根過深。一時間，讓人類無以回應。智者、學者的呼籲力量微弱，往往被更多無意義的政治話語淹沒。

二〇一八年，聯合國氣候小組公布報告——「想要避免暖化危機，國際社會應把地球溫度升幅控制在攝氏一點五度以內」。過去氣候協議將全球氣溫上升幅度控制在攝氏二度內，而今下修，這零點五度之差，將會是許多人的生死關鍵。但是，當我們塞在上下班車潮中、抑或被捲入火力與核能發電等能源爭議時就會發現，這項挑戰成功的可能性，似乎微乎其微了。

過去五十年，反戰浪潮、資源枯竭、環境保護的普世意識逐漸建立。但「創新式破壞科技」，可能更為可怕、成為暗藏在日常生活中卻鮮少有人慧眼指陳的隱憂。（註1）在失序與秩序的不斷重整中，人類模塑出二〇二〇年的世界樣貌。生活水準提升、衛生條件改善。不過，消費與享樂主義依舊主導著人類行為。商業機制仍勝過精神信仰，並將「物質即幸福」的概念深植於數十億人的潛意識中。

在十九、二十世紀許多哲學家的思辨裡，其實已經預見今日人類社會的樣貌。尼采在《查拉圖斯特拉如是說》（*Also sprach Zarathustra*）書中描寫一種「末人」（The Last Man）的形象——「這是令人作嘔的一代」。現代人的物質迷戀與精神沉淪，回應著他文字裡鄙夷式羞辱的描述。（註2）

二十世紀，是人類文明史上發展最快速的一百年。二十一世紀，只怕會加倍超越、並製造更多難以解決的問題。當政治實體的領袖們關注著發展與競爭力，種下的就是無止境的爭鬥與剝削。但，面對全球一百九十五個國家、僅三年（二〇二三年）之距就會突破八十億的人口數。討論這些精神道德層面的崇高議題，實際嗎？

非洲南方的貧農、地中海上的難民、東京蝸居的低薪階級，這些人關注的是生存，無暇參與全球化問題的理解。但他們的悲慘身影，至少可以讓掌握權力者思索解決之道。因此，如果只看眼前當下不問未來，上述提問的確過於高遠而不切實際。但思想與遠見的引領，往往決定人類社會發展的大方向是走向災難滅絕、抑或永續和諧。

二十世紀，兩場世界大戰與原子彈的威力，再度以慘痛代價敲醒人類良知。一九四五年終戰後，折衝與協調紛爭的最大國際組織，終於以聯合國（United Nations）之姿於歷史舞台出場。

與一次世界大戰後「國際聯盟」（League of Nations）慘澹收場的結局相比，聯合國即便還存在著不公平或是強權主導的態勢，但也算盡其所能地扮演調和鼎鼐的角色。目前，聯合國用於衝突地區維和任務的預算比，已經遠低於教科文、婦女兒童、公共衛生、難民援助等方面的計畫。（註3）

難民問題升溫中

敘利亞與羅興亞（Rohingya），是全球在過去十年間的主要難民族群。

人類因為大型跨國戰爭的減少，傷亡相對降低。但取而代之的是內戰與區域性衝突的增加。因此造成的難民問題逐年增溫、無法冷卻。逼近七千萬的全球難民群中，超過二千五百萬人選擇跨越國界逃亡。政治與人道的複雜度，形成鄰國內政的極大壓力。以敘利亞難民為例，已經造成歐盟諸國極大的壓力。

敘利亞問題有多嚴重？背後代表了什麼意義？

一、社群時代，敘利亞受到二〇一〇年北非阿拉伯之春運動（茉莉花革命）的影響，從社會騷亂演變為內戰。其實，現在號召革命已不似過去、需要帥氣叼著雪茄的切．格瓦拉（Che Guevara）透過激情演講鼓動群眾情感了。社群傳播當道，一段手機影像與控訴，也許就能燎原成遍地野火。北非突尼西亞（Tunisia）小販阿濟吉（Mohamed Bouazizi）的自焚事件，或許正是間接引發中東敘利亞內戰與難民潮的導火線。

二、敘利亞內戰超過七年難解，難民突破五百萬（敘利亞原人口總數約為二千三百萬），難民到處流竄的結果，造成歐洲秩序大亂。

三、光敘利亞、阿富汗、南蘇丹、緬甸及索馬利亞五國的難民人數，就占聯合國難民署轄下難民總數的三分之二。只要其中一個國家的衝突畫下句點，就能對全球難民人數帶來可觀的影響。（註4）

歐洲街頭，許多敘利亞難民漂浪其中，成為盲流人球。土耳其，則是接收難民最多的國家，數字約莫三百五十萬人。

內戰爆發後，在敘利亞大學教授阿拉伯文的教授主麻瑟亞（Cuma Serya）帶著一家人逃亡到土耳其。但母國的高學歷與社經地位保障不了一切，異國落難，每個平安醒來的早晨都是奇蹟。大人能忍，但他十六歲的小兒子受不了絕望、決定隻身偷渡到德國。大兒子精神失常，主麻瑟亞只能忍痛讓太太面對風險，帶他回敘利亞鄉間調養。他說：「骨肉離散，像是將一個人的頭、手和身體分開。」這是何等之痛？主麻瑟亞還算是境遇稍好的難民，因為，有更多家庭須於寒冬中的街頭求生，在精神歧視與溫飽之難中想望明日升起的太陽。

二〇一五年，年輕詩人 Widad Nabi 則是在人蛇集團的安排下，與一百多人擠上大卡車，艱辛踉蹌地逃到德國。二十天旅程裡，她見證了「真正的痛苦、當個難民的意義、與殘忍又虛假的人性。」「如果他們全都死了，有任何人會知道嗎？還是只覺得是更多難民死掉而已？沒有一個人知道卡車的目的地，更不用說他們可以在旅程結束前，全部存活下來。」「我們是一群命運被人蛇集團、黑手黨、戰士所控制的人類。」（註5）

長年奔走於約旦邊境難民營的陳秋華描述難民處境，掉下英雄淚。他看到許多單親婦女、或稍具姿色的女子必須為了生存而出賣自己的身體，換取活命機會。訪視發放中，只要看到帳棚外坐了個小孩，他心裡就明瞭發生什麼事了。而作為鄰國，約旦真的願意幫助難民嗎？許多有錢人透過關係進入難民營挑選女人「買妻」，玩膩了後再丟回難民營。約旦民間充滿不仁不義的現象，尤其醫療收費，只能以對難民「發戰爭財」來形容。身處在大量難民的情境裡，慈悲心濃重的東方武者陳秋華內心越來越脆弱。因為，似乎怎麼救都救不完。

至於源自緬甸的羅興亞難民，其處境與飄浪之艱難不輸敘利亞。為了逃離迫害，多年來，他們往南流竄。不管海路、陸路，有地方躲，就不顧一切攜家帶眷奔逃。馬來西亞首都吉隆坡，就聚集了許多羅興亞難民。這些群體不僅生活衣食無著，孩子失去教育機會，更得躲避警察盤查與「逮捕」遣返的恐懼。國際難民總署（UNHCR），也必須尋求本地NGO的協助，才多少能夠提供資源協助。

回顧半世紀，在失序與秩序的重整中，身為人類，尊嚴究竟是什麼？該思索的課題，又應該是什麼？

半世紀的時代數字

用「新和平時代」來形容二〇二〇年的世界，其實並不為過。在Google輸入這幾個字，第一個搜尋頁給出的答案多是南、北韓會談的新聞。二〇一八年四月二十七日，南、北韓領袖文在寅與金正恩簽署了「板門店宣言」後，緩解了朝鮮半島多年來的緊張局勢、核彈危機與國際對峙。

新和平，是與過去歷史比較的相對性說法。伴隨人類文明前進的，永遠存在著三大議題——饑荒、瘟疫、戰爭。而這三大議題在二十一世紀前葉已獲得極大程度解決。（註6）從平均壽命延長的角度而言，一百多年前，我們的曾曾祖父們可能剛跨過中年危機的門檻，就準備邁向往生之路。但沒意外的話，我們這代人將會迎來八、九十歲的高壽。「現代醫學的成功之處，是讓我們免於早夭早逝，能夠過完應有的人生；我們的意識形態看重人類的生命，絕不允許我們輕易接受人類死亡。」(註7)三大生存議題獲得前所未有的改善，科技、理性、信仰與國際合作，扮演著重要角色。

如果以饑荒、瘟疫、戰爭為範圍，有四個攸關人類福祉的歷史軌跡值得參考——貧窮、疾病、暴力與環境。這四個指標，或許可為過去半世紀的世界略繪輪廓。

貧窮抗戰與疾病公衛

一九六〇年代，全世界有超過百分之六十人口生活在每天二美元的貧窮線下。超過百分之四十人口跨越不了每天一美元的極度貧窮線。(註8)

時間來到二〇一五年。根據世界銀行統計，全球仍有七億人生活在極度貧窮線下，相較一九九〇年，少了十億。極度貧窮的人口比例，也從一九九〇年的百分之三十七點一降到二〇一五年的百分之九點六。半世紀，首次降到百分之十以下。不過，在二〇一八年的最新報告裡，這個下降曲線已經趨緩。值得提醒的是，即便降到七億人，貧窮仍然是個龐大群體。赤貧，跟時代無關。因為二〇二〇年雅加達貧民區的苦日子，恐怕並不比半世紀前好到哪裡。(註9)

在二〇一九年，全球處於飢餓狀態的人數估計超過八億，並重回十年前的水準。根據聯合國的分析，除了戰爭衝突，與氣候變遷相關的極端降雨、乾旱、洪水等，都是當代糧食問題與饑荒的新主因。(註10)

一九一八年，一種稱為「西班牙流感」的病毒隨著國際商隊船隻，讓全球三分之一人口（五億）遭到感染。光在印度，就有百分之五的人喪命。短短一年內，病毒帶走全球五千萬至一億人的性命。（註11）

如果讀者們記憶猶新的話，二〇〇三年造成全球恐慌的SARS、以禽豬為媒介的新型流感、二〇一四年在西非爆發的伊波拉（Ebola）病毒等等，這些可能引發新世紀黑死病的危機，在全球公衛體系的努力下，最後都幸運獲得解除。

醫學上，過去如愛滋病、各類癌症這些不治之症的治療技術都有長足進步。除了營養條件的改善，醫學與公衛防疫，也延長了人類壽命。一九七〇年代，人類平均壽命尚未跨過六十歲；但在二〇一六年，已經增加到七十二歲。（註12）兒童死亡率的降低，甚至不需回溯五十年。一九九〇年以來，全球兒童保護進展快速。五歲以下兒童死亡率，下降了百分之五十六。（註13）而孕產婦的死亡率，同樣下降了百分之四十四。（註14）

與前述提醒類似。大幅改善證明有可為，但不代表不需努力。

暴力的迷思和事實

關於暴力，一般來說人們會有幾個刻板印象：

現在時局動盪不安，不比過去民風淳樸安定。

恐怖攻擊等暴力事件頻傳，我們都生活在恐懼之中。

暴力只會愈來愈嚴重，世界將以戰亂終結。

但是，不管來自國際間的戰爭、或是社會暴力犯罪事件，客觀數據是這樣：

遠古部落紛爭的死亡率，是二十世紀戰爭與種族屠殺的九倍。

中世紀歐洲的兇殺率，是現代歐洲的三十倍以上。

美國因種族問題引起的暴力攻擊，是一般暴力攻擊發生率的百分之零點五。

在《人性中的良善天使：暴力如何從我們的世界中逐漸消失》（*The Better Angels of Our Nature: Why Violence Has Declined*）一書中，哈佛大學教授史蒂芬・平克（Steven Pinker）以心理學者的研究與正向角度分析。他認為每個人心中都住著誘人作惡的惡魔、以及領人向善的天使。多虧政府制度的成熟、識字率提升、貿易熱絡以及四海一家的觀念普及，讓良善天使得以發揮更大的力量。我們更能同理他人的遭遇、以講價代替搶奪、丟棄有害的觀念、運用理性的力量來降低使用暴力的衝動。

平克不是無可救藥的樂觀。他強調的是——理性力量對於消弭暴力的重要。

環境崩壞猶可逆？

與前三者相比，生態與環境的惡化，顯然是人類最難面對的最大危機。但要理解地球在過去半世紀的改變，或許可從認識「人類世」（Anthropocene）這個關鍵字開始。

「人類世」，是由一九九五年諾貝爾獎得主——荷蘭大氣化學家保羅・克魯岑（Paul Crutzen）所提出。他相信，人類活動對於地球的影響，足以成立一個新的地質時代。雖然這個論點爭議仍在，但人類有無可能在地球四十六億年歷史的地層年代表中，創造出新紀元呢？

人類世的討論，關鍵在二十世紀中葉。現代文明發展進入所謂「大加速」（Great Acceleration）時期。全球人口激增，石化、塑料被廣泛使用，加上頻繁進行的核試驗，已經讓環境產生顯著改變。（註15）而溫室氣體排放，更是最近十餘年來的環保熱話題。

從人類平均壽命、嬰幼兒死亡率降低、暴力死亡率的趨緩，或許實證了當代科技、理性價值與外交折衝，可為人類帶來新的和平時代。但，這距離長治久安的大同世界可能仍有數百年之遙。

從一九四七年起，美國芝加哥大學《原子科學家公報》雜誌設立了一個虛擬的末日時鐘（Doomsday Clock）。依全球受核武威脅的程度，再決定將時間往午夜調近、或是減緩。在二〇〇七年，《原子科學家公報》重新定義了末日二字——「生態系的毀滅、洪水、毀滅性的暴風、日益蔓延的旱災、極地冰帽融化。」都能帶來終結性的惡果。（註16）

二〇一八年一月二十五日，末日時鐘再次調動。這次，距離子夜僅僅兩分鐘，平了一九五三年的最驚險紀錄。這紀錄，發生在美蘇兩國核武試爆競爭最激烈的 年。因為新和平，所以人間已無苦難？因為新和平，所以不需更加努力？從末日時鐘的警示，其實答案是更為清晰的。人口往八、九十億狂飆而去之際，傳統的苦難雖獲緩解，但新型的苦難已然立於前方冷酷叫戰。

但人類的多數，感受到、體悟到、並做好準備了嗎？

半世紀的世界脈動與慈濟因緣

本書前三篇，寫的是半世紀的歷史大背景。談到原生於臺灣的國際性非政府組織（International Non-Govemment Organization INGO）與全球脈動的關係，一九六六年成立的慈濟基金會應屬值得分析的典範。

慈濟基金會的創辦人，就是證嚴法師。

一九三七年，俗名王錦雲的證嚴法師出生於臺中清水、並過繼給叔父當長女。當時，臺灣仍屬日本殖民地。幼年，她（按：法師出家後現大丈夫相，改以「他」字稱謂）在太平洋戰爭美軍轟炸的恐懼陰影中長大。一九五八年，其父王天送因病往生。年輕證嚴法師在參加法事之際，對佛教產生濃厚興趣。一九六三年，他決心皈依印順法師正式出家，法號證嚴、字慧璋。印順法師慈示的六個字「為佛教、為眾生」，成為證嚴法師畢生依教奉行的核心精神。

一九六六年，證嚴法師在花蓮鳳林一家診所探病時，見聞原住民病婦因無力支付八千元，只能由族人悵然扛回部落。看著留在地上的一灘血（按：慈濟早期稱「一攤血」，後統一改為「一灘血」，本書除引文遵原著，餘皆從之），法師心痛無比，萌生成立慈善組織的念頭。

六〇年代的臺灣，脫離殖民地身分十餘年。戰後復興中的社會，醫療資源缺乏與貧病之苦，本就有其時代的必然。當時除了美國政府的援助計畫，西方教會在社會救助上也扮演著重要角色。就在見聞一灘血事件的同年，三位天主教修女來訪證嚴法師，雙方相談甚歡。但修女臨走前卻說：「今天終於了解佛陀的慈悲是普及蠢動含靈一切的生命，確實很偉大。不過，雖然天主的博愛只是為全人類，但是我們在社會上建教堂、蓋醫院、辦養老院，那麼佛教對社會可有什麼具體貢獻？」

這番話，激勵了證嚴法師積極入世、服務人群的信念。於是，證嚴法師決定創辦「佛教克難慈濟功德會」，以一介年輕比丘尼，帶領三十位婦女走上行善之路。「佛教克難慈濟功德會」，成為慈濟基金會的前身。

多數基金會的全銜，看不到克難二字。但這兩個字意義深重，它代表的是毫無資源，卻願意奮力去做的決心與情感。

五十餘年間，慈濟基金會以佛教為根、慈善為起點，開創出四大志業。一九六六年到一九九〇年代初期，慈濟在臺灣本土深耕慈善與醫療。這與二戰後許多從殖民地獲得解放的國家與區域，其發展趨勢是一致的。經濟轉型之外，社會救助、醫療體系與教育制度的建立，更是必經之路。而民間基金會，可以在政府能力不及之處，扮演重要的社會力量。

經過七〇年代產業轉型、經濟起飛；八〇年代中產階級的興起，臺灣醞釀出一股精神提升與願意付出的能量。除了本島，慈濟開始對外輸出良善軟實力。一九九一年，從援助孟加拉水患與大陸賑災開始，它以臺灣為名走進國際社會，並帶著不同慈善模式與經驗，將實踐方法複製到許多地區。之後將近三十年間，因應全球脈動，不管是戰禍、天災，只要能力所及之處，無不全力以赴。

資源回收，小島成典範

而除了慈善與國際間的急難援助，慈濟提出的許多理念與倡議也屬前瞻而敢於變革。

一九九〇年，距瑞秋．卡森《寂靜的春天》一書出版已有二十年之遠，但離一九八三年聯合國成立「世界環境與發展委員會」才七年左右。相較全球性議題，當時臺灣的環保意識，聚焦在空汙與水汙。九〇年代，因應工業需求而發展的石化工業（如五輕、六輕），成為備受抗爭的目標。

環保議題大至全球、小至國家，想改變，必須從民眾意識、政策實踐與跨國合作開始，絕非一朝一夕可成。

一九九〇年的證嚴法師，不喊高遠的抽象口號。他從生活化的角度出發，倡議大眾「用鼓掌的雙手做垃圾分類」。意即，資源回收並不難，人人都可做出貢獻。在各縣市垃圾山紛紛拔地而起、垃圾大戰新聞頻傳的年代，這份倡議深具創意與遠見。慢慢的，慈濟資源回收站，一個個在社區裡出現。環保志工身影，一個個穿梭在清晨的街市小巷，讓垃圾變成黃金。

二〇一六年，美國《華爾街日報》以"Taiwan：The World's Geniuses of Garbage Disposal"為題，透過數據告訴讀者——臺灣是垃圾處理的世界典範。在已開發國家中，這座小島高達百分之六十的資源回收率僅次於奧地利與德國，並遠勝過日、韓、英、美。對許多百姓來說，付費購買垃圾袋、在《少女的祈禱》音樂聲中把垃圾丟進垃圾車、資源必須分類回收、廚餘搜集成堆肥，早已是生活習慣的一環。但想不到這簡單的日常，居然讓曾經的垃圾島成為國際模範。

報導中除了肯定政策方向，也強調民間自發性的環保行動發揮很大功效，甚至可能比政府更有效率。例如，慈濟基金會在全臺各地設有逾四千五百個資源回收站（二〇一八年底，全臺環保站共二七九處、社區環保點共八五三六處），由其志工負責處理、分類垃圾，成績斐然。

從生命的價值思考

醫療方面除了廣建醫院，與世界脈動緊密呼應的，或許可以慈濟「骨髓捐贈與幹細胞中心」為例。

半世紀前，血液疾病患者幾乎求生無望。一九六〇年代，國際醫界普遍不相信骨髓移植有朝一日能夠運用於臨床治療。但美國醫師唐納爾・湯瑪斯（Edward Donrall Thomas）卻在六〇年代晚期，成功發展出骨髓移植療法，讓血液腫瘤疾病患者盼得一線曙光。（註17）緊接著，一九七四年，世界第一座骨髓庫在英國成立。一九八六年，全球最大骨髓庫在美國成立。一九九三年，慈濟在白血病友溫文玲、醫界學者請命與政府託付下，承擔下維運成本極高的「骨髓捐贈資料中心」。（二〇〇二年，更名為骨髓捐贈與幹細胞中心）

慈濟的骨髓幹細胞資料庫，目前樣本數雖然次於中國大陸的「中華骨髓庫」，但以人口規模比例而言，能夠成為全球排名第八的生命希望之庫，堪稱臺灣民眾愛心凝聚到極致的表現。慈濟骨髓庫成立至今，移植案例數已經超過五千人。數字，或許只是冰冷的計量單位。但對於每個重獲希望的生命與家庭來說，當屬無價至深。

一九六六年至今，慈濟基金會的發展帶有相當深厚的社會研究精神與前瞻性。當它成為全球性基金會，與世界脈動的連結也將更為緊密。往二十一世紀第三個十年前進之際，地球與人類文明的快速變遷，或許更將考驗著這個深受信任的團體。

全球性宗教發展趨勢

熟悉臺北市的人，對於金山南路、信義路、和平東路和新生南路一帶，應該印象深刻。清真寺、聖家堂、靈糧堂、法雲寺，不同宗教的殿堂與道場，讓這個大街廓充滿神聖的信仰氛圍。

臺灣面積很小，但包容各種信仰的環境，卻讓它在宗教多元的指數上排名全球第二、僅次於新加坡。（註18）

宗教的多元包容，同時代表發展與競合的空間仍大。根據美國權威智庫皮尤研究中心（Pew Research Center）的調查，臺灣主流宗教中，民間宗教（Folk Religions）所占比例超過四成。正統佛教人口僅占百分之二十一、基督宗教約為百分之五。

以多元性的角度，臺灣這塊自由沃土，的確提供人民許多信仰上的選擇。但不管在本島或是世界，佛教希望度化更多眾生、爭取更多認同之路，其實依舊漫長。本節略述主流宗教，乃希望透過全球宗教脈絡的描繪，讓後續段落的理解與閱讀更為容易。

以信仰人口的多寡而言，全球最大宗教應為基督宗教（天主教、基督教、東正教等），人口二十四億餘；第二為伊斯蘭教，人口超過十五億；第三為印度教，人口約十億。（註19）不過，印度教因其種族與地域性，未被歸類為全球性宗教。排序的第三位，由五億信眾的佛教取代。（註20）

全球人口已經超越七十七億（註21），主流宗教比例並無太大變動。但皮尤中心的另一份分析報告指出——二〇六〇年，伊斯蘭教人口將會趨近基督宗教人口，各達全球人口的百分之三十一。而佛教徒則可能從全球人口的百分之七，衰退至百分之五左右。（註22）

四十年之遙，宗教版圖是否會真如上述研究更迭變動？或許未必。關鍵是，每個宗教在理念傳播、實踐與爭取認同的努力是否足夠？教義的復古與行動的創新，是否能被廣為接受？以上，皆屬未知。但既然未知，也就更有各自努力的空間。對於佛教來說，尤然。

全球佛教徒只占總人口百分之七，代表佛教精神尚未有效傳遞、打動更多人的心靈。探究原因——佛教從印度傳入東土兩千多年以來，與中國、東亞文化圈的民間信仰混雜至深。加上出家僧侶不問世事的社會形象，的確讓弘法之路陷入停滯衰敗的困境。不過，從二十世紀初太虛大師、中葉印順法師以降，開始出現為佛法貼近人間的興革振聲努力的學問僧。「人間佛教」思潮，最後在臺灣獲得發揚與實踐。這股實踐力量，學者普遍以慈濟、佛光山與法鼓山為標竿。（註23）

佛教的興衰與未來

臺灣很小，若以「島嶼善潮」的角度論及它在東方宗教史上最為特出之處，或許正是「佛教人間化」的落實以及影響力的擴大。人間佛教在臺灣超過半世紀的弘法與實踐模式，是否有機會為佛教全球化擴大格局？而佛教，在未來的人類文明史上，是否能夠與其他宗教一起扮演穩定人心的力量呢？

在描繪過去半世紀世界歷史的輪廓裡，同時將宗教列於其中有其原因——人類在生活品質提升之際，必然會開始追求生命價值與心靈的平靜。與此同時，也將遭遇前所未有的迷惑與未知。活在全球化與科技主導的複雜蜘蛛網絡裡，面對苦痛與無力，終極答案不會在晚間的政論節目或是科學紀錄片裡出現。

回歸古老的慈悲教法，或許會是一帖最好的心藥。但佛教的護教弘法之路，也將會充滿艱險。

註1：哈拉瑞（Yuval Noah Harari）著，林俊宏譯，《21世紀的21堂課》，臺北：遠見天下文化，二〇一八年八月初版一刷，頁十一。

註2：陳慕純，《文明的危機與轉機》，臺北：允晨文化，二〇〇八年十一月初版，頁四。

註3：陳牧民、陳宛郁，《圖解國際關係》，臺北：五南圖書，二〇一七年四版，頁一九四。

註4：王詩菱編譯，Glocal Action，〈620 世界難民日：去年全球難民每天增加超過 4 萬人，過半數是兒童〉，公益交流站 NPOst.tw，二〇一八年六月二十日。網址：https://npost.tw/archives/44266。

註5：葉姿婷，〈遇見敘利亞詩人—我不是只是個難民〉，Medium 網站，邊境獨白 Border Story，二〇一八年一月十一日。網址：https://medium.com/border-story/ 遇見敘利亞詩人 - 我不是只是個難民 - ab71889f37e6。

註6：哈拉瑞著，林俊宏譯，《人類大命運：從智人到神人》，臺北：遠見天下文化，二〇一七年一月初版，頁六。

註7：同註 6，前引書，頁三四—三五。

註8：Our World in Data, “Share of the World Population living in Absolute Poverty, 1820-2015”. 網址：https://ourworldindata.org/wp-content/uploads/2013/05/World-Poverty-Since-1820.png。

註9：“Decline of Global Extreme Poverty Continues but Has Slowed: World Bank”, WORLD BANK GROUP, 2018-09-19. 網址：https://www.worldbank.org/en/news/press-release/2018/09/19/decline-of-global-extreme-poverty-continues-but-has-slowed-world-bank。

註10：〈联合国新报告称全球饥饿人数持续上升〉，联合国儿童基金会中文网，二〇一八年九月十一日。網址：https://www.unicef.org/zh/新闻稿/联合国新报告称全球饥饿人数持续上升。

註11：同註6，前引書，頁十五。

註12：72.0 years was the average life expectancy at birth of the global population in 2016, “Global Health Observatory (GHO) data”,World Health Organization. 網址：http://www.who.int/gho/mortality_burden_disease/life_tables/situation_trends/en/。

註13：〈儿童：降低死亡率〉，世界卫生组织中文网，二〇一八年九月十九日。網址：http://www.who.int/zh/news-room/fact-sheets/detail/children-reducing-mortality。

註14：〈孕产妇死亡率〉，世界卫生组织中文网，二〇一九年九月十九日。網址：http://www.who.int/zh/news-room/fact-sheets/detail/maternal-mortality。

註15：〈人類活動讓地球進入了新的地質年代?〉，端傳媒，二〇一六年一月九日。網址：https://theinitium.com/article/20160108-dailynews-Anthropogenic-Epoch/。Colin N. Waters, Jan Zalasiewicz, Colin Summerhayes..., “The Anthropocene is functionally and stratigraphically distinct from the Holocene”, Science, Vol. 351, 2016-01-08. 網址：http://science.sciencemag.org/content/351/6269/aad2622。

註16：史蒂芬．平克，《人性中的良善天使：暴力如何從我們的世界中逐漸消失》，臺北：遠流出版，二〇一六年一月初版，頁三四二。

註17：張捷、李政霖訪問，李政霖、張捷撰文，〈陳耀昌教授專訪〉，INVESTIGATOR BIOSCIENCES HONOR SOCIETY TAIWAN，二〇一四年七月二十日。網址：https://investigatortw.wordpress.com/2014/07/20/陳耀昌教授專訪/。

註18：“Table: Religious Diversity Index Scores by Country, Pew Research Center, 2014-04-04. 網址：http://www.pewforum.org/2014/04/04/religious-diversity-index-scores-by-country/。

註19：“The Changing Global Religious Landscape”, Pew Research Center, 2017-04-05. 網址：http://www.pewforum.org/2017/04/05/the-changing-global-religious-landscape/。

註20：“The Global Religious Landscape”, Pew Research Center, 2012-12-18. 網址：http://www.pewforum.org/2012/12/18/global-religious-landscape-exec/。

註21：worldometers, Current World Population. 網址：http://www.worldometers.info/world-population/。

註22：同註19。

註23：楊曾文，〈二十一世紀的人間佛教和佛教研究〉，第四屆印順導師思想之理論與實踐學術研討會，臺北：國立臺灣大學文學院佛學研究中心，二〇〇三。網址：http://buddhism.lib.ntu.edu.tw/FULLTEXT/JR-NX012/nx059513.htm。

第二章

小島・萌芽・生根

五十年前的影像，似乎最適合以黑白、或是帶點泛黃的紀錄膠卷展現：

臺北西門町前，中華商場人潮鼎沸。臺灣松下國際牌那大紅色正立方體霓虹燈廣告則是聳立街頭、吸睛非常。路邊小攤標價——鴨蛋湯五元，味噌湯兩元。三輪車在街頭攬客，偶爾，還能看到獸力車經過。中華路車潮不多，黃色的五十鈴「狗頭公車」穿梭都會街頭，公路局長途巴士「金馬號」，則是載著商賈遊子南來北往。

二戰英雄艾森豪（David Eisenhower）抵達松山機場，萬人空巷。政府動員五十萬人歡迎史上唯一來訪臺灣的美國總統。當時，往總統府方向的中山北路兩旁，行道樹甚至還沒長高。

在英國百代新聞社（Pathé News）的黑白紀錄片裡，省議員選舉造勢，市街熱鬧非凡。候選人站在1／4T軍用吉普車上，高喊請投登記第八號的議會最「大砲」。另一位候選人，則訴求發揮黃埔精神、督促政府大量興建國民住宅。婦權先驅女性參選人當仁不讓，握著麥克風，高聲懇請民眾賜票力挺。

地方衛生所外，結核病巡迴車前大排長龍。診療間標語寫著——「要避免天花，必須種牛痘」。放學時間，穿著卡其色制服與船形帽的中學生列隊離校。國小校園裡快速繞圈的「旋轉地球號」上，掛滿活潑的孩子。背景圍牆則看得到紅漆毛筆書寫的十二條「青年守則」。來到中南部，農民採收甘蔗的盛況、加工出口區的繁榮、輕工業建設的蓬勃……

以上，就是六〇年代的臺灣即景。

1960's – 1970's 臺灣，五十年前

許多影像，透過一九六二年成立的「臺灣電視台」向外播放。除了新聞，也製播各式戲劇、節目、更引進西方影集，為臺灣廣電史立下新的里程碑。當年，臺視出產的「臺視一號」電視機，開始進到每個家庭的客廳。

半世紀前，離二戰後的艱苦日子越來越遠。一九六五年，美國正式終止了對臺灣長達十五年的援助計畫。原因是，開發程度已高、應有能力自給自足。靠自己站起來的這個十年，另一個最重要的指標應該是一九六八年開始、「九年義務教育」的推動。在美國製作的紀錄片 "TAIWAN ISLAND OF FREEDOM —— REPUBLIC OF CHINA COLD WAR FILM NARRATED BY GLENN FORD" 中，除了向國際觀眾介紹當年「福爾摩沙」風土民情之外，旁白更如此介紹著臺灣對於教育的重視：「老師是待遇最高的公務員，教師學者深受尊重。因為他們知道，教育象徵著國家的未來。」

這個未來，真的得到印證。

六歲以上的文盲占全國人口的比率，從一九五二年的百分之四十二遽降到一九八九年

的百分之七點一，而受過中等教育的人口占全國人口的比率，也從一九五二年的百分之八點八提升到一九八九年的百分之四十四點九。教育普及化的發展，使臺灣人口結構中的知識水準，有了相當程度的改觀，在中產階級形成的同時，臺灣社會的「中智階級」也日漸壯大。（註1）

全國上下排除財政困難興辦教育的努力，也奠定未來臺灣經濟與政治轉型的基礎。民生漸豐、民智漸開，臺灣逐漸復興、脫離戰後的凋敝與破敗。

小島，靠自己站起來

到了一九七〇年代，臺灣這個小島經歷了國際石油危機，經濟發展蒙受沉重壓力。但同時，政府也透過「十大建設」、「十二大建設」的公共投資，為工業化進程創造強大驅力。這個十年，臺灣一舉追上南韓、新加坡、香港，加入「亞洲四小龍」俱樂部。不過，這個十年內打擊島嶼人民最大的事件，或許就是一九七一年退出聯合國的歷史遺憾。美蘇集團冷戰，對決的不只是核武彈頭的數量與威懾力。在聯合國大會這個外交擂台上，更是強勢交鋒。

自由與共產主義雙方的會員國對決中，中華民國不幸落敗，從此成為國際邊緣人。一九七九年美國與我正式斷交，「國際孤兒」成為島嶼暱稱。

國際局勢、政治、經濟與社會，在一九六〇至一九七〇年代的兩個十年內變動劇烈。

經濟、生活水準提升的同時，也必然面對更多挑戰與衝突。向上發展的背後，赤貧人口依然不少。而東西岸與城鄉資源差距，也越來越深。六〇年代，臺灣人口一千二百萬。其中，赤貧人口約一百二十至一百三十萬之間，超過百分之十（世界平均數為百分之四十以上）。政府的社福預算並不高，僅僅占總預算的百分之五至八。（註2）

這個時期，社會福利制度的建構未臻成熟。對於貧病弱勢的照顧責任，由社會服務組織擔起。嚴格說來，臺灣一直到一九七〇年後，才從「兒童福利法」開始，陸續立法建構社福體系。（註3）

本土民間團體，從慈善醫療出發

一九六〇年代初期，臺灣大多數社福組織屬於「外來移植型」，如「紅十字會」、「基督教兒童福利基金會」等等。一九六〇年代晚期，民間非營利組織開始朝向「外援組織在地化」與「本土化」發展。一九六六年成立的「佛教克難慈濟功德會」，就是本土化的代表。曾任中研院社會研究所所長的學者蕭新煌，在一篇社會變遷研究裡如此描述：

> 慈濟功德會則是一個全新的文化因素——醫療傳道。配合傳統的「種福田」觀念，要求信徒各盡所能從事社會救濟。慈濟功德會是一個以傳統中華文化為主，加上全新的文化因素「醫療傳道」的教派。在戰後臺灣的宗教發展中，與中華文化調和最好，又能接納新

文化要素的例子是慈濟功德會。（註4）

學者「教派」二字值得多做詮釋。教者，佛教無誤；派者，應可解釋為人間化的形式與內涵。傳道，若以慈濟的語彙，傳的正是「菩薩道」。

以佛教為根，結合社會救濟與醫療義診出發。的確是慈濟前兩個十年的發展軌跡。但初期的籌路藍縷，應該更值得一提。前文強調過，慈濟功德會全銜前，掛著克難二字。克難，不比來自西方的組織擁有教會資源挹注。一九六六年五月十四日（農曆三月二十四日），功德會於花蓮秀林鄉佳民村普明寺正式成立、基本成員約莫七人。證嚴法師如此對著會眾解釋克難二字：「雖然沒有錢，雖然只有少少幾個人，但是我們有心。開展救濟工作，事事必然都要從克難中起。」第二個月，靠著常住師父做手工縫製嬰兒鞋、以及三十名家庭主婦菜市場募來的善款、每天投進竹筒裡的五毛錢，累積出了第一筆慈善基金——一千一百七十元。一九六六年，政府規定的基本工資約為六百元左右。這筆慈善基金，等於兩個人一個月的薪水。

開創初期，證嚴法師與弟子們親自上山下鄉、訪貧關懷，也建立了「個案複查」的制度。他希望對於貧病者的照顧，可以長期延續、而非蜻蜓點水。除了個案的照顧與少數住房援建，每個月與春節前的物資發放，更緩解了許多赤貧戶維持基本溫飽的困難。

田調親訪，為慈善下一步定方向

龍澤敏子（張秀惠）出生於日本九州，其坎坷故事堪稱六〇年代貧戶縮影。日治時期，她跟隨養父母來臺定居花蓮，但養父母又因故將她送養給臺灣人。成年後嫁給同樣從日本移民來臺、被臺灣人收養的張東來。夫家環境優渥，她前後生了十個孩子，不過後山醫療資源匱乏，這十個孩子過半夭折或早逝。後來先生病逝，公婆也相繼亡故，她不得不帶著四個孩子外出自謀生路，在鄉野間打零工。「日本婆仔」，則成為鄰居形容她的代名詞。

一九六六年十月，證嚴法師接獲提報後親自探訪張秀惠，除了允諾按月濟助白米，更在其租房被收回、無處可去之際，將一家五口接到自己借住修行的普明寺一起照顧。至此，需要強調的是，證嚴法師與弟子們過的同樣是清貧、克難、刻苦的日子。一九七五年，妮娜颱風侵襲花蓮，災情慘重。證嚴法師決定緊急募款，為部分災民興建鋼筋水泥結構的住屋「妮娜小築」。張秀惠母子，總算有了個能夠安心與安身的家。一直到一九八四年，張秀惠兒子有能力買房子後，一家人才搬離小築。

一個不捨，一個關懷，整整延續二十年。

講述這個故事，並非樣板宣傳。它只是無數長期照顧個案之一。意義在於——慈濟慈善的標準很高。任何救助不做表面，希望能夠得到根本的解決。

在第一個十年裡，證嚴法師腳步踏遍花東偏鄉，見證了貧與病的惡性循環。一九六六年那一灘血的印象依舊深刻。於是，他在一九七二年成立了「慈濟功德會附設貧民施醫義診所」，也成為醫療志業的起點。這個義診所持續十五年，照顧病患超過十四萬人次。

醫療傳道，一直是早期西方宗教扎根臺灣的特色。許多傳教士與修女們，本身就帶著醫療專業踏上福爾摩沙。但近代史上，由佛教開辦的醫療院所實屬少見。一九三二年，在日治昭和時期的高雄，善心人士曾經創辦一所「佛教慈愛院」；一九六三年，臺中「菩提醫院」啟用，成為戰後第一家佛教醫院。但在花東，除了天主教與基督教，尚無佛教團體能夠創辦出現代化綜合醫院。因為，這是一件艱鉅而絲毫不討喜的任務。

義診所，無法真正承擔證嚴法師心中搶救生命的大願。於是他興起念頭，希望在花蓮建立一個重症患者不須後送西部的大醫院。在健保制度尚未建立的年代，一個病就可能拖垮一個家庭。為徹底解決「因病而貧」的源頭，一九七九年七月八日，證嚴法師正式宣布興建醫院的構想。

這一年，碰巧是島嶼人民最感命運飄搖的一年。因為該年元旦，曾經的堅強友邦美國與中華民國政府正式斷交。

在臺美斷交前，臺灣掀起一波波移民潮，一位在美國紐約的法師寫信給證嚴法師，說他來過臺灣，知道慈濟是個大團體，而萬一臺灣國情有變，證嚴法師就是個「搞團體」的人，處境必定堪慮，所以要幫他離開臺灣。但證嚴法師認為臺灣很好，而且他的弟子都在臺灣，有這麼多人關心、推動慈濟的工作，他不能一走了之。他要留在臺灣。（註5）

一言九鼎、行動證明。證嚴法師心繫黎民，留守後山。而七月的建院宣示，對弟子們來說，則像是個巨大震撼彈。大家心裡真正想的是，此刻的慈濟功德會，真有能力辦到嗎？這個使命，挑戰將有多艱鉅呢？

1980's 解嚴年代，重大歷史變遷

一九八〇年代，對臺灣近代史的意義更為重大。中美斷交無法挽回，只能逐漸克服恐懼、敢於接受國際政治的現實。除了經濟繼續穩定發展，小島人民，也即將面對政治禁錮鬆綁的時代、往更為自由民主的社會大步邁去。一九八六年，「民主進步黨」成立。所謂的黨外人士在同年發起「五一九綠色行動」，強烈砲轟政府、要求解嚴。

一九八七年七月十五日，當時的總統蔣經國做了重大宣示——決定終止一九四九年開始、實施長達三十八年的《戒嚴令》。十一月，宣布開放臺灣人民前往大陸探親。

根據學者研究，一九八〇年代，中產階級崛起。島內要求改革的聲浪、加上國際社會的壓力，從威權走向民主勢在必行。（註6）一九八七年的解嚴與開放大陸探親，實屬重要里程碑。它標誌著廣大華人世界裡的一個政治體，將會走出完全不同的風格與局面，也標誌著一九四九年冰封至此的兩岸之門，即將重啟。

一九八〇年代的政治解嚴，同時釋放了文藝青年們的思想包袱。以電影創作為例，這個十年，爆發了「臺灣電影新浪潮」。影像工作者們厭倦了商業市場的風花雪月，開始將

視角聚焦於真實人間與底層。寫實的人文主義，同時反映在文學與音樂上。眷村老兵、社會邊緣人、離島婦女等等，紛紛成為取材主角。創作者敢於反思批判、敢於切進體制的問題點，形成一股藝文界的社會關懷風潮。

於是，八〇年代文化圈成為反映現實的一面鏡子。其驅動力，源自對於政治的反抗。作家龍應台的《野火集》，以二十四刷、二十萬本的銷售量，點燃社會批判之火。流行歌手羅大佑，則在《鹿港小鎮》一曲中吶喊著「臺北不是我的家」。黑衣墨鏡的裝扮、搖滾撕裂的旋律、報導文學般的歌詞意境，一舉終結一九七〇年代鄉土論戰與藝文創作「相對避世」的局面。

不過，尖銳批判之外也看得到另一種人文反思。一九八五年，萬仁執導的電影《超級市民》裡，從南部北上尋找妹妹的年輕人、賣假錶但還算善良的小混混、西門町打扮成日本原宿青年的不良少女、祈求神明保佑的應召女郎……邊緣人們的故事，交織出都市化變遷中各種小人物的宿命與希望。這部電影的主題曲《未來的未來》由音樂製作人李壽全譜曲、作家張大春作詞，為今日的觀眾留下往日的映像與意義。

雨水和車聲，擁擠在窗口。
我在都市的邊緣，停留。
少年的往事，在回憶中消失。

三十歲，我的職業是自由。
勤勞的人啊，無聊的人啊。
還有陌生的我，在街頭遊走。
白色的牆柱，玻璃的黑幕。
藏著改變社會的人物。
告訴我，世界不會變得太快。
告訴我，明天不會變得更壞。
告訴我，告訴我。
這未來的未來，我等待。

旋律與歌詞，反映出創作者對於社會，其實還是滿懷省思與一絲絲希望。

李壽全曾經說：「我是個悲觀主義者。雖然關懷社會、但是無力；想改變、但不知道如何做。」音樂評論家馬世芳回憶八〇年代時則說：「那是個集體惶惑、但又必須打起精神往前走的時代。」音樂人認真思考的，是如何讓作品與大時代產生連結。九〇年代，李壽全因為受邀撰寫慈濟大學校歌認識慈濟，並曾經在大愛電視台工作過一段時間。近年來，他透過流行音樂曲式以及音樂劇配樂，為慈濟創作了許多貼近人心的作品。他說，八〇年代的悲觀，卻在這個群體身上，看到一種希望感。

一直到二〇一八年，李壽全持續替慈濟創作融合佛法與現代音樂的作品。在經藏演繹《法華經》序曲之一的《佛在靈山》中，他想像的是高山空靈的氛圍，用極簡的音符與節奏，詮釋佛教音樂。這個情境，應該讓人能夠體會宗教經典的境界。所以慢、所以空、所以靈。

八〇年代這個十年，寶島歷經美麗島人審、老兵李師科犯下臺灣第一起銀行搶案、威權的解嚴退讓、以及經濟狂飆的歷程。同時間，人心的內在矛盾與難以調適也成為一種必然。相對於龍應台質問「大學生們為何不生氣」那二十萬本銷售量的社會批判之書，一九八九年，《證嚴法師靜思語》以十六萬本的數字，柔性回應了社會現實。傳統道德與純樸價值觀的慰藉與療癒，平衡了不少躁動的戾氣。

七〇年代末，國際政治舞台的持續挫敗與士氣低迷，也激發出更為充沛的民間力量。經濟面向上升級，一九八〇年，臺灣第一個科學園區在新竹完工啟用，象徵產業朝著高科技工業轉型而去。但儘管西岸發展得轟轟烈烈，東岸卻依舊山是山、海是海、原鄉是原鄉、落後是落後。

焦躁社會吶喊．溫柔力量發聲

同樣活在衝撞反思與人文關懷的萌芽年代，證嚴法師不問政治。他的心，始終聚焦在花東貧病鄉親的身上。從一九七九年宣布籌建花蓮慈濟醫院開始，就註定要面對一件幾乎不可能的任務——六億總經費，眼前只募得三千萬。勉強可為？抑或根本是癡人說夢呢？

慈濟義診所醫師黃博施，當時擔任省立花蓮醫院的外科醫師。他曾經如此力阻證嚴法師籌建醫院的想法：「要蓋醫院有兩難——蓋一座現代化的病院要花很多錢，可能要幾億。錢從哪裡來？醫院若蓋好，要找誰來建教合作？人才哪裡來？」

黃博施的疑慮沒有錯。硬體、軟體、人才，是構成綜合醫院的三大要素。只要缺一，悲願就成鏡花水月。往下寫之前，或許可再回顧一下一九七九年的花東背景。

一九四七年創刊、深耕花東的地方紙媒《更生日報》，有許多篇幅已經成為國家圖書館微縮影片裡的資料。

一九七四年八月二十三日，有則地方新聞標題是——縣府呼籲各醫院，響應貧民施醫。這則新聞裡，臺東縣府除了發函呼籲公私立醫院協助，還發送八千五百張義診券希望各醫院認捐，以便社會局分配貧民使用。東岸醫療資源的不足，從縣政府「自力救濟」的模式可見一斑。

一九七九年五月二十九日，另外一則新聞標題寫著——

病患為ＸＸ門診中心把脈
提出臨床經驗要求速改進
態度惡劣馬虎、若要痊癒請到私人診所
醫生都是兼任、工作待遇差、看病點到為止

五月十八日版面裡，另一則引人深思的新聞標題則是——

血牛代理商

衛生局查獲實證

內文寫著，花蓮一家醫院因為血庫存量不足，向血牛（賣血者）緊急採購。這個事件引發衛生局介入調查，懷疑血牛刻意提高售價、加重病人負擔。

在地方版，意外與貧病新聞，幾乎天天見報：

鳳林車禍死者家境清寒，令人同情

老牛怒牴飼主成傷、肚破腸流幸獲救癒

從這些地方新聞的脈絡中，其實已經建構出證嚴法師決心在東岸籌建五百床規模大醫院的時代背景。城鄉失衡，貧病難解。從一九六六年一灘血的感嘆到一九七九年間，並未產生根本性的變化。

一九七九年的建院宣言兩年後，募款依舊艱辛無比。一九八一年初，一位日本善士表示願捐兩億美元襄助。然而，這原本可以一舉解決經費困境的好消息，卻被證嚴法師感恩婉拒。因為法師堅信，這件好事應由寶島上的更多善心人士共襄盛舉，一起蓋起這座花東地區的現代化醫院。

婉拒巨額善款，該有多難？但這個婉拒其實涵意甚深。它傳達了一個理念，證嚴法師的長遠大願是想要啟發千萬顆愛心。「慈善不能一人為之、市井小民皆可為菩薩」。他希望這是一塊福田，敬佛、報恩、憐貧，歡迎善士參與。

一九八六年，歷經建地波折、二次動土。在蔣經國、林洋港等政府首長出面協助後，花蓮慈濟醫院終於落成啟用，也為東岸醫療服務，標誌出新的里程碑。李壽全為這個故事，譜寫了一首歌——《盤山過嶺》。其中有兩句歌詞是這樣唱的：

病院起好是東部上大，成本加到八億外。
花蓮的人攏知影，以後看病免出外。

透過醫療，柔性回應城鄉不均

啟業第四天，慈濟醫院緊急完成東部首例開腦手術，將因為車禍、腦出血陷入昏迷的十六歲少女徐淑千搶救回來。

隔年，十四歲的布農族孩子林傳欽在修車廠當學徒時，意外被卡車上翻落的大理石壓傷。被送到花蓮慈濟醫院時，內臟器官外露、下半身幾乎破碎。慈濟醫院緊急動員，全力搶救林傳欽，生死一線間。終於，這條年輕生命沒有殞落。孩子，得以繼續活下去。

一九九三年，林傳欽在世界盃榮獲殘障健力金牌。直至今日，成為能夠貢獻社會的人。人生沒有如果。但，如果當時沒有一家現代化大型醫院與專業團隊，林傳欽是否仍能安在世間、樂觀活著？

二〇〇二年，花蓮慈濟醫院升格醫學中心，為東岸醫療扮演了更堅強的後盾角色。而玉里分院、關山分院、則將慈濟醫院的服務往南向臺東延伸。一九八〇年代，是慈濟基金會建立醫療體系的重要階段。隨後在一九八九年成立的慈濟護專（後升格慈濟科技大學）、一九九四年創辦的慈濟醫學院（後升格慈濟大學），則為東岸醫療教育體系的建立，再添一分心力。二〇〇〇年啟用的大林慈濟醫院、二〇〇五年啟用的臺北慈濟醫院、二〇一一年啟用的臺中慈濟醫院、二〇一九年最新成立的斗六慈濟醫院，總共成立了七家醫院。而海外的印尼慈濟醫院、大陸蘇州的健檢中心，各國義診中心與人醫會（TIMA），都是源自八〇年代的醫療志業之延伸。

證嚴法師悲願實現、醫療體系已立。回溯時序，也該往一九九〇年代寫去了。

1990's 庶民環保意識的啟蒙

二〇一六年，我在馬來西亞雪蘭莪州（Selangor）的吉膽島（Ketam）拍攝紀錄片時，採訪了一位慈濟環保志工蔡福汶。他畢生捕魚、學拍照、在海上閱讀哲學書籍（例如托爾斯泰的《懺悔錄》），不因高中二年級的學歷而自輕。蔡福汶曾經被鄰居當成瘋子看，駕船出海撈垃圾、上岸到處撿垃圾，在環保站裡可以一做做到凌晨一兩點。

吉膽島是鄰近首都吉隆坡的近岸觀光島嶼，但沿海卻漂滿垃圾。水上房屋的底柱，退潮後卡著滿滿的塑膠袋與塑膠瓶。不過，在第一位慈濟環保志工陳秀蘭加上蔡福汶少數幾人的帶動下，居然影響了當地居民，一起減少全島近三成的垃圾量。近年來，吉膽島成為沙巴州（Sabah）政府團隊、雪蘭莪州廢棄物管理部官員與許多團體參訪的模範點。

蔡福汶是個思考型漁夫。最後，他選擇結束捕魚生涯、從此不再殺生，並靠著維修家電簡單過生活。紀錄片裡一個空拍畫面是蔡福汶站在表弟漁船船頭、遙望著遠方的鏡頭。

許多平凡人、做的往往是不平凡的決定。二〇一九年十一月間，蔡福汶發來這樣一段話：「我會用一輩子去學習垃圾、環保、行為藝術來對天地作為奉獻美學。」

這個草根人物，只是全球十萬多環保志工的代表之一。從海外的蔡福汶寫起，對應的是臺灣九〇年代的環保回收啟蒙意識。

歷史之所以值得回顧，是因為能夠從中歸納出某段時間、某群人、某個地方的發展脈絡。如果用每個十年檢視島嶼，變遷軌跡就相對清晰易懂。一九九〇年代的臺灣，在政治、經濟與社會上，再次進入了前所未有的境地。

一、股市飆破一萬二千點，創下證券交易所最高紀錄。

二、《動員戡亂時期臨時條款》廢止，萬年國代全部退職；政府廢止金門、馬祖的戰地地位與戒嚴狀態；透過精省與裁軍，揚棄反共復國口號的悖離現實；首屆直轄市長與省長「直選」；李登輝成為第一位民選總統；外交上，重要盟邦如韓國，一一轉身、離棄臺灣而去。

三、兩岸雖然透過「辜汪會談」緩和緊張關係，但閩平漁事件、千島湖事件、一九九六年飛彈危機，時常讓海峽氣氛緊繃至極。

四、民生方面，臺灣第一條捷運木柵線通車、《全民健保法》三讀。

五、社會方面，桃園縣長劉邦友官邸血案、藝人白冰冰獨生女白曉燕命案震驚全臺。最後一年——一九九九年，「九二一大地震」為這個十年的尾聲留下最為悲慘與深刻的歷史回音。

六、產業升級、消費社會與環境的惡化，這十年也達巔峰。

當時的社論，呼籲回歸誠實、辛勤的正確價值觀。

前文化大學校長喬寶泰投書疾呼——「改善社會風氣、促進國家健全發展」。這篇投書點出時代弊病，反映人心變遷中的沉淪。文章裡，點名社會風氣敗壞、功利主義盛行、充滿無力感。飆車、大家樂、色情、賭博，開始等比級數式的氾濫。

一九八〇年代後，政府無力解決龐雜的社會問題。但有幸的是，民間力量的逐漸崛起，扮演了支持角色。多數本土基金會，都興起於八〇年代以後。九〇年代，更出現許多新觀念的倡議與轉變。

一句話，成為歷史經典

一九九〇年代，已經是慈濟基金會創辦後的第三個十年。其慈善理論與經驗不斷累積的同時，也保持開創性。以下幾點，或許可為範例：

一、一九九〇年，證嚴法師首次呼籲「用鼓掌的雙手做垃圾分類」，開啟民間環保新紀元。

二、一九九一年，金援孟加拉水患、大陸華東大水災賑災，開展全球賑災之路。

三、一九九三年，在政醫各界期盼下，承擔骨髓幹細胞資料庫的建立。

四、一九九四年，慈濟醫學院（現為慈濟大學）創校，以提升醫護教育、大體老師與器官捐贈，為臺灣醫療人文引領新觀念。

五、一九九六年，賀伯颱風重創臺灣。證嚴法師推動「社區志工」概念，將志工人力編組後扎根於社區。這也為慈善濟貧與急難救助，規畫出最具時效與動員力的基礎結構。這個組織模式，也獲得海外分支會的成功複製。

六、一九九八年，創辦大愛電視台與經典雜誌，為宗教團體的公益傳播立下創新典範。

其實回顧這十年，證嚴法師與慈濟已經對臺灣社會做出了或許至今才獲認同、甚或依舊難以被認同的貢獻。

圖書館的縮影資料裡，靜靜凝結著一九九〇年的時空。八月二十三日，是證嚴法師應吳尊賢基金會之邀、前往臺中新民商工演講的日子。車程中，他親見街邊垃圾如山，惡臭飄散。於是，在這場演講中，他親切喊出「用鼓掌的雙手做垃圾分類」這句清新口號、並獲得現場聽眾的熱烈掌聲。

但八月二十三日同一天，《中國時報》頭版新聞是引發社會公憤的「鴻源」案最新進展。當時，地下金融經濟被非法投資公司橫行操控，無數百姓畢生血汗錢慘遭詐騙一空。國際版消息，焦點是波斯灣戰爭初期動態。聯合國內，強國代表密商著何時向入侵科威特（Kuwait）的伊拉克採取軍事行動。社會版，警方向黑道宣戰，全頁報導「迅雷掃黑專案」大行動，數十個角頭兄弟大頭照條列版面兩旁，提供讀者辨識、報警與公審。

這天報紙的地方版訊息，呈現的卻是另外一種戰爭。許多標題關鍵字，都跟環境與垃圾有關：

七堵山區多棄土　市長促取締

抗議垃圾焚化爐　深澳居民陳情

海堤被淘空　垃圾場中空
推廣垃圾分類　蓄勢待發
成功鎮垃圾大戰　鳴金收兵

有別於政策口號。證嚴法師的環保倡議訴求的是每個人、每一分力量。家庭主婦、老人小孩，只要願意，就能逐漸扭轉永無止境的垃圾大戰。誠如前文提過《華爾街日報》特稿中對於臺灣資源回收成果的肯定，如果沒有這些草根力量的力挺，臺灣不知是否還能名列世界前茅？

曾經有位社會意見領袖批評慈濟環保志工與「艱苦人」搶奪資源。一時間，媒體與輿論攻擊再次紛至沓來。不過，當歷史與數字說話時。無的放矢者與跟著撻伐的群眾可能得想想，為何毫無根據的印象與批評，會讓自己莫名激動起來？

一九九〇年，在垃圾大戰的時代，證嚴法師已然提出人人資源回收的倡議。一九九七年十月，環保署開始推動「資源回收四合一」計畫，才出現資源回收相關統計數字。如果與環保署數字對比，一九九七年慈濟回收量占全臺百分之三十。之後，比例逐年下降。到了二〇〇二年，下降至百分之十；二〇〇八年下降至百分之五。二〇一一年至今，皆為百分之三左右。可推估的是，資源回收的風氣，在時代觀念演進與政府、公私立機構帶動下，的確已成為民眾生活習慣。（註7）

在慈濟環保站裡，當訪客看到志工清洗著無數賣不了錢的廢棄塑膠袋時，誰能聯想到這是在跟艱苦人搶奪資源？

一九九〇年，證嚴法師對於資源回收的倡議，緩緩生根社區。光陰點滴中，無數慈濟志工為臺灣默默盡了心力，也獲得廣泛的肯定。但相較於此，其他創新性觀念挑戰的，或許是千百年來牢不可破的迷信與刻板印象。骨髓捐贈破壞命脈、大體捐贈毀全屍，即為兩例。

面對禁忌，誰能無懼？

九〇年代中期，全臺醫學用大體數量普遍不足。一九九四年十月創校的慈濟醫學院，因罹患乳癌末期婦女林蕙敏的義舉，而觸發了大體捐贈風氣，在創校隔年二月獲得林蕙敏捐贈大體，於一九九六年九月醫學系大三生首次啟用含林蕙敏在內的第一批捐贈大體。林蕙敏的良善典範，應該被列入臺灣醫療教育的史冊裡。

一九九四年，林蕙敏知道餘命有限，希望捐出全身器官遺愛人間。但礙於捐贈條件，主治醫生無法滿足她這份最後的願望。病苦跟沮喪中，她無意間翻閱到《慈濟月刊》，得知慈濟醫學院剛成立、亟需教學用大體。於是，她打了電話給校長李明亮，表達願意捐出自己身體的心意。

林蕙敏希望兒女們都願意簽署同意書，但捐大體除了是社會上的大禁大忌、也強化了兒女們的不捨。幾個孩子們在商量過程中沒有爭吵，只有哭泣。「我同意」這三個字，沒人說得出口。最後雖然為了圓滿媽媽的願望，五個孩子都簽了字。可是，心中的傳統價值觀依舊矛盾交戰著。林蕙敏的告別式上，棺木裡是帽子、旗袍、鞋子、頭髮與指甲。大體，則靜靜躺在臺大醫院冰櫃中，等待啟用之日來到。（按：當時慈濟醫院委託臺大代為處理遺體）

一個多月後，林蕙敏的女兒陳薏如也決定簽下大體捐贈同意書。媽媽的大愛，就此傳承下去。

這個故事說的是，在科學性與醫學需求上，捐贈器官與大體都屬正確正信的方向。但傳統華人全屍入土、往生後八小時不能移動這些觀念，成為破舊立新的阻礙。有許多自願成為大體老師的人，甚至必須面對旁人的眼光與壓力。家屬們面對親友長輩責難時的委屈，也就更難言說了。而倡議大體與器官捐贈的證嚴法師，面對的是傳統宗教觀念對於「中陰身」、「施內財」、「意識脫離肉身」的疑慮。這個倡議，雖然引用《無量義經》中所言「頭目髓腦悉施人」的深度含義，還是受到極大的反對與批判。

但二十餘年後的今天，大體與器官捐贈已經成為廣被接受的觀念。證嚴法師的懇切呼籲，再一次讓醫學教育的品質得以革命性提升。而透過對於大體老師的尊重與儀式，更詮釋了生命的價值與可貴。一九九五至二〇一八年，已經有將近四萬人簽署同意書，而早年女性大體相對缺乏的困境，也同時扭轉。

想要開啟民智，先行者必須走過孤獨的宣說之路。

證嚴法師與慈濟醫療體系，賦予大體捐贈者最新的時代定義「無語良師」（Silent Mentor）。傳統西方醫學的專業語彙——沒有生命的遺體（Cadaver），終成過去式。（註8）

慈大副校長兼模擬醫學中心主任曾國藩解釋，人體精密奧妙、很難複製，也無法用動物取代或電腦軟體模擬。以急速冷凍保存大體，回溫後，除了沒有呼吸、心跳跟血壓，膚色、彈性、臟器的顏色、肌肉組織的紋理幾乎跟生前一樣，能讓學生熟悉人體真實的觸感，是練習開刀最好的對象。

一位醫學生坦言，她對大體老師劃下第一刀時被教授說太淺。如果是真病人，就得多挨一刀。她再用力一劃，教授又說太深。如果是真病人，恐怕已經大出血。學生的真心話，最能反映大體老師的重要與教育意義。

英國牛津大學宗教社會學教授彼得．克拉克（Peter B. Clarke），在兩度參訪慈濟大學後說：「實證醫學從西方傳到東方，但是人文化的醫學教育卻是由東方興起，回傳到西方。」（註9）這些肯定是結果論，回到當年，敢於擇善堅持、挑戰禁忌，才是關鍵。

但要說到一九九〇年代證嚴法師最為堅定與大膽的決定，或許是在兩岸對立尖銳的時刻，嘗試敲開海峽之間、那扇厚重的慈善之門。兩岸，在政治與意識形態的不斷對立與和緩中擺盪。證嚴法師當年的決定，到今天還無法得到全民諒解。而關於這段不惜解散功德會也要做的歷史，牽涉到的政治層面更廣、更為嚴峻。

許多未曾披露的困難與挫折，宗教家與人道主義者，當初如何面對與處理呢？

2000-2019 Y2K後的二十年

這一節，書寫二〇〇〇至二〇一九年。走過二十世紀，人類迎向新紀元。二十一世紀，在歷史舞台上粉墨登場。但二〇〇〇這一年，全球最關注的或許是Y2K的千禧蟲危機了。資訊科技與網路環境建構出來的現代世界中，重度依賴電腦的人，恐怕都曾經憂心不已。如果還有印象的話，是否記得當時謠言滿天飛、處處危機的討論氛圍。而千禧蟲，最後真的釀災了嗎？幸運的，航機平穩飛翔、船舶悠然渡洋、核電廠運作如常、提款機沒吞掉存戶的錢，毀滅人類的末日預言，也沒發生。

過了一九九九年子夜那一秒，島嶼再度前進新境界。權力版圖丕變，應是最重要的歷史背景。

這年，臺灣首次政黨輪替。威權時代曾經因為衝撞體制被捕入獄的異議分子陳水扁與呂秀蓮，當選中華民國總統、副總統。至今，歷經二次政黨輪替、三次政黨輪替後，二〇一六年，蔡英文成為中華民國史上首位女性總統。不過民主越發深化，社會其實也越發遺憾。因為這兩個十年裡，臺灣奇蹟不再、典範緩慢衰退。有幾個面向，或許是我們不能忘的。

波及臺灣的金融海嘯、打擊臺灣的重大災難、困住臺灣的經濟逆境、呼喚臺灣的國際責任都不能忘。而寶島臺灣的環境永續，或許更加不能忘。

最重要的，思考二千三百多萬人立足世界的機會點究竟該是什麼？

身為臺灣人，應該能夠深刻感受到政治動盪成為常態、經濟競爭力屢現疲態的事實。

這塊土地上，移民與少數族群越來越受尊重。但能源、兩岸、平權、正義等等大小議題往往紛爭難解。言論自由與傳播文化下的百家爭鳴，悲劇般描繪出媒體公信力的衰敗輪廓。社群時代興起後，假訊息泛濫成災、網路公審霸凌不斷，更讓這個小島亂上加亂。

環境方面呢？過度開發與氣候變遷下的極端天災，讓地質本就不穩定的年輕島嶼不斷承受壓力。人口結構持續變異，少子化不可逆、高齡社會已成形。眼前值得關注的或許不該還是選舉與經濟，而是接下來的路該怎麼選擇了。

這兩個十年，慈濟的全球化會務持續開枝散葉。國際社會的賑災援助，只要因緣夠，一定出力相挺。為家鄉臺灣所做，更沒少過半分力。而從慈善回歸精神源頭「人間佛教」的弘法之路，同樣精進不懈。

時序進入二〇〇〇年，距慈濟功德會創立的一九六六年，已經三十有四。四大志業之慈善、醫療與教育已然成熟。在一九九八年成立大愛電視台與經典雜誌之後這第四個十年，證嚴法師開始推動「人文」為本、以大眾媒體為工具的社會教育工作。根本原因，依舊與臺灣的時代脈動密切相關。過去三十餘年，慈善、醫療與教育，協助社會解決生活基本問題。但隨著臺灣晉升已開發國家之列，民智、風氣、生命價值的提升轉為迫切。於是，人文志業必須承擔起證嚴法師「淨化人心」的傳播使命。

渾沌塵世，須以智慧定錨

證嚴法師睡眠時間甚少。每晚處理完公務就寢，常常已是子夜時分。凌晨三點半靜思精舍敲板，一日作息再度開始。晨鐘、禮佛、早課後，證嚴法師通常於七點左右的志工早會時間與全球會眾連線。除了聆聽分享、分析時事、宣講佛法，也觀機逗教、殷殷勉眾。網路科技，將全球慈濟志工與會員連結在一起。隨後，志工早會內容剪輯成《人間菩提》節目，透過大愛衛星電視全球播送。

靜思精舍面積不大，但訪客絡繹不絕、大小會議密集。證嚴法師簡居於此，日日靜思傳法、運籌帷幄。除了慈濟全球會務，他也必須時時關注全球災難兵禍與趨勢動態。因為，人間事一旦無法掌握，就難與人間佛教的理想契合相通。

二〇〇〇年至今，透過無國界的科技傳播，全球性的問題，很快成為全球性的話題。在國際版圖上，臺灣的角色到底多大？多小？擁有國際間不可或缺的地位嗎？人民應該如何看懂世界、因應變遷與創新突破？老話一句，如果政府獨力解決不了，誰該自許不請之師、挺身而出？

過去二十年間，發生在臺灣的重大天災人禍，大家應該記憶猶新。大地震與大規模土石流造成的傷亡，皆為半世紀所罕見。一九九九年九二一大地震、二〇一六年美濃大地震、二〇一八年花蓮近海地震，付出的人命代價相當慘烈。二〇〇九年莫拉克風災導致小林滅村、近五百人往生失蹤。災情之大，幾乎前所未見。

大自然帶來的災難越來越兇悍。既然難以迴避，臺灣人應該如何努力因應、防災避險？這個時代，怎樣的倡議可以引領思考、保護臺灣？回應這些問題，證嚴法師倡導的是回歸人心的正本清源——自我修養、利他淑世。具體做法是——行動、傳播、教育，以及各項可資實踐的大小計畫。

談到臺灣經濟力，除了近年來走勢趨疲，也屢受國際事件影響。例如，二〇〇七年華爾街金融海嘯橫掃全球，臺灣無法倖免於災。說海嘯並不誇張，因為從國家、社會、個人、甚或大小慈善團體全都遭到衝擊，慈濟基金會也不例外。景氣讓善心縮水，但需要急難救助的比例卻激增超過四成。隨著國際局勢與兩岸關係的擺盪，經濟問題將成為社會穩定的最大變數。

民間基金會或許振興不了經濟，但做為重要宗教領袖之一，證嚴法師再度以簡單易懂的「清平致富」四個字，提醒人們靠自己安度風暴的方法。

二〇〇九年，七十二歲的慈濟志工徐水面對媒體（註10）分享自己如何清平度日、輕安自在。對她來說，家裡的大同電鍋用了四十七年、沙發四十五年、汽車一開二十八年。日常生活不受影響，因為簡單知足，帶來了真正的快樂。

證嚴法師呼籲的是清平、不是清貧。心能平，自然不起波瀾。一位佛教法師，努力教導平凡庶民如何跟內心對話，不受外境影響。

臺灣社會「意見領袖」之多，可能亞洲無出其右。從政治人物到媒體名嘴、甚或網路聲量大的紅人，皆能在言論自由的保護傘下大膽放言。但，這些海量的意見可算是視野高遠、言之有物？抑或只是眼界狹隘的偏見謬論？

中研院研究員分析過去二十年的臺灣變遷後，得出幾項重大結論。（註11）除了警示臺灣即將面臨長期社會與經濟危機、也點出國家角色失能之際，急迫需要思索解方的現象分析：

一、中小企業與創業衰退

二、社會流動停滯、青年失業多

三、少子化、老化、青年貧窮影響婚育

四、階級衝突與世代對立升高

在這份研究報告的最後，學者建議政策大方向應往「創新福利國家」與「社會經濟創新」努力而去。

上述結論，的確充滿隱憂。但悲觀之外，有無樂觀的機會點可以努力？作為超過五十年歷史的臺灣原生國際非政府組織，慈濟有其使命與義務繼續凝聚民間力量、在社會變遷中發揮影響力。

三個字——怎麼辦？

二〇一七年九月，臺灣人口「中位數」突破四十。意即，總人口的一半已超過這個年齡。二〇一八年三月，臺灣六十五歲以上人口突破百分之十四，正式進入高齡社會。（註12）而根據國發會推估，我們距離超高齡社會門檻的二〇二六年，已經沒有幾年時間可以因應。

從焦慮的政府部門換個場景，隨機觀察慈濟全臺將近九千個的環保點。看到的，是社區長者們歡喜做回收、奉獻生命價值的畫面。

高齡九十多歲的何修林是個退伍老兵。十九歲時，他在國共內戰中被抓進部隊後來到臺灣，就此告別親爹親娘。一九八八年，他回到大陸老家探親，但遺憾的是，父母早已成為黃土一抔。跟一九四九年來到臺灣的許多老榮民一樣，何修林只是個歷史悲劇下的小人物。不過在桃園龍潭的環保站裡，他早已不埋怨命運，反而常常笑聲爽朗地說自己很年輕、才四十三歲。（按：指歲數自減五十，見後文有關「壽量寶藏」敘述）「甘願做、歡喜受」就是快樂祕訣，最常掛嘴邊的話就是「做環保，身體好。沒煩惱，歡喜就好。」

慈濟全臺環保志工超過八萬人，何修林只是年邁、卻活得開心的其中之一。

其實，年過八旬的證嚴法師具有極其親切的人格特質（charisma）。他很懂老人的心、懂得運用適雅的語彙激勵長者們不求安逸享樂、繼續善用人生分秒。證嚴法師倡議多年的不老精神，與高齡社會先驅國日本全力提倡的「跨世代人力資源互助」極為接近。

二〇一八年一月二十二日，證嚴法師首次提出壽量銀行（後正名「壽量寶藏」）的概念，他說：「佛陀教導我們，善用伴隨著歲月增長的見識，行菩薩道。比如我們那個時代的人經歷過二次世界大戰，看過炸彈轟炸、跑過空襲、躲過防空洞，這些都是見識的累積。只要我們好好地思考過去，就能以這些經驗，加緊腳步投入人群。」「現在師父開了一個銀行，歡迎人人來存銀行，剛才師父有說，五十歲拿來寄放『壽量銀行』。所以你若九十五，現在才四十五歲而已。我們還在中年，還沒有老喔！我們以後都不要說我老了，人人要好好，提起我們社會經驗，不要想老，才不會記憶一直倒退。」

數萬長者、關係著數萬家庭的安定與和樂。慈濟環保，同時實踐著珍惜資源以及照顧長者的理念。試想，如果沒有環保站安頓著數萬長者，有無可能產生更多社會問題？

除了環保志工，分布全臺的訪視志工也扮演著社區濟貧救苦的角色。如果套用流行的「平台」概念，慈濟已經為臺灣創造出一個規模極大的社會服務平台。不分族群、性別、年紀，都可以在其中找到自己的位置、也找到生命的意義。

對比小島即將面對的結構性衝擊，民間基金會正在先行承擔。而權力者們、還不理解狀況的人民們，是否深思「怎麼做」三個字了呢？

註1：黃俊傑，《戰後臺灣的轉型及其展望》，臺北：國立臺灣大學出版中心，二〇〇六年十一月初版。網址：http://huang.cc.ntu.edu.tw/pdf/CCA3603.pdf。

註2：葉子豪等編撰，《從竹筒歲月到國際NGO》，臺北：財團法人慈濟傳播人文志業基金會，二〇一一年五月初版，頁十。

註3：《慈濟月刊》第五十期，一九七一年五月，頁二八。

註4：同註1。

註5：引文見一九九七年十一月二十三日證嚴法師於藥師法會開示，原文如下：

十多年前我們和美國斷交的時候，造成臺灣一波波的移民潮，很多人就移民。當時我的一位法師朋友，他從美國紐約寫了一封信給我，信上說臺灣很多人移民，其中也包括很多法師，問我是不是也該早點到外國。他說：「尤其是你！」因為他來過臺灣，看到慈濟的團體很大，所以他說我要趕快離開，因為我也是「搞團體」的人。他說如果我要出國，美國那邊的一切他會安排妥當，他會寫一封邀請書，讓我可以很快辦好手續。

我收到這封信，我很感恩！在道義的情誼上這樣關心我，我很感恩！我回信告訴他：「很感恩你！雖然目前臺灣有很多人移民出去，但是我覺得臺灣很好，臺灣很不錯。而且我所有的弟子都在臺灣，有這麼多慈濟人關心，幫我推動慈濟的工作，我不能一走了之。

尤其，各人的業都是與生俱來的，帶著這個業，無論走到哪裡也脫離不了。我在這裡成長，也該留在這裡。」所以我感謝他對我的關心，但我還是表示要穩住在臺灣。

註6：鍾孟軒，〈薛化元：台灣民主化與解嚴 並非蔣經國貢獻〉，民報，二〇一八年二月二十四日。網址：https://www.peoplenews.tw/news/f31b6a39-49a5-4add-858f-4ab40d7c077d。

註7：環保署資源回收網，「公告應回收廢物品及容器回收量統計表」。網址：https://recycle.epa.gov.tw/result/ 回收量86年-107年.pdf。

註8：《經典》第一五八期，二〇一一年八月，頁一一一。

註9：葉文鶯撰文，蕭耀華攝影，〈為實證醫學注入東方人文——模擬醫學中心主任曾國藩〉，《慈濟月刊》第六二二期，二〇一八年九月。

註10：謝文華，〈慈濟清平致富展／徐水愛惜老東西 電鍋用近半世紀〉，《自由時報》，二〇〇九年四月二十日。網址：

https://news.ltn.com.tw/news/life/paper/296763。

註11：吳琬瑜、陳竫詒，〈台灣經濟大衰敗，這20年發生什麼事？中研院報告揭密〉，《天下雜誌》第六三六期，二〇一七年十一月二十日。網址：https://www.cw.com.tw/article/article.action?id=5086269。

註12：綜合報導，〈高齡社會 內政部：台灣老年人口破14％亞洲排名第3〉，《自由時報》，二〇一八年四月十日。網址：https://news.ltn.com.tw/news/life/breakingnews/2391182。

第三章

一九九一到二〇二〇：華人世界的一張慈善藍圖

時間，二〇一八年；地點，四川涼山彝族自治州喜德縣冕山鎮衛生院。

從這個時間地點寫起，對應的是中國「二〇二〇年消滅農村絕對貧困」的宣示目標。偏遠的喜德縣雖然透過遷村計畫，讓百姓居住條件比過去提升許多，但還是看得到彝族百姓將食物高掛樹上防潮防鼠的習慣。刀耕火種，依舊是千百年來當地農民的生產模式。

一張慈善地圖，從大陸神州談起

衛生院裡的護士馬義菊從成都中醫藥大學畢業後，已經到這裡工作十年。下了班，就得回到建於文革時期、已經堪稱危房的宿舍樓。住在危房裡不僅下雨漏水，更為擔心的是地震。不過，衛生院醫護人員沒有太多選擇。馬義菊老家遠在西昌。離鄉工作，兩個孩子只能託給年邁雙親照養。她常得透過視訊通話，遠距離教育自己的孩子寫功課、顧品德。

衛生院負責的不僅是農村的基本醫療服務，連帶衛教、重要疾病防治，都需要他們。

窮，衍生的因果問題太大。這所衛生院照顧方圓近兩百公里的村落百姓，資源不足，能做的也有限。少數超音波儀器因為頻頻下鄉出勤過分震動，已經呈現畫面模糊的狀態。冕山衛生院在半年左右，篩檢出四十五位新的愛滋病患，全鎮感染者近二百人。注射毒品與性感染，是愛滋傳播兩大原因。也因為地處偏遠、民智未開，讓彝族百姓在窮困的環境下常常挺而走險、販毒吸毒。這個衛生院反映出來的，只是諸多脫貧議題之一二。

截至二〇一七年底，彝族自治州九十四萬二千個建檔貧困人口中還有四十九萬一千人無法脫貧，二千零七十二個貧困村中還有一千一百一十八個仍在鏖戰中。大涼山彝區十縣貧困率將近五分之一，被政府定位為「三區三州」的深度貧困區。貧困區社會問題複雜，往往與愚、病、毒疊加交織而形成惡性循環。二〇二〇年目標一定，讓許多縣府官員為了達標，全部下鄉蹲點、緊盯著扶貧攻堅的進度。赤貧戶門口，被貼上「扶貧攻堅卡」。上面詳列指標項目、負責關係人等、以及最重要的進度達成率。標準從最基礎的不愁吃穿到最後的經濟達標，分項列管。

喜德縣，目前也是慈濟大陸慈善項目最新援助點之一。

二〇一七年，《紐約時報》上有則標題這樣寫著——"Xi Jinping Vows No Poverty in China by 2020. That Could Be Hard."（習近平誓言二〇二〇年根絕中國貧窮，恐怕不易）這距離中國消滅農村貧窮，只有三年之遙。扶貧攻堅是目標，但相信真的很困難。（註1）紐時報導裡分析，整體計畫的目標超過四千三百萬人。但他們的日均收入折合起來不到九十五美分（約人民幣六點三元），這是中國政府制定的貧困線。根據統計，五年前（二〇一二年）還有一億人生活在貧窮線以下。若加上城市裡的貧困人口，挑戰之艱鉅，只怕超過外人想像。不過即便如此，這大概也是中國歷史上貧窮人口比例最少的年代了。（註2）考量經濟成長、消滅貧困與中產階級興起後的社會變動，諸多關乎「維穩」的政策平衡，都將成為未來中國國勢走向的關鍵。

中國清末積弱，被西方國家與日本集體欺凌，一直到民國建立方得喘息。接著，從國共內戰、兩岸分治至今，現世或許可算華人在世界上影響力最大的年代了。大陸綜合國力攀升之快，讓全球震懾；誕生於臺灣的第一個華人民主政體與科技島在兩種意識形態中拉鋸前行；海外華人移民，也紛紛在當地展現強大經濟實力。但除了悠久文化與經濟市場，這占世界人口五分之一的族群，還給了世界怎樣的印象？

中國太大、大到無論是哪個朝代，都似乎難以形容與描述。

回到臺灣這個小島上，一介比丘尼法師、一群追隨者，讓慈濟成為本土基金會的典範。而在歷史長河的推演中有個因緣，讓這滴慈善之水從小川入海，開出第一圈漣漪。這年，是一九九一；地點，就在海峽對岸。

跨越海峽那一步，何其難？

一九九一年，南亞孟加拉（Bangladesh）發生水患，慈濟美國總會捐款紅十字會，成為海外賑災的首例。同年，大陸發生百年未見的華東、華中大水患。因為災情實在太嚴重，大陸政府罕見地向國際社會求援。聽聞消息後，證嚴法師心繫災民，決定勇敢一試、探索馳援送暖的可能。但此刻，慈濟並沒有實證過的海外賑災經驗。

證嚴法師委請時任慈濟基金會副總執行長的王端正與志工數人前往對岸接觸，並事先獲得臺灣陸委會「樂見其成」同意。整個過程，從跨海聯繫、團隊安全、到規畫備案，全都低調進行。不過，抵達中國大陸後，第一個會談就遭遇挫敗。慈濟成員進到當時民政部的某個會議室後，與負責接待的官員協商賑災事宜，慈濟堅持直接發放賑濟物品給災民的理念，而民政部官員卻堅持由中央統籌分配；談判一波三折，眾人當下一籌莫展。往下，該怎麼走呢？

王端正回憶當年說，他自己並不是不害怕。原因是，他曾任中央日報總編輯，對於大陸的重要訊息與黨政結構，他是熟悉的。但身分轉換後的跨海之行，充滿未知。禁忌、政治敏感、意識形態、慈善團體的立場、會發生意外嗎？這些自我提問，都是無法預料的。而最讓王端正百感交集的是，中國大陸中央部會談好的救災默契，一下到省、縣，未必通暢無阻。因為，那是個兩岸尖銳對立、以匪互稱的年代。兩岸民間，仿若只有仇恨。人間慈善面對各種觀點角度，讓「善門難開」四個字，日夜漂浮在他的腦海裡。

初碰釘子、一籌莫展之際，有個人改變了這一切。

一九九一年之後二十年，王端正前往海南島探視年過八旬、在南方養病的閻明復先生。

多年的慈善合作，兩人已成好友。閻明復在大陸曾經位居中央層級要職，是位知名政治人物。但在動盪的大時代中，他也受過許多磨難。一九九一年，閻明復貶任中國民政部副部長，參與創辦「中華慈善總會」、並擔任了五年的會長之職。從此，終生與慈善工作緊緊相繫。有人尊稱過閻老是「中國的良心」。

南風徐徐中，閻老白著頭、拄著拐杖，在私宅樓下等著王端正的遠道來訪。這也是唯一一次，大愛電視台紀錄團隊可以直接採訪到閻老的機會。

忘年相聚，氣氛輕鬆溫馨。回憶中不談個人沉浮，句句談的都是天災、貧困與百姓。閻老年邁氣虛、體況不佳，但提到雙方破冰接觸的故事，情緒卻突然激動高亢起來。在距今將近三十年前、兩岸政治尖銳對立與充滿爭議之際，很多祕密鮮少被披露。隨著時空遠去，或許值得書寫下來，為政治之外的人道內涵留下印記。

回到一九九一年，王端正等人被閻明復部屬請回後，在下榻飯店挫折不已。用餐時間已過，但大家毫無食慾。稍後，祕書回報此事，閻明復先是斥責部屬的輕蔑怠慢、二是很快再請王端正一行回到民政部洽商。這個地點，在舊時代是個王爺府。閻明復先為部屬態度致歉後，隨即安排勘災行程。這場會面，踏出兩岸分治後慈善史上「直接發放賑災物品」的第一步。

揮別北京，勘災小組轉往災區，先後到了安徽、河南、江蘇三省的特重災區勘災。緣此，安徽省的全椒縣、江蘇省的興化市、河南省的固始縣、息縣，成為慈濟首次大陸賑災的重點區。

其實，回顧國民黨遷臺後的一九五〇年代，政府就透過「中華救助總會」前身「中國大陸災胞救濟總會」，對受到天災洪澇的區域執行過支援救濟物資的行動。在空軍運輸機的冒險飛行下，將第一次空投選定在一九五〇年五月八日。救總將七萬斤上等蓬萊米分裝成三千多袋，以兩層麻布包裝，印上「大陸災胞挨餓，臺灣同胞送米來」、「救濟米」、「中國大陸災胞救濟總會贈」等宣傳文字。當時空投的區域廣大，從江蘇省一路深入湖北省等地，包含華中和華南地區。但隨著對岸空軍戰力的逐漸建立，後續改以空飄氣球執行類似任務。

慈善賑災，面臨兩岸政治角力

不管是從政治或是人道的角度，這樣的「互動」，的確是艱辛的。

必須提醒二〇二〇年讀者的是，九〇年代，是個兩岸高度敵對的時代。政治敏感依舊、意識型態的敵意依舊。臺灣方面，當然也浮現不少反對聲浪。在對岸，亦復如是。小道消息一傳開，慈濟賑災扶貧被地方單位舉報，懷疑組織與美國中情局有關、動機別有所圖等等。甚或出現過賑災發放前夕，本來應允全力協助的地方官員們突然冰冷以對、讓賑災志工頓時陷入不知所措的窘境。

紛紛擾擾中，災黎百姓還在冰雪中等待著。閻明復為了展現信任與支持，史無前例為慈濟召開中央層級跨部聯席會議，決心一次消弭所有臆測指控與流言蜚語。會議的最後結論是——對於慈濟的指控，完全子虛烏有。

在王端正與閻明復重逢的這場忘年會中，我作為一個記錄側寫者，觀察到兩位老朋友身處大時代的感嘆、以及對於「善良、勇氣」這兩個字眼的信念與詮釋。值得一提的是，一九九四年千島湖慘案後，兩岸局勢再度緊張。王端正憶起，當時證嚴法師再次鼓起勇氣，以書信向大陸領導人要求應嚴懲不法、審慎處理本案，以平息臺灣民眾憤怒，維繫兩岸得之不易的和平。在那個年代，一介佛教法師有氣度與膽識做出這樣的舉動與呼籲，確係來自心底深層的慈悲與勇氣。

王端正雖然感嘆善門難開，卻也語帶感恩說：「如果不是閻部長，慈濟跟大陸的歷史會改寫。因為閻部長，慈濟大陸賑災的歷史就這樣寫下來了。有時，地方省政府、縣市政府對我們不理解，根本沒地方可申訴。但只要到閻部長這邊，他就幫我們解決問題，甚至於親自寫信、打電話溝通。排除障礙的工作，都是閻部長幫忙。」

問到閻明復為何對慈濟這麼信任時，他回憶：「九一八事變後，我們就逃難到重慶。很多流離失所的東北人衣食無著，都住在我們家。人家就管我們家叫『閻家老店』。我從小，就習慣家庭傳下來的一種同情心。」說出這番話時，他身邊有本雜誌，封面標題寫著——「慈悲濟世、上善若水」。

「我最受感動的，慈濟並不是俯視弱勢群體，而是仰視弱勢群體。志工做了好事以後要感恩的。感謝能夠來伸出援手，這個給我震撼非常大。」在大陸經濟飛騰、萬民逐金之際，闊老除了心繫貧窮議題，更擔憂十多億人口的社會如何更為和諧？怎樣的價值觀必須重建？他說，慈濟其實已經給了大陸一個具體能夠參考的實踐方法與典範。

回到上海，拜訪大陸第一位慈濟志工邱玉芬。她回憶道，一直到九〇年代，臺商還是被公安部門嚴密監控的。慈濟在大陸的發展，由臺商開始。但是，想要介紹慈濟、召募志工會員大不易。因為，四人以上的集會就要報備。於是，為了舉辦分享茶會，她索性改裝公司部分空間、並用移動式書架擋住佛龕，避免被誤解為公開傳教。甚或，在動線設計上增加緩衝區，以便過濾可能有疑慮的陌生人等。這不是諜報片劇情，而是為了行善而為的不得已。

兩岸之間的政治僵局至今未解。在其中，人道主義者踩過的足跡，步步何其坎坷、何其難？從一九九一年的「善門難開」到互相理解的這條路，又是何其漫長？

慈母驟逝，慈善腳步未止歇

二十多年來，在慈濟大陸各項援建與扶貧案中，與王端正攜手同行的臺灣本土實業家高明善，是資深志工之一。從貴州深山峻嶺、到甘肅黃土大地，都能看到他的身影。認識他也有十數載了，最近的一次見面，其身形與過去相比，似乎又更顯佝僂、頭髮也蒼白許多。白駒過隙、人都會老，但繼續做下去，高明善依舊充滿動力與使命感。

慈善行走多年，高明善有很多感觸。時代變了，當大陸經濟力越趨雄厚，中央對「消滅農村絕對貧困」設下二〇二〇年的具體時間表。而這一年，已經到來。未來，貧窮是否重新定義？深山裡真的沒有窮人了嗎？傳統慈善做法該如何因應？這些問題，都將是新的挑戰。該高興的是，因為經濟力而勃興的大小慈善組織將會越來越多。不過更期待的是，每個組織都能帶著真正的人文精神為貧困族群服務。

不管時局怎麼變化，「人文，就是慈濟最重要的根與特色。」高明善這樣說。在大陸奔波多年，或許只能以「忘身」來形容他。二〇〇五年，高明善正在貴州羅甸縣討論遷村規畫。同行志工徐文龍告訴他：「臺灣打電話來，你母親往生了。」他回憶道：「我還是決定把行程走完。飛回臺灣最快也要兩天後。媽媽走了，回去無濟於事。兄弟都在母親身邊，相信媽媽能得到最好的照顧。但眼前這些貧窮的鄉親，更需要自己。他們，或許都是我的前世父母。」這句話，也應該是許多慈濟志工的縮影。因為深信佛法與利他精神，自己的事甚或生死，更能坦然看待。

行走各省之際，高明善幫助了很多孩子。只要有機會，都不放棄。採訪過程中，常常聽到志工講「把握因緣」。聽起來，緣分的確是個關鍵字。但他們並不把緣分解釋成一般所謂的隨緣、或是以隨緣為理由而選擇事情的做與不做。緣分，有時必須去創造。

他以貴州羅甸縣山村貧童姚春芝的故事為例。二〇〇〇年後，慈濟開始在貴州援建移民村，春芝老家水淹塘地處山坳，她的奶奶因此被縣民政局列入名冊，得以分配到一戶大愛屋。有次志工前往山坳裡的破舊老家拜訪，除了春芝，沒大人在。不過，山村孩子懂事。春芝燒水泡茶、招待她素不相識的訪客們。那時，她才六歲大。隔年，春芝帶著我跟紀錄片團隊進山放牛。小小個子握緊玉米梗、趕著十數頭村裡的大小黃牛到處吃草。她在陡坡岩石間輕盈跳躍，還不時回頭擔心我們這些外來的叔叔們會不會跌倒。

隨後多年，在大愛電視的許多報導節目中，春芝成為採訪焦點。聰明伶俐、善良上進，獲得許多觀眾的祝福與眼淚。高明善只要有機會到羅甸，常會抽出時間探望她。

二〇一七年，春芝在慈濟多年的幫助下考上大學。二〇一九年，她從 WeChat 傳來幾張照片，畫面是慈濟為三都縣拉攬小學舉辦的「希望樂學營」。春芝在其中擔任隊輔姊姊。

三都水族自治區位於黔南州東南。二十八萬人口中，水族超過二十三萬。在這個國家級貧困縣，年輕人多半到沿海打工，只能留下孩子與祖父母同住甚或獨居。隔代教養，跟臺灣山區偏遠部落的狀況極為類似。

春芝對著樂學營的弟弟、妹妹們說：「我小時候的夢想是長大以後去打工掙很多錢。但是有位慈濟姊姊告訴我：『我們不敢保證讀書一定是最好的；但是你要相信，在你讀書的路上一定不會孤單！』長大之後，我發現讀書可能真的是窮人的出路，是走出大山唯一的一條路。」

而在四川達州，則有一群超過七十歲的老太太，每個月遠赴五百公里遠的成都當志工。她們說，年老「跑廟子」是虛的，不如把握機會做點好事。這些難以常理想像的事情，發生在大陸的許多角落。許多省縣市，都能看得到慈濟環保志工的身影。無數老人家們，在慈善助人與環保回收的環境中，讓心靈得到寄託與昇華。

基金會掛牌，賡續大陸慈善路

寫大陸，篇幅再多永遠不夠。從一九九一年至今，不少省分都已看得到慈濟聯絡點。心念單純的善行，慢慢獲得各級政府信任。從最早的急難救助模式、到計畫型扶困、社區志工與環保觀念的推動，注入一股既草根又能即時展現動員力的慈善模式。例如：二〇〇八年四川汶川大地震後，慈濟從全球辛苦募集善款，自初期賑災、中期援建十三所中小學、推動環保精神與社區志工，著力甚深。至今，沒離開過；甘肅從一九九八年援建抗旱水窖到移民遷村，二十餘年不間斷；同樣從一九九八年助學興學、扶困、遷村計畫後，援助項目持續不斷。能有因緣深入的地方，沒放棄過。

二〇一八年起，慈濟開始深入四川大涼山彝族自治區。除了物資發放，也計畫援建衛生院、甚或參與其他扶貧項目。近年來，從貴州三都水族自治區興學、援建江蘇省阜寧縣因為龍捲風受災的孔蕩村等等，都能看到慈濟自一九九一年以來賑災助學、助貧遷村、分享慈善人文精神的延伸。其幅員之廣，連遠在新疆邊陲的喀什，都能看到慈濟援建的希望小學。

另外值得一提的是，二〇一〇年，「慈濟慈善事業基金會」在江蘇蘇州市靜思書院舉行掛牌典禮與揭牌儀式，成為大陸第一家「境外」非營利組織基金會。在這之前，大陸並沒有民間獨立的NGO。這個里程碑，之於兩岸慈善社會的建立，都有極大的啟發與意義。

「精準脫貧、鄉村振興」、「生態環保、美麗中國」、「里仁為美、揚善勵志」、「傳承文明、弘揚人文」是慈濟大陸會務最新的四大方向。在經濟狂飆的中國大陸，一則呼應和諧社會、心靈提升的必然趨勢、二則配合政府的扶貧攻堅政策、三，或許就是分享這五十多年從臺灣實踐累積而來的慈善經驗吧。

善潮遠播，花開東南亞

一九九一年起，慈濟慈善跨出海外的涓滴善念，從漣漪轉浪成潮、緩緩向外輻射而去。雖然同樣都是華人血統，但不僅大陸耕耘不易、鄰近的東南亞國家亦然。

華人，是全世界最大的民族。從中國大陸、臺灣、東南亞，各大洲，血脈開枝散葉的數百年移民史，波瀾壯闊。尤其在鄰近大陸的中南半島與東南亞國家——泰國、越南、印尼、菲律賓、馬來西亞等，華人可說充滿影響力。

前文提過的劉寶鑾，就是從大陸東南沿海移民到馬來西亞的華人後代。這個家族，從先祖搭乘「豬仔船」（註3）渡海到農業州吉打開始，代代胼手胝足、認分打拚，累積出家族的生意規模。

華人移民的勤奮刻苦，很快就顯現在經濟力的差異上。一九五七年，馬來西亞獨立建國；一九六九年爆發「五一三事件」，在政治操弄下形成暴動。至今，這個事件已經成為華社不願再提的歷史傷痛。一九七〇年代，為了保障馬來人「權益」，馬國政府開始推動「新經濟政策」。其中一項規定是，米廠業經營權必須由馬來人所有。在有「米倉」之稱的吉打州，許多經營碾米廠的華人企業遭受沉重打擊、倒閉無數。面對困局，劉寶鑾家族遵循祖訓吞忍刻苦，決定放棄抗爭，把白手起家的米廠經營權讓給馬來人，自己改做代工。度過多年的忍耐重生，現在終以Jati為品牌，成為全馬重要米商之一。

一九九六年，吉打慈濟剛萌芽。劉寶鑾參加了一場「江夏堂」茶會、深深被證嚴法師打動，毅然成為第一批志工。

不過，來自臺灣的善潮，應可從葉慈靖來到馬來西亞談起。一九八九年，她擔任臺灣海外大廠的主管。在檳城，她開始推廣慈濟理念，並引領華人郭氏家族的郭濟緣與郭濟航兄弟成立聯絡處。劉家除了捐出起家厝、商業區地產，劉寶鑾更與弟弟劉濟旌等人全職奉獻，承擔起慈濟吉打分會的會務。檳城的馬來西亞慈濟基金會除了慈善與教育面向，則興建了現代化洗腎中心，為當地腎病患者服務超過二十年。

辦完生前告別式後，劉寶鑾一直問家人什麼時候可以去花蓮？因為，她還想親自向證嚴法師報告吉打靜思堂的擴建計畫。二〇一九年一月，劉寶鑾搭乘專機回到花蓮靜思精舍。重症末期，她已經喪失許多記憶、甚或銀行帳戶資料都無法想起。但，唯獨忘不了的，是自己的皈依師父。

現任吉打分會執行長的劉濟旌回憶，家人不斷勸說，希望三姊如果順利抵達花蓮，是否先住進慈濟醫院以策安全？但劉寶鑾堅持只想見師父一面，而不願意住院。以劉寶鑾幾乎無法行動與重症末期的身體狀態，這一趟飛行風險極高、充滿未知。但劉濟旌說，大家希望圓滿三姊的心願、也都已經做好心理準備。萬一飛行途中有什麼不幸，都能接受命運的安排。

抵達花蓮後，師徒之間，對話極簡。因為很多法理的領悟與感情，其實盡在不言中。

證嚴法師：「你要看師父，現在看到。開心嗎？」

劉寶鑾：「開心。」

證嚴法師：「那師父有沒有忘掉？」

劉寶鑾：「沒有。」

隨後，證嚴法師以家鄉清水藺草編織的手工紀念品致贈劉寶鑾，象徵「師徒之緣」。

書寫劉寶鑾，有幾個原因：

作為華人後代，她彰顯的是透過女性的堅韌、凝聚了家族情感。

作為慈濟志工，她即便年老罹癌，卻仍在各個災難現場付出心力。

作為實業家，她誠懇謙卑、回饋大馬社會，直至生命的最後一天。

劉寶鑾終身未嫁。作為佛教徒，她一度想出家修行。但因為「放不下」對於整個家族的責任心而打消念頭。不過，加入慈濟後，她卻在慈善與佛法之間找到依歸。

而中南馬，則由臺商劉濟雨與簡慈露夫妻合作，在實業家與社區志工的努力下，從馬六甲一路發展到雪隆、東馬與鄰國新加坡，陸續成立與管理三個分會。

發願奮戰至最後一刻

劉濟雨年過六十，維持每天健身鍛鍊的習慣，不僅全身肌肉緊實，說起話來更是中氣十足。他說只有身體健康，才能做更多事。作為八〇年代前進大馬發展的臺商，劉濟雨免不了經歷夜夜笙歌、應酬無數的日子。但他想通人生之道後，斷捨俗世財富，將廠房地產捐給慈濟，除了擔任慈濟馬六甲分會首任執行長、新加坡分會第三任執行長，現在，他回到臺灣，承擔慈濟慈善基金會副執行長之責。太太簡慈露則留在首都吉隆坡擔任慈濟基金會雪隆分會執行長的角色。她，是個話不多、但意志堅定的女人。

「為什麼？」始終是了解人、了解歷史的第一個問句。

歸納過受訪者的許多關鍵字。每個願意放棄俗世生活、為慈濟理念奉獻的人，各有不同的心境轉折與因緣。但對於慈濟與證嚴法師，他們的共通詞就是「信根堅定」。簡慈露同樣用這句話，說明為何她以臺商身分，願意留在大馬付出多年而無怨無悔。問過她，離鄉多年，是否有回臺灣歸根的打算？簡慈露的回應很簡單：「不是沒想過，但一切隨緣，因為上人（證嚴法師）還有很多事需要我們做。」

雪隆新建的大型國際學校已於二〇二〇年元月開學。這所學校，應該算是慈濟馬來西亞近年最大的興學計畫。二〇一九年開春，我與簡慈露相約臺北一談，希望了解更多海外分會未來的願景。讓慈濟信念可以進入大馬主流社會，依舊是個遠大、清楚、但極為艱鉅的目標。

「你問的，是個企業管理等級的大問題喔。」簡慈露笑著回答。她說，領導雪隆基金會只有一份單純心。簡單說，就是誠心廣結善緣、創造任何接引的機會。重點是，必須相信基層的力量。而好因緣，是累積出來的。

除了傳統的社區人際互動、把握每個好因緣，簡慈露更深信「人文的力量」。她嚴格要求雪隆分會的人文室同仁，務必提升專業傳播能力，讓慈濟精神與實踐模式可以與馬來主流社會接軌。二〇二〇年，雪隆分會規畫出第一個網路串流電視頻道，努力以接地氣的內容，與馬、印友族同胞分享知識、價值觀與感人故事。

大馬慈濟，始終是證嚴法師口中的模範生。從落實社區、招募會員，志工群體總能轉化壓力、歡喜接受「上人所說、必有因緣」。這八個字翻譯成白話就是——身處什麼樣的時代與國度，志工們就應該有夠大的格局與願力。

接引實業家與外賓認識慈濟精髓、感受證嚴法師的德，是簡慈露最感恩、也最充滿成就感的動力來源。難得回臺北，在相談的咖啡廳一角，她突然提到知名歌仔戲演員唐美雲演繹《佘太君掛帥》的劇情。其實，簡慈露身體並不是沒有病痛、近期更是手術不斷，但她意志力始終驚人。談起佘太君，她要我猜完年紀後、兩眼炯炯有神地揭曉答案。原來，佘太君掛帥之際年已近百。男人不敢去，娘子軍去。因為敢於智取、勝於武勇。

評論家對於這齣戲的解析是：「年老的佘太君不像後輩所擔心的那麼脆弱。她沒有被悲傷擊倒，甚至展現超凡的堅毅，決心掛帥出征。而她說服媳婦們的理由不是復仇，而是希望為邊界帶來和平。從母親的角度悲憫戰爭死傷，沙場上的無名屍骸也有可能是我們的孩子。這種不分敵我的人溺己溺精神，使得整齣戲的思想更形提升」。（註4）

這段對話岔題嗎？其實應該說意涵深刻。簡慈露只是無數慈濟女眾裡，相信自己可以為人道與善念戰到最後一刻的代表。談起佘太君的炯炯眼神，正是一種使命精神的投射。中國古代的年邁佘太君為了邊界和平而戰；但在慈善的第一線上，志工不能想要「hard sell」。他們面對的，是各種難以跨越的障礙與極限。在以伊斯蘭教與馬來人為主體的國家，佛教慈善與當地文化產生誤會與衝突之敏感度遠超乎臺灣人想像。一海之隔的印尼，也處於類似國情之中。

實業家的力量．不自私的華人

最近幾年，簡慈露透過機緣，讓大馬知名實業家林偉才與陳志遠（Vicent Tan）認識慈濟所作與精神內涵。「丹斯里」（註5）林偉才號稱「手套大王」、也是頂級手套集團（Top Glove Corporation Berhad）創辦人，其產品的全球市占率約百分之二十五。陳志遠同樣受封「丹斯里」，為馬來西亞成功集團（Berjaya Group Berhad）創辦人。兩人受到證嚴法師德行的感動後，雙雙皈依、成為慈濟志工。商人的靈活頭腦、豐沛人脈、加上願意奉獻的社會責任，可以觸發更大的影響力。

二〇一九年，林偉才、陳志遠與實業家志工群連袂前往土耳其，加入當地慈濟負責人胡光中夫妻奔波成立的「滿納海國際學校」（El Menahi International school）助學發放活動。除了助學發放，林偉才也捐贈五萬隻醫療手套給慈濟義診中心。此行，除獲現任總統厄多安（Recep Tayyip Erdogan）特別接見致謝，大馬媒體報導的篇幅更充滿肯定。

回顧二〇一三年，證嚴法師為了激勵大馬四個分會的凝聚力與企圖心，喊出百萬會員的目標。如果以企業管理的角度，要達成這所謂KPI（Key Performance Indicator，關鍵績效指標）並非簡單之事。因為二十年間，大馬才總共累積出五、六十萬之譜的會員數。短時間內要上看百萬，談何容易？不過，全馬連心，短短一年內就達成證嚴法師期待的目標。其實，數字不是重點，因為證嚴法師看得高遠。他期許的「大願與格局」，是希望海外華人要更為融入當地主流社會、不分彼此、贏得真正的認同。不過，種族與宗教差異，讓這樣的願景格局難度升高。於是，消弭差異、尋求交集、找到友善主流社會的方法，勢必成為大馬會務發展中，必須更為深思與規畫的目標。

在東馬沙巴州（Sabah）亞庇（Kota Kinabalu）的比打士，慈濟為原住民產婦設立「慈濟生命關懷之家 Rumah Penyayang Tzu Chi Pitas」（按：部落產婦待產的中途之家）。除了解決孕婦待產安全問題，並長期提供義診服務。這與當年證嚴法師見聞原住民婦女一灘血事件的背景相似。地廣人稀，深山裡，婦幼老弱的醫療資源不足。NGO的力量，常常比政府更值得信賴。

另外，同屬沙巴州的斗湖市（Tawau）的狄丁岸（Kampung Titingan），是個建築在海上的貧民聚落。這裡一萬多位住民大多來自菲律賓、印尼和東南亞其他地區。因為沒有身分，被稱為「黑戶」。除了缺少謀生機會，槍枝、毒品、暴力、走私也相當氾濫。這個斗湖最大的濱海貧民窟，被貼上「黑區」的標籤。慈濟志工在當地設立學習中心、定期關懷。帶來穩定的力量，也給了孩子機會。

在大馬，華人比例從曾經的四、五成，降至現在的兩成多，僅剩六百萬左右。論人口趨勢，只會越來越低。被戲稱為「二等公民」、身處馬來民族與伊斯蘭信仰國度，許多華人卻依然為跨族群、跨宗教的慈善工作努力著。能夠成為慈濟海外分支會的典範，大馬落實證嚴法師推動「慈善社區化」與「社區志工」的理念，堪稱關鍵。這個典範，也陸續成為海外分支會學習與複製的模式。

萬島多族，更需安邦定國

馬來西亞的鄰國印尼，則在先驅委員梁瓊與劉素美的扎根下，從幾位婦女開始經營起，最後將企業集團的力量帶進社會慈善，同樣發揮華人影響力。以金光集團（Sinar Mas Group）與安達集團（Artha Graha Group）為首的大企業，扮演著火車頭的角色。但這次的影響力不是經濟，而是慈善。

以人口比例來說，印尼華人只占全國總人口百分之一至二。但許多大型財團都掌握在華人手中。根據二〇一六年瑞士信貸研究機構的全球財富報告，印尼最富有的百分之一人口掌握國家百分之四十九點三的財富，是世界上貧富差距最大的國家之一。

一九九八年五月，印尼發生血腥暴力事件。當時，蘇哈托（Haji Mohammad Suharto）總統下台、權力真空。許多政客煽動極端主義，經濟優勢的華人成為洩憤目標。一直到今日，依舊有某些宗教政治人物堅信華人太富有、但並沒有「更慷慨、更公平」。解決華人富有的問題，更是激進主義者的第一目標。這根深柢固的偏見，對華人來說，或許需要付出更多努力來化解。

對於九八悲劇，也有評論指出——歧視有兩種，華人的優越感與企業人事文化，對印尼人來說，可能已經是一種姿態上的歧視。例如，有些華商的財務部門與重要幹部，永遠不會聘用印尼人。（註6）經濟實力讓人眼紅之際，反向的歧視就可能在有心人操弄下隨之而來。想想，有什麼比宗教與種族更容易製造對立與混亂呢？一九九八年的「黑色五月」暴動，華人商店被毀、並成為暴徒攻擊目標、死傷無數。這場混亂，成了撕裂族群的最大傷口。

由於貧富懸殊與種族紛歧，印尼社會處於不安與詭異的氛圍之中，印尼慈濟志工在證嚴法師叮嚀下積極投入社會慈善、弭平裂痕。二〇〇二年，雅加達爆發大水災。慈濟發動「五管齊下」的紅溪河整治計畫。這個計畫，堪稱九八年後重新促進印華和諧的重大里程碑。曾經染滿各朝暴動受害者鮮血的汙名之河，透過慈濟與政府的合作，整治成乾淨、並徹底解決貧民區問題的案例。紅溪河專案，也是臺灣人類學者許木柱教授的學術研究中，少數在國際間堪稱成功的「全方位」扶貧計畫。

現在的印尼分會以慈濟園區為主體基地發展四大志業，則是海外「志業化營運模式」的典範。關鍵人物之一，是安達集團總裁郭再源。

郭再源對自己人生歷程的描述雲淡風輕：「我是打工仔出身、從進出口貿易做起。但印尼經濟起落很大，匯率起落，常常一切化為烏有。」「人生起起落落，但就是冒險家的命。」後兩句話，則是太太林麗萍對他的形容。

商場冒險的起落，讓郭再源體悟人生無常。二〇〇一年，在友人介紹下，夫婦倆到臺灣花蓮訪問，並參加了一場「愛灑人間」茶會。對慈濟，印象深刻。

隔年，他應金光集團創辦人黃奕聰（已故）之邀，加入了雅加達水患的救災行列。從此，郭再源夫婦投入慈濟志業。不管是紅溪河整治、大愛村援建，南亞大海嘯賑災、亞齊大愛村援建、援助「奴魯亞．伊曼伊斯蘭習經院」（Nurul Iman）等，盡皆奉獻，至今不輟。

沒問題先生，並非真的沒問題

面對證嚴法師的指示，郭再源總回答「沒問題」，也因此得到「沒問題先生」的稱號。他說，「沒問題先生」的背後，其實來自師父的一句話：「叫你做的事情，我要幫你擔一半的責任。因為你不完成，我就要幫你做到完成。慈濟跟人家約定的事情，不可以半途而廢。」

其實，援助奴魯亞．伊曼伊斯蘭習經院一案，並非順暢無礙。習經院與教派內部，不是沒有反對聲浪。宗教禁忌，該如何化解？而慈濟印尼分會內部，也不無異音。雙方對這個援助案都有疑慮。習經院收養孤兒貧童，從一個人開始，到現在超過一萬六千人，靠的都是各界捐輸。但郭再源認為，以愛為名的事，去做就對了。

於是，從二〇〇三年的定期大米援助、增建習經院院舍、提供義診醫療服務至今，雙方互動與信任更為穩固。習經院哈比長老（Habib Saggaf，已故）甚至展現超越宗教壁壘的大格局，將證嚴法師法相掛於每個教室內，作為感恩與宗教和諧的象徵。其智慧與氣度，與佛教慈善團體的心胸開闊相互輝映。這些微小的禁忌跨越，代表的都是希望無窮的未來。

哈比教長生前說：「在伊斯蘭教裡，這樣就如一位新人（指證嚴法師），創造一個新歷史讓人類能回到原來，因為我們大家都是一家人。」

他也引述《古蘭經》經義：「真主締造人類，賦予其相互敬愛、相互幫助。即使不同國家或種族，但當彼此溝通、了解、達到至善者，將處在真主身邊。」感謝慈濟志工跨宗教的善舉。

其實，在宗教與種族衝突不斷的世界上，哈比長老以穆斯林教長的身分、卻願意與佛教團體合作共好，又何嘗不是一個勇敢、理解宗教真正意涵的智者？

回到郭再源的人生，他透過非常簡單的語彙，述說了自己以富豪之姿、卻願意走入社會底層與慈善領域的體悟。

「我學會放下。印尼文裡說的 Gotong Royong，就是互助。」

「不必了解什麼經文，就是以善入門。上人已經把法華鋪在地上了。」

「本來希望孩子舒適生活，但現在希望他們也能知道苦。」

郭再源父親生前遺言是：「我什麼都沒留給你，但就留一個名譽。」這句話，他說得哽咽，但也謹記在心。郭再源認為接引印尼企業家很難，要他信，必須有作為。名譽，必須從實踐而來。印尼慈濟是個「上層多於下層」的結構。上層跑得快、下層就要跟好。所以必須培養這些人、扎根、向內發展。

「我認為對的事情，就衝下去做了。」

從財團到善團，企管模式增效率

金光集團創辦人是黃奕聰老先生，在二〇一九年以高齡往生。雖然黃老先生本身是個虔誠基督徒，但他卻鼓勵孩子投入慈濟、以善傳家。現任金光集團執行董事與慈濟印尼分會副執行長的么子黃榮年在一九九八年皈依證嚴法師，就是個例子。

黃奕聰老先生生前富甲東南亞，但濟貧布施沒少做過。黃榮年則以企業力量帶動幹部員工投入慈濟，效率超強。二〇〇三年，慈濟協助臺灣農委會發放五萬公噸大米，一動員就是三萬人。大型企業集團管理經驗，成為印尼推動慈濟志業的效率與方法之一。不管是二〇〇四年南亞海嘯重創亞齊（Aceh）、到二〇一八年蘇拉威西（Sulawesi）地震海嘯賑災，這股力量都讓人動容。而在大馬首先達成募集百萬會員的目標並突破二百萬之際，印尼不落人後，會員也朝著二百萬邁進。

黃榮年的大辦公室裡，除了牆上大面顯示集團股匯走勢圖的電視牆，桌邊放著一張與印順法師合影的照片。作為實業家，他的善良根基來自父親、也來自自己的皈依師父——證嚴法師。黃榮年說：「誠信，是爸爸一直教我們的。會務推動架構的 system one 是慈濟理念、system two 則是發放、效率與模式。」金光集團在全球有四百家法人公司，企業管理專業與慈善的結合，相得益彰。

作為實業家第二代，問到黃榮年希望如何傳承良善根基給第三代？他回答：「兩條路，一是把金光集團賣掉，幾代人無憂；二是永續，把事業做好、造福人群。」

黃榮年用企業語言分析道，印尼有一千四百萬赤貧人口，有錢的則有三、四千萬。只要兩人願意幫一個，就沒有貧窮了。至於一億多擁有工作能力的人，其中五千五百萬人務農。如果可以推動農業與糧食業的穩定，一個農夫乘二或乘四（家庭成員）那就是一億多。所以他以「農園」為單位，在四、五公里方圓區域關心弱勢。

「如果加上企業推動，不要說會員一百萬，就是再加一百萬也沒問題。」謙虛中，他很有自信。

同文同種，讓華人血液的基因與根無法一刀兩斷。過去五十餘年間，大多數時候社會對於慈濟充滿肯定。但近年來，部分媒體或是輿論卻以「慈善帝國」為慈濟貼上標籤。持平而論，如果慈濟能夠以一介佛教法師、一滴善水、跨國越洋形成浪潮，該問的是單純的宗教經驗？證嚴法師的個人魅力？抑或，有種可以深觸不同族群、信仰與社會各階層的心靈力量值得探究？而這股心靈力量的具體實踐模式，對於當代功利社會，是否更為重要？

懷念劉三姊

島嶼善潮，在華人世界的慈善地圖上，勾勒出了許多獨特、並且可複製的模式。作為當代華人佛教慈善NGO的先驅，從中國大陸、東南亞、遠至各大洲，都可以看得到以華人為首的慈濟運動。從一九六六年到一九九一年、到二〇二〇年，這張深具特色的慈善地圖逐漸成形。而在這張地圖裡，沒有國界、沒有政治、沒有意識形態，只有來自人間佛教「對外利他、對內淨心」的極簡思維。

從全球性的眼光來說，認識華人的中心在大陸。隨著大陸全球影響力的增強，還有什麼可以讓世界願意理解華人歷史中良善文化的內涵？這內涵，最珍貴之處在哪裡被保留與發揚？世界對於這條巨龍又想擁抱、卻又帶恐懼；想理解、但又充滿刻板印象。臺灣在華人世界並不大，但這條從小島中發展與醞釀出來的獨特軌跡，能否形塑出一種清新的華人特質？

作為吉打分會副執行長，劉寶鑾於二〇一九年三月十三日安詳辭世，享年七十一歲。

生前最後一刻，她掛念的除了家族精神的維繫與凝聚，最在乎的還是如何能夠將華人在馬來西亞的慈善力量發揮到最大。

「慈悲濟世、上善若水」。回到海南島場景，閣老身邊雜誌那句標題，似乎給了提問者一個最為直接的答案了。

註1：Javier C. Hernández, "Xi Jinping Vows No Poverty in China by 2020. That Could Be Hard.", *New York Times*, 2017-10-31. 網址：https://www.nytimes.com/2017/10/31/world/asia/xi-jinping-poverty-china.html。

註2：哈拉瑞著，林俊宏譯《人類大命運：從智人到神人》，臺北：遠見天下文化，二〇一七年一月初版，頁十。

註3：游燕燕報導，黃亮輝攝影，〈还原历史真相——猪仔血泪史〉，e南洋網站，二〇一九年四月二十四日。網址：https://www.enanyang.my/news/20190424/还原历史真相 - 猪仔血泪史/。

註4：謝筱玫，〈女人的力量《佘太君掛帥》〉，表演藝術評論台網站，二〇一七年九月二十六日。網址：https://pareviews.ncafroc.org.tw/?p=26182。

註5：丹斯里（Tan Sri）是馬來西亞聯邦榮譽制度的一種稱號，乃是第二等護國有功勳章（PMN）和第二等王冠效忠勳章（PSM）佩戴者的頭銜，是由最高元首冊封的象徵式終身榮譽身分，受封者多為部長、大法官、高級公務員、高級軍官、高級警官、黨魁、知名商人、社會賢達等顯要人物，數量限制是三百二十五人，包括「PMN」七十五人和「PSM」二百五十人。參維基百科：https://zh.wikipedia.org/zh-tw/。

註6：吳英傑，〈【印尼98事件專題】「當時的情緒，比排華還要強烈」〉，獨立評論@天下網站，二〇一八年五月十三日。網址：https://opinion.cw.com.tw/blog/profile/443/article/6881。

第四章

狂飆的時代・心靈的定錨

兩杯咖啡、小木桌上擺著筆記本跟受訪者的 iPad，靜謐的角落，與一位應算年輕、卻毅然選擇退休的科技大廠前執行長相談。疏理整齊的髮際間雖然多了幾根銀絲，但不損其紳士儀表。

除了 iPad，他手邊有張紙本資料，看得到筆者的照片與相關文字。平板電腦上，應該是事先提供的問題大綱。受訪前，顯然作了詳細的準備。

這位科技人擁有充滿疑問以及探索答案的理性腦。但不同的是，他退休後，成為另一個領域的執行長。主角人物是顏博文、年方六十出頭，在二〇一七年接下「慈濟慈善基金會」執行長的責任。原本，他僅以慈濟委員身分，在社區參與環保志工等等工作，但因其管理專長與民間背景，被邀入慈濟基金會董事會提供建言。

對於一位退休的科技大廠執行長，當個董事、給點意見並不難。這樣的口子，看似十分平衡。但某日，證嚴法師約見顏博文所說的一句話，讓他決定扛下更重的擔子。這個擔子，不是晶圓廠以億為單位的盈虧，而是如何讓一個超過半世紀的本土慈善團體根基更為穩固、更能發揮影響力。

IT精英談未來

席間，證嚴法師對顏博文說：「自己覺得很寂寞。」這句話，讓他感觸良深。

對於一位先行者與宗教家而言，證嚴法師的寂寞或許是必然。因為，先行者與普通人的眼界不同、遠見不同、徹悟不同、體會不同、境界不同，對人世間的一切關懷也不同。證嚴法師背影，常常帶點踽踽孤獨。那股內心深處的寂寞，來自世人與弟子們未能充分了解自己的憂慮；或是，讀了佛典後，卻不能夠理解與力行。

從一九六六年慈濟功德會創辦至今，已經五十四年。臺灣從農業社會演進為高度工業化的已開發國家，世界變遷與消費型態取代農業時代的結構。網路、社群與新科技普及後，世事開始變得更為複雜而難以預測。混沌、狂飆，或許就是形容這個時代的關鍵字。價值觀的顛倒與荒謬、或是提升與扶正，逐漸形塑著下一個世代的世界。

從顏博文的專業領域勢必談到科技。但他只簡短說：「科技能載舟、也能覆舟。」人類對未來的無限想像，透過科幻文學、小說、好萊塢電影、電視等媒介呈現。想像，不需要負責或是嚴謹引證。但所有的議題核心，最終都會回歸到地球資源、人類關係與永續發展的辯證。

有個虛構場景是這樣的——公元二一〇〇年，也許地球陷入更多災難的境地。但，也許更為前衛的科技與各式倡議奇蹟般減緩了現代科學家們的擔憂。屆時，家庭中可能看得到一種便宜的電器產品。只要張開喉嚨對著感應器咳上兩聲、某種檢測光線一掃，就會自動掉出Rx醫生處方的混合藥丸一顆。吃了立刻痊癒，隔天照常工作。

都會區上班，多數人搭乘的可能是磁浮（或者尚未出現的科技）大眾運輸工具、有人駕著「復古風」旋翼車往公司飛去。甚或，屆時早已沒有上班或是公司這類具象名詞。街上行人如潮，有「回春荷爾蒙」之稱的DHEA（脫氫異雄固酮），讓許多人年紀輕易超過一百二十歲卻仍然健康體壯，看似現代的五十歲。

這類科幻想像未必毫無根據，許多歷史學家研究人類社會的生物演化與科技趨勢，提出了可能性極高的預測。

歷史學家的科學預測

前文提過的以色列學者哈拉瑞（Yuval Noah Harari），從歷史學與演化科學的角度寫出了暢銷書《人類大命運：從智人到神人》（*Homo Deus The Brief History of Tomorrow*）。他透過科學數據分析，過去數千年來，影響人類生存甚巨的瘟疫、戰爭與飢荒慢慢獲得解決。但「歷史不會容許真空」，必然會有新的議題成為全球重大問題。

其一，當死亡走向末日——哈拉瑞的論點是，醫療將會大幅延長人類壽命。以二〇一八年臺灣邁入高齡社會、並可能在不到十年內迅速邁入超高齡社會的角度對照，加上醫療與資訊科技光速推進的當下，長壽、更為長壽、或是人瑞壽命成為高齡指標的日子，真的不可能發生嗎？

其二，幸福快樂的權利。人一長壽，追求幸福的慾望將會更為強烈。但若透過科技、藥物、基因、生化科技獲取幸福，將創造出「神格化」的新人類。而因為財富與階級產生的不平等，會更加明顯。

其三，智人將演化為神人。一旦科技能夠讓人打造出全新的心靈，智人將會消失。結果會怎樣？我們將無法理解。

被《華爾街日報》、《富比士》《Inc.》等雜誌譽為天才的Google首席工程師暨未來學專家雷・庫茲威爾（Ray Kurzweil）堅信，二〇二九年強人工智慧（Artificial General Intelligence, AGI）將實現。二〇四六年，可能就是「人工智慧超過人腦智慧」的奇點（singularity）。庫茲威爾預測的奇點時代，除了人工智慧，還包括生物技術及奈米技術的突破。人類面臨的能源、糧食、疾病等所有問題，都將獲得解決。（註1）

人類的過去，是千萬年混沌、演化、發展、衝突爭戰後，被學者歸納出來的歷史脈絡；人類的現在，即便面對著更為複雜的問題，卻未必能從歷史中學到教訓；而人類的未來，則是宗教家、哲學家、政治家、科學家、歷史學家、以及無數思考者的大哉問。但，如果能夠準確洞見趨勢、做好準備，會不會是最該被全球關注的一件事？人類未來的數十年，將是怎樣的時代？思考者心中，有著不同的劇本。

以上，算是想太多嗎？除了拚科技，「拚經濟」三個字，幾乎是全球政客選舉時必定會提出來的關鍵字眼。掌握選票的多數人民，愛的是錢。但是這三個字背後將會付出多少代價？不管是隱匿事實或是話術、人民永遠無法從政府揭露的資訊獲得真相與教育。在科技主導文明趨勢的二十一世紀，各種可能的新議題，都值得深思。

善用科技管理，推展宗教慈善

訪談顏博文有幾個動機與意義。其一，這位領導過臺灣第一家半導體跨國企業聯華電子公司（United Microelectronics Corporation）、具備高階管理、CSR（Corporate Social Responsibility，企業社會責任）專業的人才，如何協助證嚴法師與慈濟基金會成為全球性慈善組織的典範？如何讓社會深切期待的本土基金會更被信任與珍惜？其二、如何以證嚴法師的核心精神為基礎，為慈善開拓出更為契合社會需求的模式？其三、科技人的思維結合慈善，可以形塑出怎麼樣的理想架構、讓慈濟永續發展與橋接社會變遷的過程更為完美貼切？

這個變革，再次從二〇一五年因為媒體炒作而沸沸揚揚的慈濟風波談起。事件後，慈濟基金會選擇面對挑戰與質疑、敬邀社會賢達從不同角度提供意見與建議。二〇一六年，「慈濟慈善基金會」組織優化、董事會改組，顏博文受邀擔任董事。隔年，顏博文在證嚴法師的愛才重用下，接任慈善基金會執行長。

與顏博文訪談，可以觀察出他略帶感性的理性思考邏輯。所有提問，語速平穩、回答精準清晰。

回到本章前段提到的，當代與未來的混沌中，掌握科技權力的人（或巨大的跨國公司），等同掌握不遜於政治的權力。對多數大眾來說，何謂生化科技？何謂演算法？何謂物聯網？何謂區塊鏈？這個世界，充斥太多百家爭鳴的華麗名詞。但等到一般人真正搞懂後，這些名詞很可能已經又成為落伍的概念。以光速形容科技的進化，並不為過。

談到科技與慈善，顏博文這麼詮釋——善用科技，可以協助慈善與其他三大志業（醫療、教育、人文）提升影響力與效率。證嚴法師一直是個很能善用科技的宗教家。傳法、說法，透過全球志工連線與大愛電視台的無國界傳播模式達成。全盛時期，慈濟人文志業基金會轄下的大愛電視台，使用了十三顆衛星轉頻器，讓訊號可以觸及全球大多數角落。在華人電子媒體中，覆蓋率僅次於大陸的中央電視台。

網路進入寬頻應用時代後，慈濟也透過社群與其他工具繼續傳遞訊息。而源於救災需求的「慈悲科技」產物，則研發出淨水船與火箭爐等等新式裝備。大愛感恩科技公司將回收資源轉化成衣物毛毯，拜科技之賜。慈濟淨斯「多功能福慧床」，曾經在二〇一四年獲得德國紅點設計大獎，亦稱創意巧思。以上，皆為善用科技為工具、將慈善理念具體落實的例證。

除了上述的例子，科技與慈善究竟能夠產生哪些關聯與可能？顏博文從物聯網（IoT/Internet of Things）的概念說起。

慈善的物聯網思考

所謂物聯網，即是透過網際網路、傳統電信網路等資訊載體，為所有行使獨立功能的普通物體建立聯通關係的概念。當代智慧手機上的無數App、社群、通訊軟體、平台，即為物聯網生活化的舉例。

二〇〇五年十一月十七日，世界資訊峰會上，國際電信聯盟發布了《ITU網際網路報告2005：IoT》，正式宣告「IoT」時代的來臨。

物聯網概念火紅，相信有不少人都可以侃侃而談、有如資訊科技專家。「不過，物聯網的成形是要有順序的。」顏博文繼續補充。他說，要有足夠數據進來、經過適當的演算法分析與智慧判斷才有意義。

顏博文的理論架構中，必須先有物聯網，才會有數據。萬物連結產生數據後，才能進行大數據（Big Data）蒐集。掌握完整的大數據，可以更為精準分析判斷與決策。在這些地方，慈濟有很大的成長空間。這類網路時代的趨勢，證嚴法師並不陌生，也期待運用新的科技概念，為社會做出更多貢獻。

顏博文舉例——簡單講，對於慈濟的公益關注者（即利害關係人）有三個部分必須特別注意。第一就是捐款會員如何經營管理？會員可視為企業股東，但這種特殊的股東關係應該如何經營？第二，從慈善公益組織的成員來講，志工就是慈濟最重要的環節。不過，志工的資料很多，這些資料可以提供年齡、身體狀況，還有出勤、心理數據。當他們的年紀越來越大，除了提供健檢服務之外，還能多做些什麼？第三是慈濟的感恩戶，如果以商業語彙來說就是「客戶」。感恩戶的動態如何完整、即時輸入資料庫並與志工連結，都是大數據的來源。如果可以更精準做出分析反應，就能大幅提升效率。

顏博文繼續說，隨著時代進步，人類生活方式已經改變。例如，接引年輕族群應該透過怎樣的方法？當他們接受資訊的方式改變，如何因應、並提供更有價值的訊息？以上，只要善用大數據與資訊科技，都可望讓慈濟的社會支持度更為成長。

回顧前述的時代趨勢，臺灣已經緊跟日本迎來高齡化社會、並續往超高齡社會狂奔而去。如同哈拉瑞博士的預警，超超高齡的長生不老時代會遠嗎？

在臺灣，「長照」除了成為政策與口號，民間基金會的力量，絕對扮演關鍵的重要輔助角色。證嚴法師行腳全臺各地之際，來訪的政府官員、民代與意見領袖，常常提到長照政策推動的困難，並期待慈濟能夠提供更多協助。說穿了，這個嚴重的社會問題，官方力量是有限的。但，長照的成功模式之一，早已落實在慈濟的數千個環保站裡了。

我曾在臺中一所安養院中長期觀察。九十歲以上的長者，被集中在一個加強照護的樓層。除了護理師，多半依靠外籍看護照料。一位曾經擔任校長的奶奶重度失智，見人就問兒子在哪裡。包著成人尿布的退伍老兵褲襠微溼，不管見到誰，開口就是大罵。每餐飯的餵養、餐後的假牙與口腔清潔、排泄物的處理，讓人頓感生命之難與照顧的辛酸。撰文之際，再度前往安養院探訪。護理長無奈透露一個剛剛發生的悲劇——有位常來看顧老母親、非常孝順的中年男子因為不堪負擔與壓力，選擇跳河結束生命。安養院裡，常有長者往生。大體出院，代表著生命的圓滿或是遺憾？沒有標準答案。外籍看護替臺灣社會承擔了大量的長照責任，有些的確充滿真心關懷，但對其他人來說，它只是份工作。

長照會成為悲歌嗎？這正是臺灣社會即將面臨的重大壓力。靠政府，是否真能緩解緊張的壓力？高齡族群的增能與活化，該怎麼做？

科技載舟，解決社會問題

顏博文深信，善用科技可以帶來機會。他以人工智慧（Artificial Intelligence, AI）為例，認為這是值得全力開發與應用的技術。因為，人工智慧可以減少人為錯誤與負擔。透過大量數據的搜集與分析，在判斷上將會更客觀、更精準。

全世界都面臨高齡化社會的問題。原因有二：首先，就是醫學進步、延長壽命。例如在臺灣、日本、新加坡這些醫療水準很高的國家，平均壽命的延長趨勢相當明顯。加上社會福利、健保等制度，長壽成為必然。但原因之二，就是普遍的「少子化」。

科技人透過簡單易懂的數學算式解釋高齡化的速度。顏博文分析，在計算人口老化速度的公式上，一個對分母有貢獻、一個對分子有貢獻。少子化讓分母變小，老年人口增加讓分子變大。一減一增，高齡化社會就來了。

其實，談到臺灣人口高齡化的速度世界第一，講的是老年人口百分比在某段時間內的

「成長速率」。這與時間有關係，跟定義老人幾歲是沒有關係的，就算老人年齡的定義放寬到七十五歲，臺灣人口老化的速度相對來說依舊是第一。

本書裡，舉了許多老人家在慈濟環保站獲得歸屬與成就感的例子。從黑龍江的八旬老奶奶、桃園中壢的退伍老兵、一直到馬來西亞小島上的居民，環保站讓無數長者安定、互相照顧、並且在心靈上獲得慰藉與昇華。環保站除了資源回收之外，更是高齡族群展現生命價值的空間。上述功能，都大大補足了官方長照政策不及之處。

顏博文對於高齡議題具備相當的認知。他繼續說明，因為少子化嚴重，老年人口增加比例越大，長者照顧的問題就會越加突顯。不管年輕、中年或是老人照顧老人，負擔只會越重。簡單的數學公式，一算就懂。

因此，我們可以善用輔助科技與人工智慧來分攤年輕人對老人的照顧壓力。電子業未來應用的最大市場之一，就是老人健康照顧。日本對於長照關注度最高，已經研發出可以幫忙送藥、提醒吃藥的機器人。機器人同時可以將長者的檢測數據傳進系統、減少人工記錄或重新登錄「可能發生」的錯誤。

若從人力角度而言，醫療資源的不足是事實。加上休假或長假，醫護人力的負擔就會更為沉重。但機器人不需休假，有精準、定時提供服務的特色。許多人工智慧輔具的設計更注重人性化。例如，協助照護者輕鬆抬起老人的設備，既省力、又避免照護者可能產生的身體傷害。現在，坊間已經出現許多可與老人對話的人工智慧產品。雖然無法完全取代人際之間的關懷與溫度，但多少可以支援部分功能、減少人的負擔。慈濟醫療志業體裡，也積極開發可運用在長照上的系統與技術。

顏博文也提到「遠距健康照顧」的概念。

現代家庭結構中，子女跟父母常常不住在一起。如果未到需要看護的階段，就可運用科技、隨時掌握父母身體與健康的指標數據。遠距照顧系統除了提醒定時服藥，萬一健康數據異常，馬上可以傳遞到子女與醫院的系統、迅速實施醫療行為。遠距健康照顧透過資訊、雲端、醫院管理與鏈結，可以提供安心、有效的服務。這也就是科技利益社會、減輕子女負擔之處。

有效溝通．量化價值．廣結善緣

從科技提到長照，與慈濟慈善基金會積極推動的會務有關。慈濟五十多年歷史，傳統的四大志業、八大法印，可作為一種會務歷史的分類結構。但新的時代，固守核心精神之外，如果從大眾溝通的角度而言，或許可以透過另外一種結構方法，讓慈善對社會的所有貢獻清晰呈現。顏博文運用新的圖資（info-graphic）語言出版慈濟《永續報告書》，目的就是希望與社會對話時，可以更精準透過數字呈現善款運用成果。

在許多分享或是演講場合，顏博文喜歡透過量化圖說的方式解釋慈濟志工的無形成本。這類無形的社會影響力價值，在過去很少被計算、並轉化成數據。透過一張張簡報，慈濟會務有了清晰易懂的圖資輪廓。顏博文舉了一個例子——光以二〇一八年全球動員的慈濟志工人次，就超過一千八百八十萬。如果將無償、自費、自假、自禮、自捐作為計算指標，光是無償一項的貢獻就超過一百一十六億。這個數字，約為慈濟年度慈善總支出的兩倍。換算人力時薪，卻僅為美國平均標準的五分之一。顏博文再三強調，這些數字其實都是保守估算，並無誇大之處。至於，因為志工的慈善行動而改變命運的家庭與人生價值，就更無法計算了。

以往，社會對於慈濟志工群體的印象，大概僅止於人很多、效率好、速度快；或是，熱愛行善、付出無所求。當這些形容詞可以透過科學分析過的數字展現，自然可以增加說服力。SROI（Social Return on Investment，社會投資報酬或社會影響力），也是慈濟慈善基金會最新引用的影響力評估方法。它有別傳統溝通模式，將效益「貨幣化」、分析對象「多元化」、以及讓「影響力」得以具體衡量。

對於 SROI，顏博文的詮釋是：「表現好不好？得看你的行業以及從事的範圍。如果是一個純資助型的基金會，它的雄厚資本可能來自企業創辦人本身。像比爾蓋茲基金會、唐獎的資源，主要都來自個人資產捐贈。不過，雖然財力基礎雄厚，卻沒人力去執行，所以只能列入資助型。把善款交給執行成效良好的慈善團體去做，成本是最少的。慈濟人事支出可以壓低，是來自強大的志工資源。實際做事，除了必須動用很多人力、物力，還得加上創新，才能克服困難、完成任務。」

關鍵是，強大的志工資源從何而來？為何而來？

顏博文認為，不管怎樣，慈濟除了實踐理念以外，也可以開創一些平台，讓人家來交流之外，慈濟當然也可以跟別人學習。聯合國裡有很多優質的慈善團體都是非政府組織，透過非常好的串連，慈濟可以學習更多。

人生職涯的翻轉之路

往下書寫前，先回顧顏博文的民間職涯，他曾是聯電公司最年輕的廠長。十多年前，聯電在新加坡有個晶圓廠投資案。這家原是聯電、客戶、當地政府三方合資的公司，後來因故變成聯電獨資。經營上，充滿變數與挑戰。當時負責新加坡廠營運績效的顏博文，面對的是一個極為艱困的局面。

從最年輕的廠長到執行長，他看似順遂的職涯人生，有沒有打擊與疑惑呢？

顏博文淡然、簡短地回答：「當然遇過障礙，而且很多、很多。但我受佛法與慈濟的影響很大。」一證嚴法師的話語，成為顏博文心態調適上，最大的助力。

「臺大化工所畢業後，我從基層工程師做起。但這個本土碩士學歷，在職場算是低的。電子業界，從國外名校如麻省理工學院或史丹佛大學畢業回國的大有人在。甚或，名校畢業後在歐美大公司服務過的主管人才也不少。光自己曾經帶領過的研發部門，博士就有幾百位。如何能夠職場順遂？心態最重要。」顏博文說。

顏博文坦言，如果沒有受到佛教與慈濟的影響，以自己過去的心態，不可能接任公司最高主管職位。

他繼續分享自己的故事：「我在四十歲出頭時就任廠長，管理約一千人的工廠。績效經營出來後，得過中華企經會頒『國家傑出經理獎』的榮譽。而後，就被派任到新加坡。在新加坡那段時間，是人生的最大轉捩點。」

派任新加坡負責先進十二吋晶圓廠的營運，來自主管的肯定。但這個任務，背後有相當大的挑戰。如何面對與處理，決定著這個鉅額投資案的成敗。

「我的理念是不挑工作，因為對自己有信心，所以就接了。後來才知道困難度很高。因為歐洲客戶與當地政府的撤資，聯電必須自負盈虧。」顏博文同樣語氣平和、淡淡描述完這段話。不過這背後的輸贏，其實都是天文數字。

顏博文繼續回顧這段往事與慈濟的連結。他說，新加坡的人事、水電成本都比臺灣貴。營運費用提高，但接單價卻是一樣的。公司接了單，可以選擇在臺灣或是大陸生產。新加坡成本高，有不少主管說這個廠永遠不會賺錢，但又不能關，是個錯誤的投資。

顏博文不是不了解困局有多艱鉅。但他冷靜思考、分析利弊後對同仁說：「我們可以選擇一起將就現實，或者想盡辦法把它做起來。」當年，他剛好接觸到慈濟，出現人生第二個轉折。顏博文的太太在慈濟新加坡分會擔任志工，轉述了許多讓他非常感動的故事。顏博文心想，世界上怎會有人願意這樣付出？這是個什麼樣的團體？如何管理？之後，他逐漸興起了了解慈濟的念頭。有次，太太拿回家的竹筒上貼著兩句話，一是「做就對了」。第二句是「心不難，事就不難」。文字簡單不過，但卻讓事業陷入膠著狀態的顏博文產生體悟與自我激勵。

「相由心生，」顏博文下定了決心。他說：「越困難的事，越要 turnaround，我要把困局翻轉過來。」

這位沒有國外管理經驗的副總經理，開始密集內部溝通、建立團隊信心。顏博文對同仁說，客戶不會給我們更高的價格。大多數的客戶離臺灣比較近，不會因為新加坡環境好就給我們訂單，除非有更大的誘因。所以，新加坡廠的品質、產能、服務、交期、技術等等，一定要比其他競爭者好。要讓客戶喜歡及信任我們，一定要創造出「有差距」的好。有感，客戶才會來。

信念說得激昂，但究竟該從哪裡開始做起？

公司團隊被顏博文激發鬥志，在短短兩年內翻轉頹勢。不管是團隊品質改善或是專案計畫的發表，都能拿到全公司的首獎。甚至，在臺灣舉辦的品質競賽裡，還獲得最高榮譽象徵的「金塔獎」。

專業口碑建立後，客戶逐漸喜歡跟新加坡廠做生意。於是，訂單開始「滿起來」。「當接單量大時，產能充分利用，效率全部激發出來，就可以把成本壓下去。成本以 loading 算，如果超過理論值、計算值，就會相對 cost down。」顏博文比喻，「人力成本是幾乎是固定的，水電負擔都一樣，可以 average out。當產能增加，利潤就會增加。」最後，顏博文真的翻轉了頹勢。

不為己，才有動力堅持下去

力挽狂瀾、翻轉頹勢，情節有如商業小說。問到顏博文究竟做了什麼？他停了幾秒後淡淡地說：「跟上人一樣。一個是溝通、一個是以身作則……上人雖然是師父，卻比弟子還精進。弟子時間運用、專注度，還有體能都比上人差。上人身體不好，但是精神專注、時間有效運用、全年無休，所以比弟子們多出許多時間進修。」

這段話，把每個人可運用的時間與晶圓廠的產能，做了適切的類比。

在新加坡兩年多，顏博文每天進公司開會，連一水之隔的馬來西亞都沒去過。他深知要改變組織的習慣快不了，所以必須將自己全部的時間投入。而新加坡廠的員工組成一半來自大陸，其他則是臺灣、新加坡人和馬來西亞人，管理上有些複雜。

除了以身作則，顏博文相信提升效率需要願景。當現實條件如此，必須做到什麼程度？「當主管的，要提出願景。」此外，實質上的鼓勵也不能或缺。於是，他與高階主管們自掏腰包，將自己的獎金挪為公積金，作為團隊返臺參加比賽的機票費用。顏博文還特地為同仁打造出健康促進的休閒空間。這一切，都是激勵與願景的展現。

從新加坡廠的經驗，到接任聯電執行長，他對自己的職務與慈濟之間，做了很多連結。

對內，顏博文採用激勵式管理，但對客戶端呢？

他精簡扼要說：「對客戶端更是跟慈濟學——誠信，就是 Integrity。」顏博文堅持這個理念，希望員工面對客戶端，態度上一定要記住這個字。

顏博文說：「Integrity 這個字在科技與管理上有其定義、精神理念上也有，所以可以相互貫穿。」因此，他要求團隊透過 Integrity 贏得客戶的信任。做得再好，如果沒有 Integrity，只要被客戶發現，信任就會打折扣。當一家公司無法贏得信任，那一點都不值得存在。

從聯電執行長成為慈濟慈善基金會執行長，他心中只有一句話：「不是為己，你才會有更大的動力堅持下去。」

精神層面可以自我激勵，但領導科技大廠與領導慈善基金會之間，其實差異很大。

顏博文解釋：「第一，事業目的不同、工作團隊組成不同。私人企業優先追求經濟成長，然後才會承擔企業社會責任（CSR）。並且，這得看公司是否發展得很健康。如果體質健康，就會去做 CSR 這一塊。」

「而慈善基金會則是全然為了公益。與一般組織的領導人相比，上人的視野和腳步既高、又遠、又快，大家必須跟得上。一般組織多半專注特定領域，如聚焦弱勢家庭兒童、海外貧困兒童，或是只關心生態保育。但慈濟是能做的幾乎全部都會去做，不但沒有區域性、全世界只要有災難的地方，慈濟人就會去。所以我們服務的對象非常廣泛，可說完全沒有疆界。」

「第二點是，慈濟成員中職工占少數，志工卻占了絕對多數。志工的無償付出，都是出於自願。強大的志工驅動力，來自上人精神理念的感召。一般企業通常以願景、報酬與管理制度來要求，有一定的規範。這種管理模式在產業界已經成熟了。但在以志工為主的NGO體系，有很不一樣的價值觀與運作機制。第一代慈濟志工與現在較年輕的慈濟志工相比，他們跟上人接觸的時間、學習的機緣不同，培養帶領的方法也勢必要做些調整。」

顏博文在科技業擔任執行長時，許多執行方向都是「自己說了就算」。因為，事業體目標最重要。人不是不重要，「但終究人和組織，是為了達成企業利潤目標而存在。」於是，一切就事論事，人與情並不會是priority。他直言，對企業經營者而言，最重要就是財務報表上的漂亮數字。

溫度，才是關鍵

從獲利導向為目標的企業接任慈善基金會執行長，顏博文理解到慈善以人為本，所有使命都必須透過人去完成。所以，人際間如何互動、凝聚使命感，相對非常重要，「甚至是最重要的！」他坦言，這就是「溫度」（即人與人之間的關懷）。溫度如何恆持，則是他現階段最需要加強體悟的。

在顏博文的觀察中，證嚴法師最在乎「人與人之間的互動與成長」。任何事即使不是自己的專長，但只要願意用心努力投入，就是專家。這話聽起來不符合一般常理判斷，但有趣的是，許多困難的任務竟然因此而完成。他發現，重視人情溫度的胸懷，讓證嚴法師可以帶領志工成就許多難以思議之事。

從個人故事、領導心態轉換；從組織優化的想法，回到慈濟會務重點；顏博文再度舉例呼應前述提到的高齡社會與長照。除了環保站的民間形式，慈濟也積極投入籌建長照服務中心。

以屏東縣為例，這個縣分的老年人口比率超過百分之十六。縣政府預估，二〇二五年就會達到百分之二十，進入「超高齡」階段。更讓人憂心的是，屏東縣人口外移嚴重，速度位居全國第三高。這呼應了顏博文的分子分母說，高齡化，將會成為這個偏遠縣分長遠的隱憂。

二〇一九年元旦，慈濟籌設的「屏東長照服務中心」於鹽埔靜思堂啟用。副縣長吳麗雪透過數字描述長照中心的功能。她說，政府十三年來推動長照2.0與十年計畫，但民眾對縣府提供的資源與福利服務，使用量卻不到三成。當慈濟有系統地投入屏東長照行列，這個中心的空間與資源，很有機會將服務量提升超過五成。一個民間基金會，服務量從三成不到變成超過五成。兩個數字，已經把話講完了。

慈濟長照服務中心啟用後，將以長期、連續性的方式發展社區化的長照模式。除了定點關懷、訪視陪伴、快樂學習、健康促進之外，還有對於孤苦老人的經濟補助。

顏博文很有自信的說，慈濟對長者的照護堪稱「長照5.0」。如果長照只有老人家住在一起，這就是大問題。應該要讓老人家和年輕人住在一起，才算是「全人全照」。

嚴格說來，慈濟為志工群體營造的空間，從靜思堂、聯絡點或是共修處，都可說是一種非正式的長照中心。不僅在臺灣，海外分支會中，也常常可以看到高齡長者的開懷笑臉與健康身影。為高齡化社會建構「擴大生命價值的場域」，正是慈濟長年努力的目標之一。

慈濟紐西蘭分會裡，高齡九十六歲的志工John Sato或許就是另一個好例子。十餘年前，John Sato加入慈濟，開始志工生涯。期間，他在重障女兒往生後，成為獨居老人。John Sato罹患氣喘與僵直性脊椎炎、頸部前曲嚴重。如同顏博文所說，當老人跟老人住在一起，就會產生問題。但在紐西蘭分會裡，他的高齡生活並不孤單。因為身邊都是比自己年輕、情感有如家人的志工朋友。只要分會有賑災發放或是祈福活動，John Sato都積極參與其中。平時，環境的打理、園藝的修剪，John Sato全不假手他人。John Sato其實是紐西蘭部隊在二次世界大戰中「唯二徵召」的紐日裔（Kiwi-Japanese）軍人之一。對於和平，他有更多的體悟與渴望。

二〇一九年三月，紐西蘭第三大城基督城（Christchurch）的兩座清真寺裡，發生了該國史上最大的無差別槍擊案，總共造成五十人死亡。而兇手，是個「白人至上主義」（White Supremacy）者。慘案發生後，慈濟紐西蘭分會舉辦祈福會，社會各界也發起反種族主義（anti-racism）的和平遊行。為這件事傷心數日的John Sato除了沒缺席祈福會之外，更以九五高齡親上街頭，表達對於和平的冀望與呼籲。他的佝僂身軀在兩位警察攙扶下，成為當地媒體的鏡頭焦點。這個堅毅的畫面，激勵了無數的讀者與群眾。

退休後，人生還有舞台

要說年紀，顏博文遠比不上 John Sato。坐六望七之際，可說年輕，但也可說慢慢要往長者之路邁進了。退休後選擇承擔更重，但生命的寬度與長度卻可因此延長。現在的執行長生活必須每晚十點就寢、清晨四點起床，工作節奏與力度遠遠超越過去。承擔的位置不同，但他的生命意義與許多中高齡志工並無二致。

筆挺的西裝襯衫下，身形比過去削瘦不少。顏博文坦言，接下慈善基金會執行長幾個月後就瘦了五公斤。但「不是因為操勞，而是緣於感動。」

當顏博文有更多機會與證嚴法師同桌用餐時，常常望著眼前這位清瘦的師父。他自問：「為何孜孜不息、忙著海內外慈善工作，食量卻那麼小？」顏博文開始覺得自己飲食也應酌量，吃進肚裡的東西該少一點。

漸漸地，顏博文的體脂肪減少，BMI 與血壓數值也更標準了。儘管工作時間很長、沒有餘暇或休閒，但顏博文的體能、精神狀況都比年輕時還要好。「現在的勞動，是使命感的忙碌，心態完全不同。」

談到這些，顏博文總以科技語言舉例。他說，就像網路傳輸，只要擴大頻寬（bandwidth），相同時間與長度內的傳輸量就可增加。科技業常講的3G、4G、5G，就是不同世代的通訊技術演進。每一代的網路傳輸速度能夠增加，很大的因素就是將「頻寬」變大，資料傳輸量就會大幅增加。

狂飆的世界、科技的光速演進、頻寬的無限擴大。科技將會為人類帶來怎樣的改變？但回歸到人本，忘掉科技，能夠真正擴大生命頻寬的，或許還是得回歸到心靈與生命價值觀的「定錨」。

本章援引學者哈拉瑞對於超長壽、幸福快樂的無限追求、智人會不會因為科技演化為神人三個未來性議題？說穿了，歷史可鑑、未來難料。但有種古典模式或許是每個生命個體都可以選擇的——「不靠外力與生化科技，就可以讓自己邁向長壽之際找到真正的幸福快樂。並且，依舊活得像個智人、而非加工過的神人。」

世界各種潮流，依舊會不斷湧浪般地狂捲、或是海嘯般朝著人類文明摧枯拉朽而來。但不管身處怎樣的境地，或許唯有回歸信仰與價值觀根源，才能在所有浪潮中緊握著那根穩定一切的心靈之錨吧。

註1：林建甫，〈人工智慧超越人腦，就在2046?〉，中時電子報，二〇一七年二月六日。網址：https://www.chinatimes.com/opinion/20170206004841-262104?fb_comment_id=1277031175691220_1277139559013715?fb_comment_id=1277031175691220_1277139559013715&chdtv。

第五章

未來的想像．開創的契機

二〇一九年七月，德國科隆（Colonge）市街頭出現三名屬於 Fridays for Future 組織的環保運動者。他們架設了一個中古時代吊死囚犯的絞刑台，將自己套在繩圈上。鏡頭往下，三個人的腳上墊著三個大冰塊。盛暑酷熱，冰塊高度不斷降低。這個訴求現場，透過冰塊的消融，暗示人類未來可能遭遇的極端困境。Fridays for Future 希望透過這個運動，督促科隆議會關注氣候變遷的緊急法令。

Act Like Grown-up

Fridays for Future 的一支網路短片裡，七歲的非洲裔孩子對著鏡頭說，你們都長大了，行動上要像個大人（act like grown-up）。最後一句文案是：「你們要保護我，因為我才七歲。」比起亞洲，歐洲環保運動的熱度與強度相對積極。但對於以開發中國家為主的亞洲，當中產階級急速興起、消費需求大增，民眾對於環保意識可能僅止於「知」、而未必感受強烈，並願意透過行動形成足夠的氣候。

冰塊消融、瘦到見骨的北極熊、肚子塞滿塑膠袋的鯨豚與信天翁，這些畫面早已不是多年前的罕見新聞。漸漸的，殘酷無言的影像被攝影家捕捉後，火速在社群網路上散布。無奈嘆息者眾、行動者少。不過，悲觀雖然是事實，但也未必完全絕望。

根據聯合國二〇一八年公布的研究，可為地球阻擋致癌太陽輻射線的臭氧層，正以每十年百分之一到三的速率恢復中（註1），開始逆轉多年來因釋放有害化學物導致臭氧層損耗的現象。在每四年檢驗一次的「蒙特婁議定書」（Montreal Protocol）研究數字裡，大氣中的臭氧損耗物獲得控制，長期以來遞減的平流層臭氧量開始改善。報告裡也指出：「南極洲臭氧破洞正在恢復，且每年持續。這是蒙特婁議定書的成果。」如果順利的話，極地臭氧層破洞可望逐步修補。二〇六〇年，有機會恢復到一九八〇年代的程度。

逆轉並非不可能，但需要更多努力。不過，在二〇一九年十二月於西班牙舉辦的COP25會議中（註2），聯合國祕書長指出——各國政府目前提出的減少碳排放計畫，與控制地球均溫上升不超過攝氏一點五度所需的減排量有著「巨大落差」，各國的減排計畫要增加五倍才能達標。（註3）

二〇一九年三月，聯合國在肯亞（Kenya）首都奈洛比（Nyirobi）舉辦第四屆環境大會。其實，聯合國環境規畫署（United Nations Environment Programme, UNEP）總部就設在奈洛比，這一屆會議的主題是——「尋找創新解決方案」。會議中，有來自全球各國的四千七百多位政要、商界與民間組織人士參加。代表佛教慈濟基金會出席的志工們，在會議展場中以環保毛毯、環保磚與穿在身上的環保衣作為創新方案的範例。慈濟美國總會副執行長曾慈慧，忙碌地為各國代表介紹源自臺灣本土的環保模式與理念。背後大看板上，寫著"From Trash to Treasures"，看板下方，則以雙手十指的口訣與符號，簡單點出分類原則。以英文翻譯，稱作"The Recycling Mnemonic"。

其實，除了會議主題的探討與周邊論壇，聯合國環境規畫署也制定了新的目標推動大戰略——那就是與「信仰組織」合作。透過信仰、投資與科學證據，在環境保護議題上透過加乘力量，可望推動變革。這個策略，來自人類行為的分析。根據研究，人類有八成以上會因為精神價值觀而產生行動。宗教，正是能夠深切影響價值觀的方式之一。這個策略，相信有其嚴謹的背景根據。

積極國際參與，進入聯合國大門

其實，早從二〇〇三年，慈濟就與聯合國新聞部、難民署等單位建立關係。二〇一〇年，則是意義重大的一年，佛教慈濟基金會正式成為「聯合國經濟社會理事會特殊諮詢委員」（Special Consultative Status），加入了世界上最大的非政府組織平台。

解釋何謂「特殊諮詢地位」之前，先建立聯合國組織架構的輪廓。

聯合國作為資源與協調能力最強大的國際組織，在環境、社會發展、人口等領域，必須「洞見」未來的危機與可能性，並透過全球政策與資源整合，才能真正推動改變。

聯合國總共設有六個一級單位，由大會與「經濟社會理事會」（ECOSOC）、託管理事會等部門組成。多數非政府組織，都隸屬經濟社會理事會。在 ECOSOC 的架構下，非政府組織 NGO 或是公民社會組織 CSO（Civil Society Organizations）形成最強大的資源與合作基礎。

一般人對於名詞艱澀的「特殊諮詢委員地位」通常不甚了解。這個角色，除了可以參與經濟社會理事會與其相關機構的重要事務、計畫、預算之推動，更可提供「諮詢服務」給聯合國祕書長、各國政府與其他非政府組織。要取得資格，必須對於國際社會具有一定的貢獻度與專長。

諮詢地位共分三級，能夠在理事會提案與發言的全面諮詢地位（General Consultative Status）組織約有二百餘個。第二級的特殊諮詢地位，已有超過五千個各國組織取得資格。而暫時無法確認專業度的，則列於第三級，稱為 Roster。早年，聯合國與 NGO 之間的互動薄弱。如果以現在的形勢發展，已經清楚可見聯合國對於各種國際非政府組織有多倚重了。

二〇一九年七月十八日，世界衛生組織 WHO 啟動「伊波拉全球緊急狀態」的最新消息——剛果共和國一千六百七十六人感染死亡，死亡率為百分之六十六。這次，WHO 頒布的是代表最高級別警報的「國際公共衛生緊急事件（PHEIC）」。這是史上第五次頒布的最高級別警告。

NGO 協同合作的重要性與價值，或許可從獅子山說起。說故事的人，叫做史蒂芬．豐巴（Stephen T. Fomba），擔任的角色是慈濟美國總會伊波拉病毒專案負責人。

豐巴生於獅子山共和國（Republic of Sierra Leone）。一九九一年，獅子山發生內戰。戰火倥傯中，他急忙逃離家園，輾轉跨越邊境、前往鄰國幾內亞避難。五年後，在顛沛飄搖中，終於與祖母一起逃到美國俄亥俄州哥倫布市（Ohio Columbus）。在La Verne大學進修博士班打工時因緣際會認識慈濟，從此落腳加州。

回溯二〇一三年底，伊波拉病毒在西非大爆發。疫情最重的國家除了幾內亞、賴比瑞亞，就是獅子山共和國。最後，罹難者超過萬人。伊波拉病毒傳染力極強，不管是唾液、血液、眼淚、尿液等體液，都是散布媒介。許多家庭成員因為相互照顧、交叉感染，最後甚或無一倖免。當時因為沒有藥物能夠有效壓制病毒，染病後的死亡率高達七成。

豐巴雖然移居美國，但他同樣為疫病殤逝的同胞致哀。其中，包括至親。豐巴說，自己的舅舅曾經為一位車禍受傷的摩托車騎士進行急救。不料，傷者竟然就是伊波拉病毒帶原者。見義勇為的舅舅無辜染病，不治身亡，連照顧他的親戚也被傳染。最後，疫情蔓延到豐巴母親的娘家全村，親戚十二人罹病，七人往生。

伊波拉疫情爆發後，雖然世界衛生組織迅速派遣專家進入疫區協防，但獅子山等三國的衛生部門早已失控、無法運作。如何追蹤、診斷、隔離、收容並治療感染病人，流程大亂。獅子山共和國人民普遍貧窮、教育水準低落，而傳統文化更加速了疾病的散播。例如，喪葬習俗中，人們習慣觸摸往生者或是親手為其淨身；而各種民俗療法與巫醫儀式也勝過現代化醫院，成為百姓患病時求助的對象。當政府無法與國際組織合作，疫情終告淪陷而難以控制。

讓人遺憾的悲劇接踵而來——位於首都自由城（Freetown）的聖喬治孤兒院經理人奧斯丁·貝克（Augustine Baker）在援救受病毒侵襲的社區孤兒時，不幸受到感染而死。貝克往生一週後，他的太太也跟著去世。

國際組織合作，前進伊波拉疫區

二〇一三這一年，豐巴在加州聖蓋博谷（San Gabriel Valley）一個協助街友的機構擔任企畫執行長，而曾慈慧恰巧是這個機構的創辦成員之一。當她提到慈濟很希望協助伊波拉疫區時，豐巴不假思索，決定加入慈濟基金會。在時任美國總會執行長的黃漢魁與慈濟全球志工總督導黃思賢的鼓勵下，援助獅子山的行動，正式展開。

第一時間，豐巴緊急聯繫了當時的聯合國副祕書長尤姆凱拉博士（Dr. Kandeh Yumkella），透過博士推薦，慈濟與希利國際援助基金會（Healey International Relief Foundation）以及天主教自由城明愛會（Caritas Freetown Foundation）合作，為援助獅子山的跨組織行動，開啟了一扇門。

獅子山共和國，以血鑽石、內戰不斷與童兵氾濫成為國際上的印象標籤。街頭實況，流浪貧童無數。男的，常被強迫當童兵；女的，則常不幸被賣入妓院。這是宿命，戰禍加上疫病，民不聊生。

首都自由城的 Wesley Street 街上，一位老先生奮力拉著堆滿回收資源的人力車往上坡走。貧童收容中心裡，孩子學著小丑、丟著三顆網球自娛。其他，有的踩高蹺、有的玩著東方扯鈴、有的則是跳著格子、玩飛盤。活動空間，全擠在一個籃球場裡。收容中心負責人喬治神父辦公室牆上掛著一張海報，上面印著“Stop Child Abuse”幾個大字。這個場景，或許就是獅子山共和國的悲歌縮影。不過，讓神父與孩子們高興的是，曾慈慧的來訪，不僅捎來全球慈濟志工的祝福與溫暖，也帶來大量的白米、鞋子與生活物資。

談豐巴的故事與獅子山，並非刻板式描述一個貧窮非洲國家的苦。而是，在這個慈濟援助案中，可以看到國際合作產生的最快效率與最大效益。當地基金會與天主教組織熟悉風土民情，可協助普查、物資發放與行政作業；慈濟擁有更為多元的跨國資源、人文關懷與長期支援的意願。總和受惠的，是無數貧童與百姓。

一個國度，從伊波拉肆虐、到二〇一五年之後的饑荒、水患與風災，已經無力靠自己的力量站起。慈濟提供的援助，從初期的生活物資、糧食、到醫療用品、營養品，演進到改善醫療基礎建設的長遠規畫，就是希望能讓本地醫護人員發揮更大的功能。而美國的 Be More Prepared 急難救助組織加入雪中送炭的行列，由其贈送的四百多箱食物與醫療用品，也透過慈濟美國總會運往獅子山馳援。

伊波拉疫情期間，獅子山的醫護人員因為醫療手套不足，必須重複使用。結果，造成更大的感染風險。將近七年，慈濟除了生活物資，也援贈醫療口罩與三十四萬雙手套，讓已經為數不多的醫療人員更能自我保護。而為了改善醫療基礎建設，更出資為破舊敗壞的「康納特政府醫院」（Connaught Hospital）整修全新病房。從電路到屋頂牆壁、從全新病床到風扇，目的就是提升住院與衛生環境。而其中很特別的一間重症病房，則是為臨終病人提供最後關懷與照顧的地方。

恢復人的尊嚴，就是給他力量

任務圓滿後，曾慈慧感性地表達心中謝意：「沒有自由城明愛基金會與蘭頤基金會的協調，沒有希利國際救濟基金會的奉獻，這個專案不可能成功。」明愛自由城基金會執行長彼得神父的話語中，更傳遞著合作夥伴的共同信念：「所有合作的組織都是以人為本、以弱勢社群為中心。我們要給病人尊嚴，當你恢復一個人的尊嚴，就是給他力量。對我而言，就是實踐我們在病房的使命。」

從急難救助為起點，當跨國夥伴的使命一致，長遠合作的可能性就將無限延伸。

二〇一七年十一月，花蓮慈濟醫院與獅子山「三四軍事醫院」簽訂合作備忘錄，雙方針對新興傳染病的防治進行人員訓練，並擬定臨床研究合作計畫。從疫病起、透過醫療延伸，再次展現國際合作的最高價值。

故事，尚未結束。豐巴冷靜的外表下，其實隱藏著淡淡哀愁。

祖國脆弱的醫療體系被伊波拉疫情重創。當年，最好的醫療設備全被移往伊波拉治療中心。幾年過去，沒人敢保證公衛體系完全恢復正常運作。而最令人心碎的，或許就是無數的伊波拉孤兒了。

在獅子山，平均每千位兒童中，約有二百七十一個孩子無法度過五歲生日。難產很常見，許多媽媽在見到新生兒前，就無奈離開人世。孩子即使能夠活下去，也註定要在貧困、失學以及腐敗的社會中吃苦長大。對他們來說，劫難似乎沒有終點，僥倖沒被伊波拉奪去性命的，只能淪為孤兒或街童。

豐巴在一篇心情文裡感傷地寫下這段話：「他們還無法理解『死別』的意義，就已經被迫在人力不足的孤兒院裡學會照顧自己。他們必須學習，未來當他們叫出『媽媽』或『爸爸』時，再也沒有人會回應；他們必須學習，不管生活多麼艱難，都得自己睡覺。因為媽媽和爸爸再也不會在身邊輕撫、或柔聲安慰他們；他們必須學習，在極短的時間內承擔艱鉅的責任，因為父母已經無法引導自己走過人生旅程。」

童兵、童妓、孤兒，當他們的眼神望向富庶社會的人們時，是否與本章第二段描述那位七歲非洲裔男童的話類似呢？

「你們要保護我，因為我才七歲。」

故事至此，回到美國紐約。在聯合國總部四十二街附近，有一棟專供國際NGO組織使用的大樓。曾慈慧與志工們，過去十餘年在這裡積極與大小組織建立互動互信，除了連結國際脈動、也讓臺灣本土基金會的慈善模式，更能在世界平台被認識與分享。

與聯合國永續目標同行

從獅子山往下寫，聚焦的是聯合國的「永續發展目標」。

「永續發展目標」（Sustainable Development Goals, SDGs）是聯合國從二〇一五年底巴黎協定開始，為了全球未來發展所做的長期規畫，目的是替換二〇〇〇年制定的「千年發展目標」。永續發展目標的落實，將從二〇一六年一直持續到二〇三〇年。其中，共有一百六十九個具體項目，包含根除一切形式的貧窮、消滅飢餓、保障糧食安全、改善營養、促進永續農業、實現性別平等、確保有教無類、公平以及高品質的教育，及提倡終身學習、賦予婦女權力。

此外，到二〇三〇年，全球必須一起強化貧困與弱勢族群面對天災時的抵禦能力、減輕氣候變遷造成的極端現象、以及對於經濟社會與環境的衝擊等等。

簡而言之，聯合國 SDGs 聚焦弱勢群體的生活環境，並透過貧困問題的解決、改善發展中國家生活環境（包含糧食、能源、水源等）。最終，希望落實真正的性別平等。

前文提過，現實或許悲觀，但從人類社會長遠努力的歷史脈絡中，也並非完全沒有理由保持樂觀。二〇一五年，全球極端貧窮的比例約為百分之十，已經低於二〇一〇年的百分之十六、以及一九九〇年的百分之三十六。但飢餓人數到了二〇一七年，卻又微幅增加。如何穩定曲線？國際社會的雄心壯志顯然還不夠。根據聯合國的預測，未來世界的發展局勢，將與人口增長、高齡化、移民與城市化等趨勢密切相關。而青少年、青年、環境、生育率、公共衛生等等，都是重要議題。

除了人口衍生問題，最被聯合國密切關注的三大趨勢則是——生產與勞動力的變化、科技演進的迅猛、以及氣候變遷。

回到慈濟基金會的前瞻與聚焦，慈善基金會執行長顏博文透過永續報告書，與聯合國的永續發展目標做了比對。在SDGs的十七項指標裡，慈濟的四大志業與全球援助項目，吻合度極高。

顏博文舉例，所謂慈濟「環保一條龍」就是個最好的範例模式。因為，這個模式可以歸納出兩個循環——經濟循環（Circularly Economy）與精神循環。

經濟循環指的是可以實體再製的環保產品；精神循環指的是讓回收資源變成黃金（金錢），這些黃金的資源再轉而支持大愛電視台，就可以製作更多具備真善美精神的節目與報導，產生影響更多人加入的效益。

顏博文再度以數學語言解釋：「這在數學上叫做無限循環或是無限大（∞），就是Infinite的意思。全世界沒看過這種模式，有人只做片段，但我們串起來。就是環保一條龍的概念。」

顏博文強調，關於慈濟環保模式，很值得到世界各國分享。幾次參加聯合國會議，慈濟的環保產品都能引起國際環保人士的注意與認同。尤其對於未開發國家，推動環保更為重要。慈濟模式如何在全世界舞台傳播交流，需要更多努力。

另外，醫療志業的無語良師、大體老師也算是創舉。不管是醫學生的道德養成、家屬的感恩、教育理念，以全球的角度而言都相當獨特。因為受到理念感召而投入的人數之多，堪稱成功模式。

若從國際賑災的角度舉例，慈濟善用「以工代賑」（Cash for Work）的方法，對於大規模的災區復建可以激發出最強、最快的效率。尤其，慈濟特別強化災民天助自助與維持尊嚴的精神，實質上，可以在最短時間復甦當地經濟。這種「災難後社區韌性復原計畫」（Disaster Recovery Enlighten Community Resilience）的慈濟模式，也堪稱典範。

典範，以菲律賓為例。二〇〇九年，凱莎納颱風（Typhoon Ketsana）強襲菲律賓呂宋島。慈濟菲律賓分會除了在急難救助階段發放熱食、大米與毛毯生活物資之外，也在馬利僅那市（Marikina）發動以工代賑。超過八萬災民動員，迅速恢復原有市容。以工代賑的概念說來很簡單。但是，如何有條理地指揮數以萬計的災民、並在收工後依序發放代賑金而不造成混亂，必須仰賴大量具有經驗的志工協調管理。

二〇一三年，海燕颱風（Typhoon Haiyan）再度重創菲律賓。這次，慈濟在重災區獨魯萬市（Tacloban）動員的災民超過三十萬人次。原本搶案頻傳、幾乎被遺忘的死城奇蹟般重現生機。這些敘述並非樣板宣傳，因為要讓一個遭受災難橫掃的城市重新活起來，必須用對方法，以及最重要的——「為災民創造信心與希望感」。

慈濟下個世代的想像

顏博文常常思考一件事，為何五十多年來慈濟在臺灣與國際間奉獻這麼多，社會上還是會有不正確的認知，甚至充滿惡意言論的散布？他相信慈濟人所做的一切，應該更讓外人了解——包括國際社會。

顏博文說：「從全球傳播的角度思考，我希望把慈濟的四大八法計畫性地拍成國際版影片。如果可以在國際頻道播放，產生的影響力會更大。」

《如常》這部二〇一九年上映的院線規格紀錄片，就是顏博文領導慈善基金會後的第一個嘗試。片中，紀錄了臺東第一代慈濟志工的作為與對佛法的體悟。在臺灣紀錄片選材中，深具獨特性。

其實，這部紀錄片的拍攝緣起，來自臺東王添丁老校長為地方奉獻一生後高齡辭世的故事。王添丁與其他默默行善的老志工們，一輩子因為助人而忘了自己。這些純樸低調的身影，或許才是臺東好山好水之外，最美麗動人的風景。

第一代慈濟老志工凋零得很快。顏博文說：「起初，我們只想趕緊記錄而已。在紀錄片製作期間，片中人物已有四位往生。雖然不捨，但他們關懷沒有血緣關係的陌生人，如同家人一般。這份用生命陪伴生命的精神，透過紀錄片完整傳達出來。也希望藉此讓外界更為了解慈濟志工平常做了什麼、訪視究竟是什麼？」

推動這部紀錄片上院線，基金會內部不無保守或是疑慮之聲。但顏博文認為以目前臺灣的媒體與輿論環境看來，還是有很多人不夠認識慈濟。一部脈絡完整的紀錄片，應該能夠扮演更好的傳播角色。

國際化，一直是慈濟過去數十年與世界接軌的方向。但隨著時代變遷，能想與能為，當可更加積極。

其中，與世界四大之一的「安侯會計師事務所」（KPMG）合作，亦屬積極作為。嚴格的會計簽證、組織優化與永續發展，已經成為慈濟以最高標準自我要求的實證。過去的慈濟，重視把握因緣、盡力做事，對未來的展望與願景相對較少深入盤整與擘畫。慈濟慈善基金會的永續報告書內容，正是整理四大志業契合全球重要發展方向的方針。

顏博文雖然擔任執行長僅兩年多，但對於組織的觀察可說仔細：「嚴格來說，組織面並沒有太大改變，但思想與觀念上逐漸是有的。」除了自己，幾位副執行長分工，從接軌聯合國與國際組織、跨宗教互動與亞洲區的經營，各負其責。這也算是組織優化的一環。而內控、內稽制度的建立，更是希望財報透明度、對外溝通的清晰度能夠更為完美。

顏博文語重心長說：「慈濟是臺灣最大的慈善基金會，承擔著社會最高期許，不斷優化組織是必須的。從制度的建立、基金會與董事會的運作上都做了調整。董事會裡，成立了『永續發展委員會』與『資產管理委員會』，這些改變，可以讓董事會在法規的運作上更為嚴謹。」

與顏博文相談，在平穩的表情中，隱隱可以照見眼神裡的理想性與使命感。

他說：「跟聯合國連結，不是展現我們的實力，而是透過平台散播更大影響力。以聯合國組織架構來看，最想倡導的是有沒有『新型模式』（Innovative Model/Innovation）讓更多人學習，或是如何運用有限資源做出更大的影響力。世界需要新的理論與模式，就像孟加拉經濟學者尤努斯（Muhammad Yunus）的『微型經濟』，就是一種創新。這類創新模式慈濟是有的，只是我們並沒有用力散播出去。」

顏博文希望透過國際連結、舉辦實體論壇會議等等，把相關領域的人士聚集起來分享智慧與經驗。

他繼續分析：「有些組織做得不錯、有些資源是慈濟沒有的。如果合作，可以產生更大效益。有時，未必我們自己包山包海。比方有些重災區就是沒有慈濟志工，也沒有建築材料。如果剛好某個組織在當地有工程團隊，就可以搭配合作。我們有人文、有方法，但並不是每個地方都剛好有慈濟志工或是大實業家。想要及時有效地救災，就該跨組織合作。而慈濟的貢獻，例如與聯合國難民署的合作，這些數據也應該呈現出去。參加救難夥伴群組，可以讓慈濟的倡議獲得認同。這也是我很想推動的──『慈濟模式全球認證』。我希望有一天當大家講到慈濟，就知道這是個有精神與理念的專業救難團隊。」

全球合作，人間佛教國際化

曾慈慧說：「當國際平台把慈濟列為重要的內部規畫者（inner planner）或是夥伴、利益相關者（stakeholder），一起在群組（cluster）中承擔，就等於是良師益友與夥伴關係的肯定。與國際組織接軌可以讓世界知道——什麼叫做人間佛教徒（Buddhists in Action）？佛教徒的本質應該是什麼？其實，佛教早已不是西方傳統印象中的廟宇跟冥想了。」

曾慈慧長年承擔慈濟「聯合國工作小組」的開關責任，她繼續透過 InterAction 這個組織解釋聯盟的概念。

InterAction 組織成立於一九八四年，是美國最大的 NGO 聯盟。慈濟基金會除了是聯盟成員，更被列進 tier one、也就是最高等級的組織。這些努力，都可以讓慈濟融入更宏觀的世界非政府組織主流中。同時，也能讓國際組織看到來自東方的典範與模式是什麼。

本章以獅子山為例，闡述的就是援助夥伴的模式。放眼國際、廣結善緣、能做的決不退縮、腳步永遠不嫌快，這正是證嚴法師領導慈濟基金會的態度。

證嚴法師在二〇一九年中的行腳過程中，懇切說了一段心底話：「我現在已經沒有時間靜坐在那裡學習學問。所以我常說來不及、來不及。包括地球在內的『器世間』，器世間再長也都有壽命，所以有物質的不脫『成、住、壞、空』法則。人與人間累積出來的業（事業，工業無不是業），無不是為了私我的利益。好好的原始森林被拿去開路、挖動、被傷害，鋪出水泥道路。地貌一直在變，地球沒有毛細孔、不能呼吸了。試想，人的皮膚若被緊緊包裹住，能維持多久？」

「氣候變遷跟環保息息相關。聯合國呼籲的，我們三十年前就這麼力行了（按：意指一九九〇年開展的環保志業）。為什麼我能看到那麼遠？因為我用心聽佛陀之法。雖然二千五百多年前佛陀沒有談過環保，但我知道這條路會通向哪裡。」

證嚴法師的話語，來自宗教觀、史觀、世界觀與宇宙觀。他年過八十，體力隨著自然法則逐漸衰退。除了休息與睡眠時間極短，也常常吊著點滴參加會議，僧服衣袖裡留著針頭，並不罕見。雖然法師近來眼力不佳、剛動完手術，但就寢前，一定要求弟子進到書房裡閱讀當日重要新聞給他聽。關注人類、關注全球脈動、關注天災貧病，一切回歸宗教家的大慈悲心。

證嚴法師對世界的關注，超越國界與種族。他以約旦志工為例說：「約旦慈濟人很『幸福』（按：幸福為慈濟獨特語彙，為辛苦二字之轉譯），不但現在面對敘利亞難民，也經歷過美伊戰爭，但這一回的時間更長。許多難民們的血腥之路，跨過的就能活下去、跨不過去的就往生了。二〇一九年一月，約旦分會接受國際非政府組織（INGO）登記。二〇一六年至今，協助一千一百六十位小孩接受手術。過去關懷難民營，現在也做難民營以外的醫療關懷。目前心臟科、眼科、內科、外科的（約旦）本土醫師都出來了。」

證嚴法師提到的，就是志工最少、幅員最廣、花了二十一年時間終於在當地註冊成功的慈濟約旦分會。

中東大漠裡的佛教仁者

本書前文曾經提過約旦分會負責人陳秋華，他長期與約旦皇室成立的哈希米慈善組織（JHCO）合作，以「Mr. Chen」、「大漠中的武者」、「大將軍」、「溫柔的巨人」被不同的對象稱呼著。從戰爭難民、遊牧民族貝都因（Bedouin）人、貧民、亟需醫療手術的孩子，都是他與志工們長期照顧的族群。

陳秋華從小習武、個性堅毅，但內心卻十分柔軟。有一天，慈善工作的壓力終於讓他疲倦崩潰，瞬間萌生放棄一切的念頭。眼前風沙滾滾，難民營裡人頭無數、瘋狂地搶奪稀少的物資。即便大家都相信慈濟的發放肯定每戶都領得到，但因為人性與苦難，現場還是亂成一團。濃重的無力感竄遍陳秋華全身，難民營發放如此煎熬，乾脆不做吧，把資源挪給醫療援助好了。

此時，黃沙漫漫、災嚎四起，他的耳邊突然傳來證嚴法師的話語：「濟暉（陳秋華法號）啊，不能停歇。我願意用我的血來供養難民。」

師父懇切叮嚀、栩栩如生，一句話讓陳秋華驚醒。原來，這是一場源自長期壓力的夢境。但這壓力不是來自做事的辛苦，而是來自充滿責任使命感的悲心。夢醒後，陳秋華為了這個曾經閃過的念頭，深自懺悔。

二〇一七年，陳秋華在臺北一場慈濟為中東難民募款的音樂會上膝蓋一軟、揪心一跪。他忍不住淚水，對著在場的捐款者感恩頂禮。

書寫陳秋華，跟本章主旨有關。各國國情不同，想要正式註冊為當地的INGO，難度也不同。即便陳秋華與約旦哈山親王情同兄弟，但於公，還是走了一段很漫長的路，才終於獲得INGO的資格。之後，也才可以透過這個認證資格，在中東世界做更多的事。慈濟約旦分會與哈希米組織之間，本來就存在長期合作的情誼。二〇〇三年美伊戰爭期間，陳秋華將銀行帳本密碼、重要身分文件留給太太保管後，在「風蕭蕭兮易水寒」的情境裡，毅然帶著救災物資前進伊拉克戰區援助。當時靠的，就是哈希米組織的協助。

二〇一七年，長期資助哈希米組織的某個慈善機構終止合作。其結果，很可能導致援助難民、貧民的塔拉博特社教中心（The Tarbot Social Center）被迫關閉。這次，哈希米轉向陳秋華求援。慈濟基金會經過評估，決議出資讓兩所中心正常運作下去，並繼續與這個組織攜手，協助更多敘利亞難民與弱勢貧戶。

平等觀與宗教的力量

本章結束前，有幾個數字或許可以作為更深的警惕與省思。

與顏博文的訪談中，他順帶提到全球面對的三大危機。特殊的是，這三大危機不是來自聯合國的科學研究，而是訪問世界頂尖經濟領袖、學者與媒體工作者後得出的答案。

二〇一八年，世界經濟論壇（WEA）在瑞士舉行。會議中，主辦單位提出一份問卷請教與會的領袖、經濟學家與媒體記者——「世界最嚴重的問題是什麼？」結果，有百分之四十八的人認為氣候變遷最嚴重、超過百分之三十八認為是衝突與戰爭、有百分之三十則認為是不平等。

氣候變遷、衝突戰爭容易懂，但不平等應該如何定義？一個平等的世界究竟是什麼樣貌？是不是一個根本難以企及的烏托邦夢想？

從經濟角度而言，或許有方法可以「盡量」減少人世間的不平等。聯合國永續發展目標裡，諸多項目如兩性、受教權、婦女權，想打破的都是因為社會、文化與經濟條件而產生的不平等。但何謂平等？何謂打破不平等？在許多國際會議裡，連不同宗教間都提出過熱烈討論。

回到佛教這個連螻蟻都珍惜、並以殺生為戒的宗教。它的平等觀，是及於萬物的。顏博文說：「慈濟是一個很好的典範，師兄、師姊，每個人都是平等的。上人出家後，身分中性，僧眾間以師兄相稱，完全把性別打破。」

在慈濟裡，志工培訓的過程相當嚴格。從大實業家到升斗小民，絲毫沒有差別待遇，也並非外界謠傳的，花一百萬就能買套委員制服。關於生靈，不忍傷害；草木地球，不忍傷害；人類不分種族，互相扶持。這樣的宗教平等觀，相信在以西方宗教為主體的國際上，還有很大的倡議空間。

回到本文揭示過的，聯合國計畫署把宗教組織列為重要合作對象，核心原因還是重視信仰與行動相加的力量。一九六六年，證嚴法師因著三位天主教修女的話語，踏出慈善訪貧之路。至今，佛教、梵帝崗天主教、基督教、猶太教等代表，組成聯合國二十個跨科室與跨宗教的諮詢委員會（Advisory Council）。有什麼方式，可以讓一群人不為己私、無所求為陌生者付出而無怨無悔？非洲的貧童、大陸深山裡的貧農、地中海上逃亡的難民、沙漠中的遊牧民族，以情感面而言，這些人距離我們何其遙遠？但為何慈濟志工群體願意以自己的時間、金錢與精力，僅僅為了讓他們過得「好一些些、活得像個人」、為他們建構出一絲絲希望？

《如常》紀錄片中的老志工主角們，有幾句透澈人生意義的話說得平淡如常：「很寂寞，要忍耐」、「本分事，要做好」、「不捨，就要付諸行動」、「計較成果，就做不下去了」。彰化一位高齡一百零二歲的志工蔡寬則曾經這麼說：「我們這一輩的人覺得退休就是享福，但也有些自卑，覺得年紀大了沒路用。說到底，身體功能一定會退化。在失去之前，我想讓分秒都過得很有價值，不要有遺憾。」

對於人類社會與未來的想像，除了聯合國與學術研究可以做出程度有限的估算，究竟會怎樣？永遠只能臆測。但唯一能努力的，或許還是回到人本關懷與宗教的倡議與實踐。全球性的問題，必須靠全球性的思維解決。世界上，慈濟這個根生臺灣的基金會或許不算大，但它以佛法為根基所帶出的信仰與行動力，相信可以為國際社會注入一種源於東方的慈善模式與人間美學。

這一章，在事相上談的是慈濟與國際組織接軌的概念。但回到宏觀思維，這不過是把人間、空間與時間的宗教觀納入一體的思想脈絡而已。聯合國，United Nations，從字義到深度意涵中，不正是冀望全球一體、信仰一體、種族一體、生存一體的理想國與烏托邦嗎？

註1：綜合報導，〈聯合國：臭氧層破洞每10年恢復1%到3%〉，中央通訊社，二〇一八年十一月七日。網址：https://www.cna.com.tw/news/firstnews/201811050349.aspx。

註2：COP是聯合國氣候變遷綱要公約（United Nations Framework Convention on Climate Change, UNFCCC）下歷史最悠久、規模也最大的年度氣候會議。二〇一九年為第二十五次會議。

註3："Secretary-General's remarks at opening ceremony of UN Climate Change Conference COP25"，United Nations Secretary-General, 2019-12-2. 網址：https://www.un.org/sg/en/content/sg/statement/2019-12-02/secretary-generals-remarks-opening-ceremony-of-un-climate-change-conference-cop25-delivered。

第二部

入人間

第一章

風暴與試煉

證嚴法師受戒皈依印順法師之際，領得「為佛教、為眾生」六字。佛教入人間不會事事順遂。下決心之前，法師應該已經做好準備，面對各種艱險與攻擊。

二〇一九年三月一日，臺北市長柯文哲在高雄一場演講上提到自己的人生觀。他說治理市政大聲沒用，自己現在就像證嚴法師，講話越來越小聲（寓意謙卑低調）。同年六月十九日，柯文哲市長趁證嚴法師行腳臺北之際來訪。表示目前中學生升學與未升學吸毒的比例是一比一，吸毒者坐牢出獄後找不到工作的人也非常多，希望慈濟能協助中輟生吸毒的問題、以及尋找工作。最重要的，柯市長再度提到自己性格上的改變。他說，過去自己在臺大醫院的管理用的都是硬實力，不適合的人就會自動離開。但現在面對八萬公務員，他只能學習證嚴法師的軟實力，希望輕輕說、大家就會願意認真做。

人間風暴如何挺住？

剛當選之際，他曾經以「酷吏」來形容自己。過去幾年間，柯文哲以一位爆紅當選臺北市長、網路聲量極高的政治素人，許多次舉證嚴法師為典範：「像證嚴法師，他也沒做總統，但我認為他對臺灣的影響，比普通的一個總統都還大。」柯文哲也以證嚴法師話語勉勵市府團隊：「只要方向對了，就算走慢一點，總有一天到達目的地。」

會以柯文哲這位政治素人當本章引子，時空，必須先回到二〇一五年三月。當時，農曆春節剛過。稍早，在基隆河畔凜冽氣溫下的復興空難搜救行動已經告一段落。對新聞圈來說，呈現火線話題真空的狀態。這個當下，剛好建中校刊社《建中青年》專訪柯市長。對於慈濟內湖園區土地變更案，他回應說：「慈濟花一大筆錢買保護區的地，要改成開發，奇怪耶！」這時，離柯市長當選只有幾個月時間，對於這個議題的歷史因素、環評細節等來龍去脈，顯然還不可能完全掌握。而柯市長的人格特質、回答這句話的前後文與語境、口氣，也從未被深入研究。

但這句話不管有心無意，卻瞬間引爆論戰與媒體關注。如果以臺灣新聞的取材標準來說，當網路聲量最高的素人市長對上台灣最具影響力之一的本土基金會，張力無比，顯然可以延燒好一段時間而熱度不減。說穿了，以當代網路社群與新聞產業生態，很多議題一跟政治人物有關，就很容易失掉理性討論的空間。有太多議題的輿論炮轟與無證據的攻擊，並未在認知公平的基礎上為之。社會真的該理性思考的議題，反而成為媒體炒作、用後即丟的廉價「新聞點」。

慈濟，當然並非不能被公允檢驗或是接受批評。但源自柯市長一句話的輿論關注，最後竟然失控地演變成不分青紅皂白的社會集體撻伐。曾在二〇一〇年被《讀者文摘》票選為臺灣最值得信任的證嚴法師、為臺灣與全球貢獻良多、九二一地震全力援建五十一所學校、一直到二〇一九年還在援助偏鄉學校減災建設、各種天災中效率永遠快於政府的慈濟基金會與其所做、曾經被讚譽的善行，在萬夫所指之下瞬間變成弊病叢生的團體而百口莫辯。最後，為了社會和諧與平息爭議，慈濟罕見地由四大執行長共同召開記者會，宣布在社會未有共識前，擱置本案申請。

謠言容或有解釋空間？

雖然表現出誠摯謙卑的姿態希望止息紛爭，但各大政論節目不放過熱度，話題一開超過半個月不停。坊間各種不實傳聞被放大檢視甚或扭曲，成為一場攻擊立場明顯、討論失焦的荒謬劇。名嘴來賓們個個仿若宗教、NGO與財報專家，以八卦為樂、沒人願意客觀厚道地看待整件事。大法官釋字五〇九號保障的言論自由，成為大鳴大放的護身符。最讓人意外（或是根本不意外）的是，同樣在憲法保護下的宗教自由，一個五十年歷史的佛教基金會竟被政論節目惡意貼上邪教標籤。多年過去，這場打擊慈濟基金會形象的風暴在新聞熱度遞減與新議題出現後終於逐漸止息。但謠言的蔓延，已經無法遏止。

穿上慈濟制服要花一百萬？

宇宙大覺者是為證嚴法師造神？

環保志工搶了艱苦人的飯碗？

財報才一頁A4紙？
慈濟富可敵國？買地養地？
靠骨髓移植斂財？

其實，每個疑問背後都有答案或是數字佐證。但撻伐聲浪中，願意理解真相的人卻不多。各種謠言透過社群時代的影音圖文永遠留在網路空間，疑問已經難以釐清。對於證嚴法師與無數慈濟志工來說，這場風暴有多痛、多傷、多委屈？恐怕不是一般大眾能夠體會。

資深志工羅美珠談起這段往事，哽咽泛淚。她說，志工們心念單純，怎知一夕之間變成過街老鼠？當年，有位八十多歲的師姊穿著慈濟制服搭上公車。不料，司機竟然拿起麥克風，以粗鄙言語煽動乘客的情緒。這位老阿嬤淚眼以對，委屈地提早下車。大愛電視台有位同仁搭乘計程車上班，付錢之際，竟遭到司機以極為不堪的惡言辱罵。這樣的情景，真的是我們期待的社會和諧與理性水準嗎？羅美珠說，志工付出心甘情願、並非外界謠傳有攝影機才出現。但被媒體刻意漠視的心情，難以言說。二〇一五年後，慈濟在電視新聞中被記者改稱為「某慈善團體」；在復興空難現場、蘇迪勒颱風過後的烏來災區，某些攝影記者透過構圖、刻意避開大批慈濟志工協助打掃、渾身泥濘的場景。媒體工作者的心態，羅美珠其實全看在眼裡。

這些回憶與畫面是事實。書寫下來，也不需以是非論斷了。只希望，為這個世代發生過的各種價值觀與社會現象留下紀錄。

時間，解答柯市長「奇怪耶？」之問

柯市長第一任期內，多次親訪證嚴法師、體會宗教經驗。證嚴法師行腳臺北之際，也常能看到柯市長團隊來訪。他對於慈濟的了解，開始慢慢建立。這四年中，臺北市舉辦世大運需要大量志工幫忙，證嚴法師同樣慷慨允諾支援人力。各種天災人禍裡，慈濟志工依然願意挺身支援。傷痕猶在，但佛法與證嚴法師教育慈濟人的是「逆增上緣」。過去幾年間，每逢五月佛誕日浴佛大典，柯市長也樂於參與。

藍綠、或是其他政治人物，從總統、縣市長、到候選人，常常會透過證嚴法師行腳臺北或全臺各地之際安排會面。許多主流媒體高層主管，亦復如是。遺憾的是，一方面肯定慈濟貢獻、向證嚴法師請益智慧之道；但在二〇一五年的風波中，幾乎無人敢於仗義直言。

面對慈濟風暴，證嚴法師本人如如不動，只能頻頻安慰內心受傷的弟子們。有次，他在會客室看著報紙頭版標題，靜靜感嘆著。我親見法師態度依舊堅毅，但眼神充滿無奈。當慈濟無怨無悔為臺灣做了這麼多，為何還得承受這麼無情的指責？

這場風暴，堪稱慈濟成立五十年來遭遇過最大的衝擊。遺憾的是，不分緣由、來自媒體與網路世界的匿名攻訐，居然野火燎原難以自熄。它反映出時代變遷中，行善不會沒有敵人。未來，行善的挑戰，只會更為嚴峻。這股因為新聞炒作價值、意識形態與「酸民文化」

交織出來的社群時代「無明風」，也為慈濟上了一堂代價極高的課。近兩年，開始被政治人物關注的「假新聞」與「後真相」的社會問題，其實早已提前印證在二〇一五年這場混亂裡。

跟風謾罵？或獨立思考？

《潮人物》雜誌在當年曾經撰寫過一篇封面故事，並以「2015台灣上半年低智商文化報告」為題分析了最熱門的七大新聞，慈濟風波名列其中。這篇封面故事如此描述：「關於慈濟內湖開發案，其實市政府依法處理即可，其他都是衍生性娛樂商品。多嚴重的指控？但最後沒有被害人。大家講得好像犯罪事實俱在，卻始終找不到法理。原來，大家都是不著邊際的局外人。問題不在干你屁事，問題是根本沒事……瞎起鬨吧。一夕之間摧毀全部，現在卻雲淡風輕。不就是小屁孩網咖打死人般的鳥獸散？」

雜誌撰述用詞諷刺，冷眼形容著無知起鬨的人們。在「沉默螺旋理論」（註1）的聲量風向中，《潮人物》這本獨立雜誌算是少數願意客觀持平、評論此事的媒體。整段分析，簡潔道出當代新聞專業與社會風氣墮落最可怕的問題點。

跟《潮人物》社長萬岳乘相談，他解釋：「所謂低智商的特徵具有相當濃厚的受迫害情節。一點風吹草動，都覺得是針對自己或想找碴，（民眾）很容易被鼓動。但慈濟的議題更複雜，從統獨、藍綠、宗教到地方勢力，誰都可以利用這場風波、從中拿點政治本。」

對於低智商與「言論崩盤」，萬岳乘有著老派媒體人的感嘆與關注。他直言，低智商就是你做的事情根本損人不利己。例如，當大家因為個案一面倒批評某個目標（如國防部、警察）的時候，我們不是還需要他們保護嗎？生存在每天消化大量資訊的時代，人是否都變笨了？是否都喪失對於正確資訊的判斷力了？他說自己根本不相信網路資訊，因為這種「言論崩盤」，有太多是人為操縱出來的。

大家盲目隨著輿論風向參加批鬥完，社會因此變得更好了嗎？

鍵盤酸言 vs. 生命價值

抨擊慈濟的議題中，最損人不利己的，或許就是對於骨髓捐贈的謠言了。慈濟骨髓幹細胞中心作為華人世界第二大骨髓庫，憑藉的是志工群體二十多年的宣導與勸髓的努力。對於無辜的血液疾病患者來說，輿論跟網友不明就裡打擊骨捐，代表的是生存機會的銳減。

在臺灣人氣最旺的電子布告欄 PTT 八卦版裡，有位年輕血癌病友發了一篇無奈又憤怒的貼文，大意如下：

「人命值多少錢？能用買的嗎？郭台銘夠不夠有錢？最終還不是救不回他弟弟。你們知道全臺灣有多少病友等著骨髓移植、換取活下來的希望嗎？當抗排斥藥注射、殲滅療法打下去的時候，『我的命是在倒數的』。我才二十四歲，我想活下去。移植室隔壁有個九歲的弟弟，家裡經濟狀況無法支付，是由慈濟幫忙的。就算你已經刪除貼文，傷害依舊存在。那些說不捐贈慈濟的，你知道減少了多少病友的希望嗎？」

文章下方幾則回覆，道盡謠言時代的可怕：

「不澄清拚命轉文，不知道害死多少人。」

「傷害最大的不是謠言，是那些隨口的冷嘲熱諷。」

「真相反而無人理會。」

當網路輿論謠傳慈濟骨捐斂財，重傷了勸髓志工們的心。初期，勸髓志工們為招來民眾驗血，心急之際，常常直接透過擴音器在市場邊、大街小巷內高喊「救人喔、快來救人喔」。如此努力，方才一例一例累積出骨髓庫的規模。鍵盤鄉民們，做得到這點嗎？慈濟風波後，街頭上，過去熱烈響應驗血建檔的民眾沒了。取而代之的，是對著志工的冷嘲熱諷與羞辱。當年，常常在一整天的勸髓活動結束後，只換來少少幾管血樣。大家的汗跟淚，已經分不清。熱血，一滴一滴便被澆熄了。

其實，慈濟骨髓幹細胞中心並不是慈濟「斂財」的工具。它是一九九三年在旅美血癌病友溫文玲、醫界與衛生署的請求下，拜託慈濟成立的。扛下使命募款維持不談，要說藉此斂財，情何以堪？

臺灣血液腫瘤權威醫師陳耀昌說過：「成立骨髓庫，有兩個問題必須突破，一個是法律面、一個是經濟面（龐大經費）。」前衛生署署長葉金川直言：「當年如果慈濟做不起來，已經沒有單位能做了。」不管從經費資源、或是志工人力的角度，付出二十餘年後得到「想受髓，先捐一萬二」的謠言攻訐，受到最大傷害的除了不敵輿論霸凌的慈濟，最後還是所有弱勢的血液病患。

書寫這場風暴之際，憶起同樣引發過爭議，但卻憑藉證嚴法師人格高度化解危機的「一灘血事件」。這件事充滿張力、並且以社會料想不到的結局收尾。

證嚴法師的人格高度

一九六六年，證嚴法師前往花蓮鳳林一間診所探望弟子住院的父親。走出病房時，他驚見地上留有一灘血。但環顧四周，卻看不到任何病患。當時，證嚴法師問了一句：「人呢？到哪裡去了？」旁人答：「抬走了。」原來，當時情境是——一位原住民婦人小產，被四個年輕人輪流抬下山，走了七、八小時的路才到診所。但因為繳不起醫療費，只好又抬回去了。

其實，慈濟基金會半世紀以來的全球慈善工作，可以說就是由這齣時代悲劇開始的。一灘血的見聞、加上三位天主教修女的提問，讓證嚴法師決心離開修行的小木屋，踏出佛教入世、開啟慈善志業的第一步。

當年目睹事件經過，並轉述給證嚴法師的當事人叫做李滿妹。事發三十五年後，於二〇〇一年再度與證嚴法師相聚，見證這段故事。

李滿妹說：「三十幾年來，我從沒對人講起這段往事。也不知道當年那位法師是因為我看到的情況起了悲心，起大病院，救真多人。他真是了不起。」七十四歲、滿頭白髮的李滿妹現身在慈濟三十五週年慶記者會上，回憶當年看見「一灘血」的經過說道。

李滿妹是花蓮鳳林人。一灘血事件當天，她因為胃痛前往診所看病，目睹原住民壯漢用竹竿綁著椅子，抬進一位因為痛苦而全身蜷曲的原住民婦女。李滿妹說：「他們走了八個小時山路來到診所。說是生囝仔，生了三天還生不出來，血還一直滴。抬到醫院門口，卻因為繳不出八千元，只好把人又抬走，留下地上的一灘血。」

與證嚴法師重逢，話及一灘血的陳年過往；李滿妹原未提及事發診所，及至現場平面媒體提問，她才說出醫師姓氏。不料次日報端竟披露當年事發地點、診所及醫師名字！醫師子女不滿父親的診所被新聞如此描述，隔天立即在臺中召開記者會。

醫師長子認為父親自日本東京醫專畢業，一九四六年選擇在東部行醫。診所從不收掛號費、全年無休。在那個吃不飽的年代，看病是何等大事？醫師子女質疑，在一九六六年，就算開盲腸手術，住院加上醫藥費也僅需一千元。李滿妹說八千元簡直是天價。在當年，只有人手不足或是資源不夠的情況下才會協助轉院，絕對不會拒絕病患。站在子女立場，他們希望向李滿妹和證嚴法師當面求證，還父親公道。醫師子女認為一灘血是對年邁老父的誹謗，決定提告。被告，正是證嚴法師與李滿妹。

其實，該醫師自一九四六年到花蓮鳳林鎮開設診所，在偏遠地區執業行醫數十載、並於一九九〇年獲頒「第一屆醫療奉獻獎」。對花東醫療的貢獻，不能抹滅。一灘血故事本質上是一個善行的啟發。但事件爆發後，卻成為媒體描寫為「好人和好人間的爭訟」。想不到，一九六六年因為時代背景而發生的悲劇，居然在數十年後成為法律訴訟案。

證嚴法師被告，訴訟過程曲折

證嚴法師被告，弟子們心急如焚、誠懇與醫師子女相約協調。溝通重點在於——證嚴法師從未指名道姓，診所遭到媒體披露，亦非慈濟所願。醫師子女提出的條件是——慈濟必須公開道歉，並說明一灘血事件「純為虛構」。不過，證嚴法師堅持誠正信實，無法接受一灘血故事被解讀成虛構。協調過程中並出現插曲，當該醫師子女要求與慈濟會面過程不得錄音錄影之際，卻利用鋼筆型錄音機錄下談話過程，做為呈堂證據。

若從西方法律類型電影的角度而言，本案反差之大、劇情之曲折與峰迴路轉，相當符合劇本對於衝突元素的要求。但，這是真實案例、絕非劇作家的杜撰想像。三十多年後，要判三十多年前的案？套句電影流行語——這是用清朝的劍（律法），斬明朝的官嗎（時空差異）？以傳統三幕劇的劇本寫作公式：事件開始、衝突與阻礙、問題解決，其精彩度全部具備。只是，一灘血的過程與最後的結果，除了出人意料，更值得深思。

當事件進入司法程序，只能靜待結果，證嚴法師特別請求律師團，「絕對不可對老醫師發出任何不敬之詞」。於是，律師團必須展開一場「沒有敵人」、「不能攻擊」的法庭辯論。為了舉證一灘血事件為真，慈濟志工下鄉訪貧時詳細詢問三、四十年前的醫療和社會實境，拼貼出時代背景。幾位弟子因為愛師心切、不顧證嚴法師反對，決定深入鄉野普查。最後，找出與一九六六年小產婦人類似之個案。經過篩選比對後，於二〇〇二年底確認難產原住民婦女名為理性、漢名陳秋吟。此外，也找出當年幫忙抬擔架的鄰居陳文謙、親妹妹李烏吉和媳婦林世妹等人。（註2）

二〇〇三年二月七日，證嚴法師與李滿妹在刑事部分獲判無罪。法官認定慈濟刊物對此事件從未指名道姓，他人無法得知所指醫師是誰，因此不構成誹謗罪。李滿妹接受記者訪問時，也並未說出醫生名字。兩人均判無罪。但醫師子女不服，提起上訴。八月六日，花蓮高分院以自訴人（老醫師）已無意識表達能力，欠缺訴訟能力，駁回上訴，不得再上訴。

不過，調閱法院公布的簡要資料時，法官認定一灘血為原住民婦女陳秋吟送醫於診所留下。當時因為沒有錢，陳秋吟才被帶回（但錢的性質不明）。李滿妹告知釋證嚴，原住民因為沒有八千元而離去，與背景故事是一致的。也就是民事與刑事都認定「一灘血」確有其事，陳秋吟也的確因為付不出錢而被抬回家。不過因為轉述「保證金」三個字，造成老醫師名譽受損，證嚴法師必須賠償。

對慈濟基金會而言，這是個難以接受的結果。而民事與刑事判決不同調，更是相當罕見。對醫界、法界、宗教界及無數志工來說，臆測與議論空間大增。二〇〇三年八月二十四日，慈濟基金會舉行記者會，邀請李滿妹母女、昭慧法師、劉振瑋與聶齊桓律師，表達對於判決的看法。當天，四家新聞台派出 SNG 車全程直播。其後續進展的緊繃態勢，全民關注。

證嚴法師將做出什麼決定？

此事除了慈濟基金會由律師團出面說明立場，也引發「第三方」出面表達態度。二〇〇三年九月七日，「一灘血」原住民當事人家屬召開記者會。當天十四家媒體採訪，TVBS 全程現場直播。

刑事部分在二審後定讞，醫師子女已無權再提上訴。但民事賠償部分，證嚴法師方面是否上訴？成為社會最想知道答案的問題。

二〇〇三年九月十三日，昭慧法師拜會證嚴法師，希望他願意上訴。但最後，昭慧法師將晤談經過寫成「他一人吞下了這盞苦杯」一文。這場會面中，昭慧法師從證嚴法師的對話中，做成如此的詮釋：

「他更關切其他幾位老人的處境。例如，如果上訴，會不會連累到目擊證人李滿妹？白髮蒼蒼的李女士因為兩年前經媒體詢問道出醫師姓氏，而被醫師家屬纏訟兩年。好不容易在本次判決中終於脫困了。萬一上訴，會不會讓醫師家屬再對李女士的部分興訟？讓老人家又陷入漫長官司的身心折磨之中。」

「還有，當日扛著陳秋吟下山的見證人陳文謙也已經七十多歲了，聽說健康情形並不太好。如果還要為了這個民事案，來回奔波於花蓮豐濱山裡與臺北高等法院，他將於心難安。」

「最關鍵性的考量是老醫師。證嚴法師說：『三十多年來，我從沒提起過老醫師的名字。那是一個大時代的悲劇，又不是只有他在收保證金，我何忍獨責於他呢？』」

的確，醫療保證金在舊時代，本為醫療院所的普遍性文化，不宜以現在的醫德標準看待。尤其花東小診所，更未必能為貧民負擔鉅額費用。時空背景不同，道德與價值觀其實也就不能一概而論。

會客室裡，昭慧法師提醒證嚴法師──如果決定上訴，為了證明一灘血事件是可受公評的事、不涉及法官所謂個人名譽的「侵權」行為，可能不宜再強調老醫師是好醫師。民事判決會敗訴，多少是因為原告強調：「證嚴法師自己既然都說老醫師是個好醫師，好人就不可能做壞事。」這句話，也獲法官採信。如果決定上訴，昭慧法師建議證嚴法師不宜再讓律師團綁手綁腳。

此時，證嚴法師不解地回問昭慧法師：「難道我說老醫師是位好醫師，竟也有錯嗎？」

昭慧法師後來這麼回憶著：「是的，難道寬容的心在臺灣社會，反而沒有生存餘地了嗎？

難道在司法的場域裡，只有尖嘴利舌、張牙舞爪、極力踹倒他人拱起自己，方有存活的空間嗎？」

證嚴法師想的，從來不是個人，而是他人。放得下的，是自己的榮辱；放不下的，是三位老人家。

當時，證嚴法師面對的不僅是民事判決，還有廣大支持者對於再上訴的期待。慈濟律師團認為判決充滿矛盾，卻因為證嚴法師重誠信，竟得負起大部分的舉證責任。所以，極力請求證嚴法師再上訴。

其實，整起事件的訴訟過程中，證嚴法師從未於媒體上發表意見，但其態度深深影響了律師團及基金會的運作。就律師團的角度而言，當然希望打贏官司、捍衛證嚴法師的名譽。因此，難免偶有強硬姿態出現。初期，外界無法得知證嚴法師真正的考量為何？在多次記者會中，慈濟志工與關切此事之社會人士，也堅決表達支持上訴的期待。於是，當年的媒體輿論形塑出一面倒的聲浪、建請證嚴法師提起上訴。這些聲音，在在考驗著證嚴法師如何從敗訴、支持上訴與不同意見中，轉為沉澱與理性思考。

民事、刑事判決不同調；社會輿論也希望慈濟能有「完美」、「善意」或「符合期待」的處理結果。一灘血事件是危機處理、人格檢驗，也是證嚴法師透過風暴與大眾溝通精神理念的真實案例。

他，究竟會怎麼決定呢？

最後，證嚴法師將整起事件定調為「個人的小是小非」與「大是大非的教育」。二〇〇三年九月十七日，證嚴法師幾番深思後發表七點聲明，公開表示放棄上訴權利。慈濟基金會再度召開記者會，說明「不上訴」之理由。

記者會上，各家電子媒體與平面媒體均未缺席，民視更是全程實況轉播。七點聲明如下：

一、老醫師子女，為維護父親而提出告訴，證嚴深能諒解。

二、李滿妹女士對媒體敘述此一事件，係針對人間悲劇而善盡對社會告知之責任，亦應嘉許。

三、三十七年來，證嚴無論在著作或演講中轉述一灘血故事時，從未提及那一家診所、也從未提及老醫師之姓氏，自無妨害他人名譽之實、更無中傷他人之意。且在一灘血故事之後，老醫師獲頒「醫療奉獻獎」，足證該故事純係對事不對人，無損老醫師名譽之事實、或有對老醫師產生不名譽之聯想。

四、李女士在獲知判決後曾於八月二十四日召開記者會，堅稱她在向證嚴轉述此事時，就說是因八千元「保證金」而離去。對證嚴而言，該款項究竟是什麼名目並不重要。重要的是，陳姓病患確因無法繳納一筆款項而抬離診所並導致死亡，這才是此一事件的核心問題，也是證嚴聽聞這一悲劇後立志從事慈善工作，幫助世人的主要原因之一。

五、在老醫師子女提出告訴之前與之後，證嚴曾多次誠懇尋求和解之道，期能避免老醫師及李女士受到的傷害。但老醫師子女堅稱該一灘血故事為子虛烏有，係證嚴虛構揑造，要求證嚴否定事實、改寫歷史並登報道歉。證嚴認為，歷史可以被諒解，但不能被曲解。事實可以受委屈，但不能被扭曲。四十年前原住民生活與醫療的困頓與無助，血淚斑斑。這是時代的悲劇，也是整個社會的悲哀，其責任雖不能由任何一個人或一群人承擔。但歷史是一面鏡子，史實仍然清晰可鑑，只要不再讓歷史重演，只要原住民與弱勢族群的無助與無奈，能受應有的重視與照顧，證嚴夫復何求？

六、雖然涵蓋社會各階層的許多人士，均力勸證嚴提起上訴。但基於以上考慮，再加上證嚴平日一向呼籲世人要「慈悲喜捨」、教育弟子要「柔和忍辱」、要以出世的精神，做入世的工作，同時證嚴認為個人的小是小非事小，浪費社會的資源事大。何況社會需要祥和，人心需要平靜。因此，證嚴決定不再上訴，以免對老醫師子女造成壓力、對善盡言責之李女士增加困擾。證嚴同時希望社會大眾了解本案的實質意義，以免將此事降為醫院收費名目之爭，而模糊整個事實的真相與慈濟人對關懷照顧貧窮病患之一貫心志。

七、對於海內外無數關懷一灘血案情的人，證嚴在此特別表示謝意。由於諸位的關心，喚起我們的社會對三、四十年前原住民與弱勢族群無助與無奈的醫療血淚史有較多的正視與反省。對挺身而出、力勸證嚴應該提起上訴的各界人士，證嚴也要特別表示歉意。諸位大德的隆情仗義，證嚴銘感於心。雖然證嚴不提上訴之決定，有負大家的厚意。但事實勝於雄辯，真相終將大白，祈請大家能夠體諒證嚴的區區用心。

七點聲明，終於明確陳述了證嚴法師的思考脈絡。

證嚴法師善解老醫師子女為父提出告訴的心情。雖然不解，卻願意體諒。此外，他清楚表明立場——一灘血是事實，他也應為當初傳述真相、卻在三十多年後無端捲入官司的李滿妹說話，並感恩她願意挺身見證臺灣早期醫療不足之苦與悲心。

證嚴法師的聲明情理兼具，絕無任何批評之語。強調時代悲劇，讓故事本身就足以感動大眾。他在自己經歷風暴的同時，給社會上了一堂寬容的生命教育課。並且，從未拿任何人當作犧牲品。

第五點聲明中提到，引發老醫師子女如此解讀並非本意。但當年的事實不應被忽視，那是歷史進步的過程。第六點則是清楚切割證嚴法師本人和慈濟之間的關係，將小是小非與大是大非的理念說明清楚，將個人誠信與保護慈濟形象的用心清楚揭示。

一灘血，在證嚴法師獨排眾議下，以七點聲明回應社會。至於賠償，則全由靜思精舍師父趕製蠟燭、籌措一百零一萬後交付對方。最後，老醫師子女則將這筆款項回捐慈濟，畫下完美句點。一場你死我活的訴訟，以圓滿為結局。（註3）

風暴攻擊後的正向思考

回顧整起事件，在充滿曲折衝突與各界議論中，證嚴法師的決定，堪稱一場精彩而深具人格高度的危機處理。

慈濟成立超過半世紀，遭遇過大大小小的風暴與試煉。回顧一九九一年，馳援大陸的善行也被意識形態激進人士抗議。「臺灣錢，為何要救大陸？」但證嚴法師說過，就算把慈濟解散了，這件事他都要做。當初如果無法堅持不分政治、種族與宗教的人道主義原則，或許就沒有今天的慈濟基金會。面對挑戰，證嚴法師只要表現出差別心，就等於自我否定了宗教大愛精神與佛教的平等觀。

回到二〇一五年那一場風暴，對慈濟來說有委屈、但也有體悟與學習。剔除隨風起舞、不思求證思考的偏激攻擊之外，社會的某些真切提問，慈濟是否能夠回應、溝通與說服？這或許也是決策核心必須盤整思考、甚至需要因應時代脈動而調整的重點。除了財務與服務內容的透明度最大化，大眾不解之處，如社會捐輸的善款運用比例？廣建靜思堂的原因能否服眾？社區道場如何更與社會結合接地氣，成為大家都能歡喜參與、獲得知識與受到啟發的空間？也或許是慈濟基金會可以更開闊想像的。舉例來說，二〇一九年底，馬來西亞首都吉隆坡的靜思堂國議廳，正在錄製以「電視規格」製播的現場演講節目——「道Dao」。有位年輕建築師說自己很想為社會做些事，聽聞靜思堂有優質講座、居然還不用買票的消息，就報名前來了。幾場演講聽完，建築師深受感動。從許多社區功能性來說，靜思堂，並非謠言中有錢買地、轉手賺錢的宗教性建築。

不管從醫學、甚或哲學角度而言，外來的攻擊與刺激，往往可以增強體質與免疫力。誠如「逆增上緣」這句佛語所說，如果攻擊可以當作提醒、化為內部革新的動力、讓更完善的組織治理制度成為信賴，而非單靠證嚴法師一人之德而服眾，那或許是風波中唯一能夠正向思考的角度。

五十年來，對於外部攻訐，證嚴法師因為信任自己的無私與誠信，往往笑罵由人、低調回應，也相信謠言能夠止於智者。但二〇一五年這場因為網路效果加乘擴大的風波，其殺傷力顯然被低估了。以至於，基金會回應的速度與方式完全無法平息議論。如果以危機處理的角度言，與當年一灘血事件相比，這次的複雜度更高、也幾乎無法因應。

不過傷害既成，慈濟選擇定義何謂「惡意的詆毀」與「善意的批評」。為了回應社會高標準的要求與組織的永續發展，慈濟決定與臺灣四大（亦為全球四大）之一的安侯建業聯合會計師事務所（KPMG）簽約。除了優化組織治理、規畫永續發展計畫、並讓財務運用透過稽核與簽證更被信任、更有機會透過時間檢驗證明一切。

二〇一五年九月，安侯建業臺灣區主席暨執行長于紀隆已經花了幾個月的時間深入了解慈濟。三月二十日之前，他對慈濟的印象大多從報章雜誌而來。看過財務結構後，他說：「慈濟做帳仔細，是其他機構少見的，總是能將錢花在刀口上。」

于紀隆低調，鮮少接受採訪。但他也從專業與宏觀的歷史角度分析大型慈善基金會必經的變革歷程。以下，是他與證嚴法師會談、以及公開演講的部分重點：

好的信念、好的行動，還是會遇到挑戰。光是做好事不夠，還要把事做好。想建立一

個做好事的方法，會做還要會說、會說還要說得有道理。想要說得有理，就要有據有本。當政府功能弱化，民眾對非營利組織的信任比較高；信任高、要求也會比較高，外界會對我們做三百六十度的檢驗。

但惡意的詆毀不該影響我們的腳步，善意的批評要成為我們前進的動力。

從世界NGO組織個案看到，改革都是逐步形成的。以救世軍（Salvation Army）來說，雖然因為創辦人晚年狀況陷入混亂，但透過英國政府訂定法案，讓他們的運作越來越好，到今天已經有一百三十七年的歷史。一八九七年源自德國的國際明愛會，已經一百一十八歲了。但是，他們都花了很多時間才走到這一步。慈濟不到五十年就有這樣的機緣，相信會調整得更好。

即使好的改變，也可能造成不舒服、不適應，但這是成長的痛。「事件帶來挑戰、挑戰隱含機會、機會引導蛻變、蛻變帶來認同、認同成就永續、永續圓滿善念。」我們受短暫的苦，交換慈濟永續的發展；從不同的角度，幫慈濟寫經典。

以上，就是一位專業聲望極高的組織領導者，在深入了解慈濟後的一席激勵與建議。

傷疤的癒合，更健康的體質

二〇一九年十一月，證嚴法師對著弟子們說了一段話：「聽到無明言論，或許說的人無心，我們聽話要細聽，回過頭來要善解；有開闊的心去包容一切是很好，但不要將所有的無明接來放在心中，也會起煩惱。所以我們面對著社會大空氣，要記得『誠正信實為大地，慈悲喜捨為和風』。」

如果以社群角度看待慈濟與上千萬的會員、志工，這個群體因為證嚴法師的「德」而聚在一起，通常具備心念單純、以行善為人生宗旨的特性。不過，也可能因此相信自己與組織是完美無瑕、不容批評的。如果能夠接受理性專業的建議，或許反而能夠調整出最佳的制度與社會認同。

社會變遷中，普羅大眾對於慈善的想像與理解、新聞生態、網路輿論文化，都是這波衝擊後必須重新省思的問題。而隨著臺灣各種創新性公益團體的勃興，大型基金會該如何在固守優良傳統與思考創新作法之間作決策，更是一大挑戰。

證嚴法師說過：「是非當教育，讚美作警惕，嫌棄當反省，錯誤作經驗。」這段話，應該是風暴過後，最謙卑的提醒、自省與註腳了。如果基金會願意逐項針對外界的真切疑問做出討論分析、調整、甚或改革修正，或許對於會務的發展與時代的接軌，將有更為正向的融合意義。

風暴總是來得快、去得也快。雖然傷痕烙得深而痛，雖然善心被誤解、感情被撕裂，但就讓時間癒合它吧。

二〇一九年十一月十九日，證嚴法師再度有感而發：「慈濟人為社會吹拂慈悲喜捨的和風，卻欠缺正氣和風；當社會傳出批評指責的無明言論，慈濟人仍然低頭默默做好事，無法勇敢抬頭回應：『我們哪裡還做得不夠？社會上還有哪裡有需要，請告訴我們，慈濟可以去做。』勇氣不足，正氣沒有呈現出來，不能用和風吹向無明，化解人心的無明迷茫。」

風暴多年後，他依舊藉機內部激勵，未忘初心。

佛教在千百年的時代變遷中本就深具彈性。一場風暴與攻擊的考驗，相信可以作為永續發展的觸媒。但在永續與彈性、原則與變革中，不能再靠逐漸年邁的證嚴法師來凝聚力量。將抽象的哲學理念轉為具體清晰的實踐計畫，證嚴法師早已示範給大家看了。組織裡，各級中生代領導階層，都該透過智慧、深思明辨與擘畫未來，而非高呼口號。

「入人間，修忍辱」，這是佛法的教導。但回歸組織治理實務，將打擊轉化成改革與前進的契機，或許才是入人間、修忍辱之際，最為關鍵的一步棋了。

本章停筆至此，突然想起鄭板橋寫過的《竹石》：

咬定青山不放鬆，
立跟原定破岩中，
千磨萬擊還堅韌，
任爾東南西北風。

註1：一九七〇年代初，德國民意及傳播學者諾爾紐曼（Elisabeth Noelle-Neumann）提出「沉默螺旋理論」（The theory of the spiral of silence），將民意定義為「迫使人們順從的壓力」。

註2：陳世財，〈一灘又一灘痛徹心扉的血和淚——「一灘血」新聞報導（四則）〉，《佛教弘誓電子報》轉載民國九十一年十二月十日及九十二年二月七日《中時晚報》報導。網址：http://hongshi.org.tw/writings.aspx?code=F6935507DDAABE8AEC198471E1ECD0A1。相關報導參華視【歷史上的今天】：慈濟一灘血當事人說明（二〇〇三年八月二十四日）——卅六年前讓當時的證嚴法師發願造就今天慈濟事業，所謂的「一灘血」，卅六年後，依舊餘波蕩漾。雖然法院判決全案涉及損害名譽，慈濟必須付出一百零一萬的名譽賠償。不過，慈濟已經決定將要繼續上訴，並且在下午找來了部份當事人，還原事件真相。網址：https://www.youtube.com/watch?v=S5OqcOfM3TE。

註3：「一灘血事件」描述，取材〈從一灘血官司看證嚴法師之危機處理〉，由作者葉育鎏授權改寫。文章出處：蘇蘅等著，《新聞、公關與危機處理：傳播個案分析》，高雄：復文圖書，二〇〇九年二月初版。

第二章／同理心的軌跡

「我一直覺得臺灣很美。」「我從一個只懂得顧家、顧店的少婦，變成何處有災難就往何處去的歐巴桑志工，這好像只是一彈指之間的事。」

這是資深慈濟志工羅美珠真誠而感性的一段話。過去數十年來，慈濟大型國際救災行動，常能看到她的身影。的確，三十七年的光陰，讓羅美珠變成親切的鄰家阿桑。頭髮雖然斑白、時光也在臉上刻下印痕，但言談間除了溫暖，還有透澈人生的幽默。最有趣的一件事，大概就是二〇一三年菲律賓海燕風災後，羅美珠邀請災民用餐時那口阿桑菜英文的"come、come、eat"以及"good、good"吧。

不管到哪裡，慈濟志工似乎都有一種與各國貧、病、災民相處的本能。很快，就能讓關係從陌生猜疑進步到擁抱互信。這答案，或許得回歸到慈濟基金會超過半世紀的志工訪視經驗與內涵。

與羅美珠深談，希望探索這個內涵從何而來。

歐巴桑的菜英文：come、come、eat

回想早年，羅美珠說，慈濟志工發展出來的人際互動是從小型茶會開始的。左鄰右舍

「相揪」來喝茶，可以聊家庭、聊慈濟、聊訪貧，感情很融洽。那種和氣溫暖的情境與感人故事，警惕羅美珠要時時縮小自己、要懂謙卑、要真正瞭解社會的需求。

出生於一九五一年的羅美珠話說從頭。她清晰記得，臺灣在電視機出現之前，可算是個生活清苦、但人心卻很純樸的年代。

從一九七九年成為慈濟會員後，羅美珠參加過許多海內外的賑災與急難救助行動。花的，當然都是自己的錢。回想吸引自己加入慈濟的緣由，羅美珠說：「慈濟讓我們這些家庭主婦的生命非常有價值、非常豐富。過去，每天柴米油鹽醬醋茶。要麼就是罵尪、罵子，不然就是相招去迌迌。這次玩完，下次再換個地方。欲念無窮，卻未必開心。」

進入慈濟後，跑的地方更多。但因為動機是「利他」，反而覺得心底踏實。

對羅美珠來說，助人是一個高遠的理想。在她加入慈濟的年代，社會相形單純。到了八〇、九〇年代，臺灣錢淹腳目、全民前仆後繼瘋狂追金。證嚴法師開始以「缺愛症」形容變質的民風。二〇〇八年全球金融風暴後，臺灣經濟受到打擊，證嚴法師提倡「清平致福」。臺灣的社會脈動，跟著全球走；但人心，或許也跟著走、甚至走歪。

羅美珠的閒聊中，其實藏著豐富的庶民歷史脈絡。

她說，過去不管是招募會員或是訪視貧病，都能清楚感受到農業社會的敦厚根基。感覺上，市井小民一聽到助人濟貧，往往二話不說就往口袋掏錢、情義相挺。「可能是戰後大多數人都苦過、知道苦的滋味吧。我們這一輩，有很多人都默默自我期許——只要有一碗飯，絕對願意分給別人吃；如果有能力，也要幫忙別人。」羅美珠笑說：「那時不懂這樣叫做『發願』。」

年輕時，羅美珠跟著先生經營一家小商店。有次，一位慈濟志工上門光顧、提起「花蓮有位師父很慈悲，都在救濟艱苦人。」羅美珠沒問太多，就答應每月捐出三百元當作功德款。那個年代，慈濟或許還沒有這麼多好人好事可以分享，所有的慈善理念，全靠人際傳播、以及民間的厚道信賴去推動。沒想到，一個簡短的介紹就讓羅美珠踏進慈濟世界，成為全職志工至今。

「以前的人比較惜情吧！」羅美珠說。

她認為舊時代裡，生活大小事都得靠人力。沒有按個鈕、髒衣服就會自動洗淨的機器，也沒有現代化的鍋爐廚具。洗衣服得用手搓、想吃飯得自己生火熱灶。因為體認到「生活的艱辛」，人們都能深刻了解每口飯來之不易，也更為樂於助人。那樣的環境，容易培養出吃苦耐勞、不厭其煩的精神。羅美珠也直言，現在年輕一輩，想法多多少少已經不同了。

少年ㄟ，甘有卡勇？

二〇一五年八月，遭到輿論攻擊的慈濟風波高峰剛過不久，強颱蘇迪勒（Typhoon Soudelor）侵襲臺灣。位處山區的烏來被暴雨泥流沖刷而過，整條商區老街幾乎全部淪陷在黃土之中。這一年，慈濟受到流言蜚語的攻擊，募款大幅減少，願意響應清掃災區的人數也不如過去熱絡。不過老一輩志工沒有退縮。他們穿上雨鞋、扛了工具就進山去。雙腳踩在深深泥濘中，揮汗協助居民清汙。當時，證嚴法師一度擔心年歲較大的志工們是否能夠負擔重活。不過羅美珠笑說：「少年ㄟ去，啊也不一定卡勇啊。」對她來說，災民如家人，壓根不覺得出力該有年紀之分。或許是成長背景養成的性格，造就了第一代「婆婆媽媽型」慈濟志工的腳踏實地與勇於承擔。這種「婆婆媽媽」也堪稱相當草根、並能拉近距離、深切同理的慈善根基。

對羅美珠來說，她深信——「有願就有力」。

時空回到二〇一三年底。被超級颱風「海燕」重創的菲律賓獨魯萬（Tacloban）市在多梯次慈濟志工的協助與激勵之下，開始重建。不過，毀滅後想要新生無法光靠樂觀。如果沒有方法、沒有步驟，幾乎不可能。

災後，海陸空運全部中斷。一週內，慈濟志工在菲國軍方保護下深入獨魯萬勘災。目光所及，屋舍幾乎全毀。椰子樹被連根拔起，連大教堂也嚴重受創。罹難人數之多，多到屍袋不夠用。某些大體被草草掩蓋，浮腫的四肢、難辨的臉孔，讓人不忍卒睹。惡臭與絕望，瀰漫著整個死城。當時的慈濟菲律賓分會負責人李偉嵩說：「軍隊警告我們不能下車，因為隨時有可能遇搶。」

救災之心殷切，李偉嵩等人想儘早啟動「以工代賑」方案，以加速重建進度。大家著急，希望無政府狀態儘早結束、回復平靜。不過治安狀況實在太糟，志工們只得暫時撤回，等待局勢稍稍穩定再進入災區。

賑災團隊，來自臺北的羅美珠參與其中。志工進到災區後，迅速成立熱食站。場面混亂之際，未必有足夠的翻譯可供調度。語言隔閡顯然是問題，但也不是問題。因為對羅美珠來說，自有一套與災民老小「交陪」（建立情感）的方法跟語言。她說，當時只想到扯開喉嚨大喊"Tzu Chi, Lunch"、"Tzu Chi, Dinner"。在災後的貧民區附近，這嘹亮的聲音充滿著跨文化的媽媽感。一聽，就會感動。

羅美珠回憶：「就是請當地人幫忙，叫他們多找一點人來吃。我不會說他們的話，就胡亂講"eat, please call everyone come Tzu Chi eat"……那時，我遇到一位單親媽媽帶著孩子來吃飯。五年後重返災區，與孩子再次相遇。這次他告訴我，媽媽已經去中東幫傭了。我抱著他，兩個人哭了好久。最後透過翻譯才知道，這孩子永遠記得災後餓了三天沒東西吃，我到他家訪視送食物、又讓媽媽到救災中心幫忙洗衣，以工作換取代賑金這些往事。」

感同身受，給災民依靠。除了細膩同理貧苦家庭的需求，這股撫慰心靈的力量，就是訪視的核心精神。

工業時代，里仁為美的殺手？

羅美珠懷念舊時代百姓心念單純、樂於互助的社會氛圍，其實不無道理。因為二戰後的臺灣，正處於農業社會往工業社會邁進的轉型期，也是本土慈善的萌芽期。

傳統的農業社會，家庭不只是血緣關係的凝聚，也算是一種經濟生產單位。每個人生命中必然經歷的生老病死、隨時可能遭遇的各種風險，多由家庭與宗族共同解決。甚或，整個村莊鄰里都會一起幫忙。

不過，雖然農業社會裡家庭互助結構相對穩定，但遇到天災人禍、農糧欠收時，依舊需要官府的資源。從章回小說《三國演義》，就看得到「開倉賑濟，軍民大悅」之述。這也說明古代官府平時必須儲備糧食，以因應農作歉收或是天災人禍的急難需求。

同樣地，希臘羅馬時代的歐洲，也是以農業為基礎的社會結構。遇到天災糧荒，政府就會提供儲備橄欖油或是替代糧食解決突發風險。對於貧困者的救濟，則由教會系統扮演著關鍵角色。

關於社會保障，最早可回溯到原始部落與農業社會間的互助行為。隨著城邦與國家制度出現後，才慢慢有慈善機構與官方濟貧制度的建立。傳統社會保障的基礎，來自「幫助別人就是幫助自己」的觀念。不過，當人類社會隨著時間不斷進化，各式生活風險也跟著提高。個體即便可以養活自己，但災難困境出現時，依舊需要協助。於是，單向施惠的民間團體出現了。從家庭部族互助、慈善事業出現，再到官方濟貧的制度化，描繪出人類社會互助的演進軸線。

過去的西方世界，大量依賴教會系統解決貧窮人口的救濟需求。但面對社會的劇烈變動，終究需要國家力量的介入。

一六〇一年，英國制定了"The Poor Law"。這部法律也被稱為《伊莉莎白濟貧法》（The Elizabeth Poor Law），確立了國家必須承擔「最後救濟責任」的原則。《伊莉莎白濟貧法》有其歷史背景，因為「圈地運動」而流離失所的大批貧民，由國家透過徵稅方式施以救濟。值得肯定的是，其立法精神認定解決貧困問題是政府的責任。這部世界最早的社會保障法，初步建立了濟貧的行政制度與工作方法。在五百年前，的確成為各國建立社會保障制度的參考基礎。

十八世紀中葉，革命性時代來臨，徹底改變人類的生產與生活方式。工業革命的巨輪加速農村人口外移，家庭規模逐漸小型化，讓傳統大家庭的保護傘失去功能。再者，經濟市場化「競爭與週期性」的特點，使得勞動者極有可能在離鄉背井謀生的狀態下，必須獨自承擔醫療、生育、工傷事故、甚或失業等壓力。當生活難以為繼之時，幾無求助之門。

一直到一八三四年，英國新《濟貧法》出現，正式確立了現代社會的保障制度。新《濟貧法》突破單向施惠的框架，認定人們陷入困境是特定的經濟社會造成，不完全是個人因素。這部法律中強調，「需要社會救助」是公民不可剝奪的基本權利。此外，救濟不應是消極行動，而是更為積極的福利措施。

與西方相比，華人文化中的樂善好施、急公好義皆屬傳統美德。

濟貧施藥，華人美德

在古代，豪門大戶通常都有濟弱扶貧與造橋鋪路的氣度。這種慈善觀，繼承了儒家的「仁愛」精神。東漢以後，佛教傳入中國。儒家的「仁愛」理想與佛教的「布施」觀念結合。漢唐寺院，著重濟貧、賑災、醫療等行為；到了宋代，則以養老扶幼等項目最為突出；元朝時，出現官辦醫療機構「惠民局」。醫療救助機制的出現，解決了貧民沒錢看病的困境。明清時代，民間社會開始以社區為中心推動慈善。而大宗族也集中資源，對家族貧困者施以救濟。

《禮記‧禮運‧大同篇》最經典的文字，或許就是「幼有所長、壯有所用、老有所終、鰥寡孤獨廢疾者，皆有所養」的烏托邦理想了。不管從政治、宗教或是慈善的角度，它都是一個完美的境界。當代社會，政府照顧不到的，由民間組織承擔。政、商以外的第三部門（Third Party），成為一股不可或缺的力量。但這股力量如何經營、核心精神是什麼？將會決定其影響力與安定力。

二十一世紀，與過去更為不同的天災人禍與社會風險，也逐漸超乎想像。差異最大的是，舊社會「里仁為美」的氛圍似乎已被稀釋無幾。

過去半世紀，臺灣從二戰後的頹圮站起，它同樣面對了因為產業結構而改變的社會轉型。本土化的慈善方向雖然與西方教會濟貧、醫療與教育相仿，但不可否認的是，慈濟基金會在新興宗教慈善團體中，確實有其特出之處。佛陀思想的精髓、人間佛教的信念、以及因時、因地、因人產生的不同濟貧模式，讓行善的深度發揮到極致。但不變的慈善核心，或許就是深刻的同理心。

汶川強震，震出跨海的泉湧之愛

二〇〇八年五月十二日午後二點二十八分，大陸發生汶川大地震。根據官方數字，共有六萬九千人罹難、近三十萬人受傷、五百萬人失去家園。重災區總面積超過臺灣三倍。

這場地震的規模與創傷，堪稱一九四九年來之最。強大的震波穿越海峽底部，連臺灣都能感受得到。電視新聞裡，不斷傳來讓人揪心落淚的殘酷畫面。半毀的建築物下，還壓著等待救援、但呼聲漸弱的受難者。許多學校倒塌、學生罹難，讓家屬情緒失控，痛罵校舍工程是豆腐渣。而災後陸續挖掘出來的無數大體，最終只能就地集體掩埋。

第一時間，四川雙流機場被來自各地的救援團體與志願者（志工）塞爆。災區太大、消息不明，狀況陷入混亂。慈濟基金會因為累積多年救災經驗、倉儲物流系統健全，早已快速備妥毛毯、生活包等六十公噸物資，迅速透過華航專機運往四川馳援。

災後第三天，通往什邡市紅白鎮的道路終於搶通。十六位來自北京、上海、廣東及福建的志工，在五月十五日傍晚進入重災區德陽縣綿竹市漢旺鎮勘災。

地震不只改變了地貌、也摧毀了家園。災民倉皇逃難，家當全沒了。能夠站在廢墟旁呼吸是幸運，但活著，才是艱鉅考驗的開始。災變前，最多人聚集的麻將茶館，此時已經空無一人。小鎮漢旺幾乎全毀。屍臭濃烈，未倒的牆面上裂成一個個的X字。

志工回報災情後，證嚴法師迅速下了指示。他希望借鏡臺灣九二一強震的賑災模式，請災區人員先在德陽市羅江縣金山鎮設立服務站供應熱食。接著，陸續派遣醫療團進駐什邡市洛水鎮。而一批批志工，則開始訪視受災戶，評估後續援助的方向。

供應熱食，一直是慈濟希望災民直接感受到「溫度」的賑災模式。但震後不久，光想找齊食材就是極大的挑戰。除了從四川其他縣市採買調配，臺資企業也紛紛投入支援。十餘年前，慈濟在大陸的志工人數遠不及現在。因此，本會也派出經驗豐富的資深志工前往幫忙。不料，前所未見的狀況發生。志工們該如何應變，出現考驗。

賑災會養出懶漢，證嚴法師如何回應？

服務站成立一個禮拜後，地方官員突然不建議再煮熱食給災民了。因為，深怕造成災區「養懶漢」的風氣。面對官員的態度、面對災民們赤裸裸的人性。該怎麼做？

另一個情境，也讓志工陷入內心交戰。當時，許多災民家裡的鍋碗瓢盆都深陷瓦礫堆中。但慈濟賑災不忘落實環保，熱食站提供環保餐盒之際，也呼籲民眾盡量重複使用。不過，有人取餐時，還是一再拿走全新餐盒。部分志工認為，是否災民太貪心？究竟該不該給？

這些疑問與矛盾，或許必須再度回到慈善核心思考，方能找到答案。

訊息混亂之際，證嚴法師為求精準決策，每天早餐時間都與賑災團一同視訊會議，賑災團領隊也不定時透過電話回報進度與變數。針對是否應該繼續供應熱食？以及災民是否浪費環保餐盒兩個提問，證嚴法師的話語引人深思。此刻，他堅持繼續供應熱食一段時間。原因，再次來自深刻的同理心。

證嚴法師的想法是，五月地震後，差不多是當地農民準備開始種莊稼的時節。其他行業的人，也得為生計打拚。房子垮了、家人走了；等待重建的時候，提供熱食並不是養懶漢，而是為了讓災民專心重整、再站起來。環保碗筷雖然不便宜，但在證嚴法師的同理心中，連家都沒了、鍋碗瓢盆找不到，如果用得上，多拿個碗又何妨？災難現前，沒必要苛責這是「人性的慳貪」。法師幾段懇切解釋，慢慢化解了雜音。

慈善場域裡，包納著複雜的人性與現實。如果不懂貧苦、無法同理，扶貧救災就會淪為物質形式。受災之際，爭奪資源的恐慌是必然，但若處理不慎，將會更為激發人性的醜惡面。這也是證嚴法師一再教育志工群體必須站在貧、病、災民的立場去「換位思考」的觀念。

一九九一年，大陸華東、華中遭遇百年不遇的大洪澇。災區幅員廣大，亟需外援。這年，慈濟首次越過海峽賑災。一九九六年，長江水患，慈濟再度派團前往湖南省漢壽縣發放米糧衣被。當時，團員名單中有不少企業家與夫人。凜冬寒風刺骨，賑災工作艱苦。生活富裕的大老闆們，能夠忍受嗎？因為是志工自費，有人希望能夠搭乘商務艙、有人想住單人房、有人想要晚到先走。但是，證嚴法師一概不允，要求團進團出、穿上一樣的制服、一起行動。除了安全考量，代表的更是紀律，以及對於災民們最大的尊重。

發放現場人潮如海、災民百姓整齊列隊。透光的空氣中，逸散著一股股口中呼出的熱氣。跟災民們素不相識，一般人往往不知如何寒暄互動。因為，這種場合並非每個人都有機會遇到。於是，在資深志工引導下，首次參與賑災的團員開始為災民凍傷紅腫的雙手塗上凡士林，作為關懷與閒話家常的開場白。英文說"Break the ice." 約莫就是這個意思。

慈善觀的極致，究竟是什麼？

類似畫面，常在慈濟媒體的報導中出現。但，慈濟媒體本就帶有「捐款徵信」與「慈善傳播」的責任義務。有人不解，認為太作戲。但或許，真正撫摸過災民們龜裂的雙手，才能讓人有所領悟吧。大雪紛飛中與災民互望，如果沒有真正的接觸，很難從農民們手心手背那粗糙凍裂的冰冷皮膚中體會出苦楚；相對的，如果只是單純發放物資，災民們也難以感受到米糧衣被之外那份真正的人情。不管賑災、訪視，證嚴法師以「膚慰」取代「撫慰」，一字之差，詮釋出何謂最柔軟的同理心。

時空回到上個世紀末。對於臺灣社會或是慈濟基金會來說，發生在一九九九年的九二一大地震，都是個代價極大但至為關鍵的學習經驗。

這場地震，可稱半世紀以來臺灣最大的天災。政府到民間，全都缺乏救災經驗。餘震不斷中，慈濟志工開始動員。但那一刻，並沒有準備好的中央廚房或行動餐車可以供應熱食。當時，慈濟聯絡網已算成熟。在臺北東星大樓倒塌現場，志工們互相通知，將家裡電鍋煮好的米飯帶到現場，在克難中煮出一鍋鍋熱食，為救難人員與災民服務。資深委員紀陳月雲曾經分享：「第一時間能夠靈活動腦、隨機應變的，常常就是『婆婆媽媽』的精神。而慈濟，正是由一群不起眼的婆婆媽媽撐起來的。」婆婆媽媽們具備顧家、關懷與溫柔的特質。當她們將災難現場每個人當作自己的丈夫兒女，流露出來的，自然是誠摯的情感。

濟貧救災，是慈善精神的彰顯，也是宗教教義的體現。以宗教為基礎的慈善，其道德標準遠高於傳統的開倉賑濟與施棺施藥。因此，慈善不能成為一種「權力」或「姿態」。若是，將徹底傷害施受者之間的信任關係。

身為一個全球化佛教慈善基金會的領導者，證嚴法師不斷思考著慈善的真諦。九〇年代，證嚴法師將濟助的「照顧戶」改為「感恩戶」。有種說法是，這代表感恩貧苦群體讓志工有機會幫助他人。不過更深層的哲學觀，可能來自證嚴法師對於佛陀精神的徹悟。他不願助人為善淪為表淺的「求功德」，而是希望志工們學習謙卑，將心念灌注在細節裡。

如前所述，英國很早就透過法律，定義了國家的濟貧責任。歐洲文明進程造就出來的社福制度，相對也比亞洲國家來得健全與進步。但在臺灣，不管政府或民間的社福計畫，常常因為經費限制而無法落實。更遺憾的是，社福資源也可能淪為政策買票的工具。

如果從社會福利回歸「慈善」的本質，除了慈悲、同理心等代名詞之外，有更多來自細膩的體會與經驗的累積。證嚴法師不只一次提醒志工：「張開眼睛，一切都要從小開始。」

慈濟功德會成立之初的濟助個案，證嚴法師大多親自訪視。他在回顧歷史時，多次提到一個以悲劇收場的故事。當年的案主，是罹患青光眼、育有五個孩子的盧女士，其夫是個收入微薄的撿字工人。為了貼補家用，盧女士必須到處賣菜。但自從失明後，她無法工作，失去理家能力。

初訪時，證嚴法師一踏進盧女士家就看見兩隻老鼠在床上亂竄。儘管濟助資金不充裕，但他毅然決定將案主送到醫院動手術。那個年代，青光眼的治療效果有限，不過證嚴法師還是期待著一線生機。五千多元的費用，由慈濟功德會募款後全數負擔。術後，原本預期盧女士狀況好轉，暫時停止補助。不料三個月後噩耗傳來，案主因為一餐煮掉兩顆高麗菜而受到先生責罵，竟以自殺結束人生。

悲劇沒有對錯，但卻成為證嚴法師心中最深的遺憾。他想，濟助工作是否有更為縝密的作法？可維繫更長期的關係。從此，貧病戶訪視，出現了每三個月「個案複查」的制度。

海外分會本地化的慈善模式

以結果論而言，慈濟國際援助史中只要沒有外力干預，往往可以擴大救災後的慈善影響力。除了在當地成立聯絡處培訓志工、也視機緣發展升格為分支會。

所謂同理心的軌跡，除了傳統觀念的演進，更包含經驗、制度與可複製的模式。

制度的建立，有其過程、需要時間。但可複製的慈善模式，才能發揮真正的社會功能。慈濟推動的訪視與複查制度、志工培訓與組隊社區化的理念，逐漸成為實證過的成功經驗。

一八〇七年，《人口論》（*Essay on the Principle of Population*）一書的作者馬爾薩斯（Thomas Malthus）在寫給 Samuel Whitebread 的信中寫道——「窮人絕不可能從任何社會中消失。」換言之，與其把目光望向貧窮，還不如細細分析每個社會不同的貧窮成因。（註1）

在證嚴法師早年的田野調查中，深刻感受到「病苦」往往是拖垮一個家庭的主因。經濟支柱一垮，全家就會陷入貧病交替的惡性循環中。證嚴法師與志工透過田野觀察、宗教思考與經驗實證的濟貧模式，慢慢往海外分支會複製而去。

九〇年代初，印尼開始出現慈濟志工的身影。這些志工，多半是臺商太太。除了梁瓊之外，現任慈濟印尼基金會執行長劉素美，當時也跟著從事製鞋業的先生前往印尼設廠，舉家移民。一開始，劉素美只能透過學校向其他家長介紹慈濟、招募會員。隨後，這群媽媽們開始訪貧，在雅加達這個陌生的民族大熔爐裡，摸索本地化的同理之道。

印尼又稱「萬島之國」，不僅種族眾多、幅員更是遼闊。二億六千五百萬的人口，排名世界第四大。臺灣移民想要在當地推動慈善，除了語言隔閡，地理環境更是一大挑戰。印尼雖然資源豐富，但天災與貧病也不少。九〇年代的印尼，第二大死因是肺結核。許多偏鄉公衛條件不佳，百姓也無力面對這種需要長期治療的傳染病。於是，慈濟志工鎖定「肺結核」防治，開啟本地化的慈善項目。

一九九五年，慈濟與當格朗縣（Tangerang）、西朗縣（Serang）衛生局合作「掃咳行動」，定期提供肺結核患者六個月的藥品和營養品。這項長期施藥計畫奏效後，西朗縣結核病患的痊癒率達到百分之八十八。接著，志工更進一步在本縣定期舉辦義診活動。

降低疾病率，等於降低貧病循環的宿命。

一九九七年亞洲金融風暴爆發，許多工廠企業紛紛倒閉。失業潮，創造了印尼的貧窮高峰。貧民人口從原有的二千萬，瞬間飆破一億人。將近三分之一人口陷入困境，社會的動盪可想而知。一九九八年，雅加達黑色五月暴動，讓印尼經濟更加蕭條。物價飛漲、醫療費用提高，貧民生活更為艱困。

印尼首都雅加達境內，共有十三條河流。二〇〇二年元月，一場嚴重水患造成數千人無家可歸。災民浸泡在髒汙裡，長達一個月。

惡水過後，原本交通紊亂的雅加達雪上加霜。慈濟志工必須涉水行舟勘災，但臺商太太們除了親身做到，更接引許多華人實業家鼎力相助。金光集團總裁黃奕聰老先生，將餅乾工廠裡的存貨拿出來賑濟災民，並與兒子黃榮年一同投入重建工作。最後，慈濟選定重災區紅溪河畔的卡布莫拉村（Kapuk Muara），以抽水、清掃、消毒、義診、建屋等「五管齊下」的方式，開展了「全方位」救災的新模式。

在黃奕聰老先生的帶動下，知名實業家們紛紛慷慨解囊。例如，安達集團總裁郭再源就大力支持、主動發起募款。老闆們放下身段行善，集團員工也紛紛響應。這種企業化管理與動員的慈善模式，成為今日印尼慈濟基金會的運作雛形。

對於這些華人實業家來說，一切成就都是胼手胝足、打拚而來。慈濟印尼基金會副執行長郭再源就是個白手起家的成功商人，旗下集團規模龐大、黨政關係良好。證嚴法師期勉他們，華人在印尼的經濟面影響力極大，不過談到社會關懷，志工們要不分尊卑、都能親身體會何謂貧苦，才能真正激發悲心。

場景，從印尼轉到鄰國馬來西亞。

搶救洗腎者，生命與成本的對話

馬來西亞被稱為「東協明珠」，其亮眼的經濟表現，華人貢獻良多。幾百年來，馬國華社慈善風氣興盛，但多半以資助華校、護持教育為重。位於北馬的檳城，是華人比例最高的島嶼。這裡，再度出現一種與當地社會現象緊密結合的慈善模式——洗腎中心。

有位朋友造訪檳城，路經慈濟洗腎中心時詫異地問：「免費洗腎？真是特別。」其實，臺灣在健保制度普及之前，腎病患者很容易傾家蕩產。在馬來西亞，因為洗腎而陷入赤貧、甚或尋短的新聞案例並不少。

曾任職檳城慈濟醫療志業體的李妙紅，是第一批洗腎中心的護理人員。她回憶：「一次洗腎約需三百五十馬幣（約合新臺幣二千四百元），每週三次。當時，一般上班族的月薪才一千五百馬幣不到。」

對於貧困腎友來說，這些數字，成為一堵難以跨越的高牆。沒錢，往往只能靜待生命終點的到來。

目前，全馬公私立洗腎中心約有六百家。但從需求估算，遠不足以支應每年超過四千名的新增病患。一九九七年，馬來西亞慈濟基金會在檳城成立了第一家免費洗腎中心。這不僅是馬來西亞第一家由非政府組織營運的洗腎中心，就算在亞洲也應為標竿。五年後，吉打、北海兩地的慈濟洗腎中心陸續成立，加入服務腎友的行列。二〇一五年，最新的洗腎大樓啟用，成為貧困腎友的依靠。

這個空間裡，有人性、有故事、也有溫度。

慈濟洗腎中心除了免費，醫護同仁也鼓勵腎友們積極向上、永不放棄。一般人難以體會的是，洗腎越久、陰影越深。病患最擔心的，就是廔管出問題。一出差錯，除了影響洗腎品質，甚或必須重新開刀置放新管。此外，扣除一週三次的洗腎時間，大家還是希望維持正常工作與生活。在時間運用上，分秒不容隨便。而面對併發症的無形壓力，就更不須贅述了。

洗腎中心裡，醫護人員的親切，讓各族腎友充滿安全感。從專業照顧到心靈陪伴，希望營造出「家」的感覺。最特別的是，腎友們自發成立志工小組，相互打氣、家訪慰問。

失去左眼視力的年輕女孩王振盈，開始學習攝影紀錄與採訪；年紀稍長的，學習烘焙、義賣麵包。假日，他們相約深入社區訪視，以自身的樂觀與同理，激勵活在絕望中的艱苦人。

書寫至此，回到羅美珠在訪談間分享的兩個故事。

把別人孩子視如己出的媽媽心

二〇一四年底，復興航空墜機基隆河。慈濟志工很快到位，設立服務站支援救災人員與罹難者家屬。寒風料峭，潛水人員上岸後全都抖個不停。羅美珠說，當時人多，供暖的火箭爐不夠，她乾脆直接衝去買了好幾個「金紙爐」應急。為了溼透的救難人員上岸可以馬上接到暖暖包，志工們還事先搓熱、放了一堆在口袋備用。羅美珠眼泛著淚光說：「只有媽媽才會這樣，婆婆媽媽才有這些韌性。因為愛、因為不捨。」但嚴格說來，眼前的每個面孔，其實都只是陌生人。

同樣發生在二〇一五年的八仙樂園塵暴事件，羅美珠也是第一批趕赴現場幫忙的志工。她如此描繪當時的情境：「不曾遇過。年輕人躺成一片、都躺在救生圈上。有些不太能講話、有些在哀嚎。那時我們盡力趕快灌水、生理食鹽水，要他們堅持。其實救護車很久才來，一台載一個，但現場還有四、五百個傷者咧。狀況混亂，很多人被燒到整個皮脫落，一被撞到就慘叫。我們圍著孩子保護他們，叫師兄趕快開車來幫忙載。我生平第一次這麼喘、這麼緊張，因為真的很不捨。」

當時，慈濟形象受到謠言與輿論風波打擊。志工善於照顧與安慰家屬的美意被不少醫院拒於千里之外。羅美珠說，即便資深如她，都委屈到回家大哭。志工被罵到一文不值，為何還是義無反顧？大家也沒領薪水，為何還要做得這麼難過？但擦乾眼淚後，能夠協助的個案，志工們依舊願意花上好幾個月時間陪伴。

羅美珠說：「我們把木耳燉到很稠，讓它有膠質，還拿藥給他們擦，就當自己的孩子一樣膚慰。家長面對孩子下半生的無常，那種苦，沒人有辦法體會的。但我們的師姊就願意留在那裡，聽家屬傾訴。」

此時，浮現證嚴法師說過的一句話：「縱使只給一萬分之一的希望，我們仍須努力。」

曾有資深慈濟志工如此分享過訪視三部曲——「傾聽、專注與同理心」。其實，人與人之間，很難套用公式。而慈濟志工的訪視內涵，與一般社工受過的訓練不盡相同。

資深志工吳碧桃的訪視經驗超過三十年，看盡人間無常與悲歡離合。如何同理受難者家屬，她有一套自己的方法。

一九九八年，華航大園空難，全機無人生還。當遺骸屍塊陸續送到殯儀館之際，吳碧桃看到一位穿著體面、氣質出眾的太太。這位太太手持念珠、喃喃自語，完全沒有哭泣。吳碧桃趨前關心，發現她是一位單親媽媽，兒子正是失事班機的空服員。

吳碧桃回憶當時的對話：「您有念佛吧？我回家拿念佛機過來，可以放給兒子聽。好嗎？」一語畢，這位媽媽哀戚的倦容，突然露出一抹淡淡、卻帶著感激的悲催之笑。吳碧桃舉這個例子，解釋何謂「同理盡在不言中。」她說：「話不必太多。我通常會走過去牽住家屬的手，問他們吃飯了沒？要不要喝水？」

當家屬很想知道可以為往生者做些什麼？吳碧桃會回答：「祝福最好。如果需要慈濟幫忙，我們會一直都在你身旁。」

慈濟志工聊起訪視或個案時，故事可以侃侃而談。這些緣分之於人，有時就像通往心靈深處的入口。助人當下說「感恩」不是虛偽，因為悲歡離合裡的情節，或許正投射著志工自己人生的殘缺或領悟。

訪視、或說與貧苦族群相處，其實不僅僅是安慰他人。過程中的情感交流與相依，有時比社會學、心理學的理論更具療癒作用。

結束與羅美珠的訪談，她一路送我到三重靜思堂大門。車離去，繼續遠遠揮手道別。放慢影像格率，那揮手的流影線條，跟自己的媽媽沒有兩樣。同理是什麼？把陌生人當親人。安慰是什麼？不多話，但讓對方感受得到真正的情意。

以「將心比心」四個字，為本章收尾。

註1：馬爾薩斯，《致國會議員薩繆爾・惠特布雷德先生的一封信：論他提出的濟貧法修正案》。（"A Letter to Samuel Whitbread, Esq. M. P.: On his Proposed Bill for the Amendment of the Poor Laws", 1807）

第三章

走過高峰低谷，吟嘯前行的慈濟傳媒

臺灣的電子媒體生態，應該可以成為全球傳播研究的特殊案例吧。二千三百萬人口的小島，居然擁有超過兩百個以上的各類頻道。在如此前提下，書寫一個成立二十餘年的民間公益台——大愛電視，究竟意義何在？尤其，當這個電視台不同於一般法師傳道的宗教台、其規模與成本更不遜於商業台，那成立它的終極理想應該是什麼？

這個大哉問，決定與成立臺灣公共電視台（PTS）幕後推手之一的張平相約深談。他年紀已經七十多、廣播電視生涯超過半世紀。最後，從慈濟人文志業中心以董事身分退休。滿頭銀髮加上白眉兩道，他有個習慣是緩慢閉上眼睛往後仰，先把問題聽清楚、再決定怎麼回答。張平是個相當低調的高階媒體管理人，過去鮮少接受深度採訪。但這場訪談的歷史縱深，或許值得所有媒體主管深思。

宗教媒體再進化，你不知道的慈濟傳媒

要說張平的個人性格與傳奇性會岔題。但張平本身，就應該算是一部臺灣電視史了。

他身邊很多朋友，壓根不相信這狂放不羈但堅持原則的人，居然願意協助佛教基金會旗下的電視台，並且將它的影響力與格局拉到一個境界。

一九九八年前後，協助證嚴法師成立大愛電視的各界人士中，張平很少曝光。他不太喜歡高喊道德口號，卻透過扎實的廣電專業與管理能力，支持著證嚴法師的電視願景。在大愛電視二十週年台慶中，證嚴法師除了感恩歷任總監，特別提及銘記在心的「張居士」，絲毫未忘他的貢獻。

選擇張平做深度訪談，一是希望建立臺灣廣電發展脈絡；二是希望將證嚴法師成立大愛電視的堅持與時代意義闡釋清楚；三，他是協助成立大愛電視、並且將其提升成專業電視台的核心領導人物之一。除了擔任過總監一段時間，他多數以資深顧問的角色協助人文志業執行長王端正的工作，負責人文志業轄下行政系統、大愛電視以及平面媒體的督導。除了他之外，熊杰、姚仁祿、湯健明、葉樹姍，則是開台二十餘年的歷任總監。

張平曾經任職於新聞局廣電處。因緣際會，他參與了公共電視的籌設、並擔任籌委會副祕書長。當時，在前行政院院長孫運璿拖著孱弱病軀、多次街頭力挺後，歷經多年波折的《公視法》終於在一九九七年拍板定案。完成階段性工作後，籌委會一級主管全部總辭。

證嚴法師珍惜人才、禮賢下士。第一次約張平見面，約莫是一九九七年夏天。

其實，慈濟在大愛電視尚未成立前，就已經透過託播方式在力霸友聯（前東森頻道）、學者、華衛等有線頻道播出新聞與節目。不過，證嚴法師希望更進一步發揮媒體的力量。

只是，他想投入電視經營的理念卻受到各方勸阻。因為做電視等同「燒錢」，而且燒的將不會是小錢。然而，證嚴法師強烈堅持：「你們不做，只好我來做。」

二〇一八年元旦清早，證嚴法師在花蓮靜思精舍回憶：「二十年了，想過去，感想滿滿，也是可以說是熬過來的。當初要蓋大愛台，很多人都不看好，但還是默默地承擔著。雖然沒有人會明顯地在我面前說：『我反對。』沒有人說過，不過看他的表情，就知道。」

關關難過關關過

九〇年代，臺灣電視產業風風火火。不少知名媒體人與慈濟都有來往，但真正願意全心協助大愛台的並不多。保持觀望，可能是原因之一。

回到張平。他因為大愛電視首任總監熊杰的推薦，與慈濟建立了因緣。張平是熊杰的學長，當證嚴法師問起能否前往公共電視參觀，他決定親自接待貴客並詳細解說。一個月內，法師兩次參訪公共電視，也顯見他對於成立電視台的懇切。

一九九七年，張平對慈濟並沒有什麼印象。這位從美國德州理工大學（Texas Tech University）研究所畢業、做事嚴謹、曾經在英國國家廣播公司（BBC）受訓過的專業電視人，有天突然接到慈濟志工的電話，提及證嚴法師想約他見面。當時張平正計畫帶女兒到美國旅遊，居然回覆說：「等證嚴法師來臺北再請他吃飯吧。」這種應對，明顯是個佛教門外漢。

但是，張平拗不過慈濟人的殷切邀請，只好抽出時間前往花蓮面見證嚴法師。證嚴法師說盡慈濟理念，為這位創建公視的關鍵人物建立基本的認識。不過這次，法師並未提及建台之事。

待張平從美國返臺，慈濟志工再度來電，相約能否再與法師會面。這次，證嚴法師明確表達希望張平幫忙的誠意。因為，法師已經對外宣布，一九九八年元旦大愛台就會開播。這個大願就是承諾，一定要做到。

張平回憶，當時一聽愣住了。他不知道誰跟證嚴法師說成立電視台只須兩、三億基金。另外，都已經一九九七年九月了，不到四個月時間，如何開播呢？據他所知，這時只有世新大學教授熊杰、前中視導播湯以白幾位媒體人在幫忙著。證嚴法師的懇切，能答應嗎？不過，聽完法師認真闡述願景是「為時代作見證，為人類寫歷史」後，張平當下決定全力襄助。

張平對於電視產業深具宏觀思維，他並沒有因為外界質疑大愛電視是個佛教台而退卻。雖然曾向證嚴法師表示過自己並不是佛教徒，但張平說：「為時代作見證，為人類寫歷史」的願景就是公益，有何可懼？他也希望大愛電視堅持公益原則，千萬不能有商品廣告。但為了在競爭激烈的產業環境中生存，可以有固定比例的企業形象廣告，否則將會模糊公益屬性。這個意見，也獲得證嚴法師的認同。

其實，一九九七年這個瞬間，證嚴法師與張平之間的君子之約，才是挑戰與衝擊的起點。

元旦開播，辦得到嗎？

或許算是時間點的巧合。當時的公共電視尚未正式開播。在空間與設備上，還有餘裕可以外租，大愛電視只須增添部分設備即可。為了避免爭議，張平不管錢、只管事。一九九七年十一月十九日，大愛電視簽約租用公共電視大樓、攝影棚及部分硬體設施。月底，專業人員陸續進駐，朝向一九九八年元旦的開播日期全力衝刺。

二十多年前，廣播級訊號設備的採購、組裝、測通並非小事。時間的緊迫，等同一場不容失敗的高壓測試。幸好，在公共電視工程人員的鼎力相助下，在一九九八年元旦開播典禮前幾小時，訊號終於全部測通。回想起來，只要任何一個環節出錯，這場莊嚴的典禮，可能就會變成業界的笑柄。

相對來說，硬體訊號是一回事，但真正開始製作節目，才是衝突和相互理解的開始。證嚴法師的宗教哲學要透過大愛電視的節目來轉譯、傳達與實踐，這挑戰，可說艱鉅無比。

二十多年後回看大愛電視，它具備製作兩個以上高畫質頻道的能力，也是臺灣第一家全HD製播的電視台。過去節目自製率與時數之高、各種榮耀與肯定等等，都是無數人力、物力與資源的投注。從本質而看大愛電視，證嚴法師祈願「淨化人心、祥和社會、天下無災難。」但，這是一個浩瀚又高遠的格局。如何訓練能夠詮釋格局的團隊、將抽象概念翻譯成影音語言、做出節目並且不淪為說教，在在都是考驗。

臺灣媒體的本質與輪廓

往下書寫前，先分析臺灣媒體生態沿革、以及大愛電視成立前的社會背景，或許更有助於讀者理解慈濟傳播真正的意義為何。

近幾年，坊間出現一本由旅日作家陳弘美撰寫、剖析臺日電視文化的另類書籍——《電視低能，我們損失什麼？》，作者有感於臺灣電視環境的水準低落，希望透過日本經驗提供啟發。書的內容描述日本電視發展經歷了低能無知、被國民唾棄，卻能勇於反省、改變提升的歷史。文字間，將電視的使命與人民素質做了相當程度的連結。作者舉例的不是高預算的大河劇，而是基本的新聞與各類知識性節目的製作思維，那就是——用盡方法將複雜的議題解釋給國民瞭解。而日本電視，至今仍是觀眾正確知識的主要來源。

臺灣人經歷媒體解嚴二十多年後，對於電視的唾棄已經到了怎樣的地步？民眾對於電視，是否停留在隨便看看、關掉無妨、一灘死水改不了的無奈？如果是，會不會陷入民智更為低落的惡性循環？

媒體建構著社會的樣貌，但它究竟如何成型？媒體力量不斷擴大的當代，觀眾不該是輪廓模糊的一群人。

要認識一個國家的面貌，或許可從百姓最常看的電視頻道分析起。臺灣電視充斥著不斷重播舊片的電影台、水準普遍有待加強的新聞台。根據臺灣經濟研究院二〇一〇年「影視產業趨勢研究調查報告：電視及電影產業」，本國電視頻道首播率大多不到百分之五十。無線台首播比例較高，約為百分之四十七點八；衛星頻道綜合台首播比例為百分之三十七點二一；戲劇台首播比例則是百分之二十八點二四。

這將近十年前的調查數據沒有參考價值了嗎？或許大錯，因為真實狀況可能更糟。世新大學副校長陳清河對負面議題的充斥感觸良多。例如，矛盾又偏執的社會文化、政商依附的產業結構、意識形態與仇恨煽動界限模糊、人人都是審判官、收視競爭的短淺思維等等。所謂的新媒體歷經了科技面、社會面、產業面與政策面的融合浸潤後，已經無法扮演大眾傳播「守門人」的使命性角色。

小道八卦成為主流，從俗、媚俗，甚至低俗下流的訊息都能成為頭版新聞。為了吸引觀眾，電視台與傳播人的道德使命持續探底無下限。但每個人，都生存在這樣的年代、這樣的社會中。

廣電媒體提供的內容，除了知識養分不足，更可能產生價值觀的毒害。大眾對媒體絕望之際，回看我們的電視發展史，或許更能透澈社會氛圍、民族性與傳播產業的交互影響有多深。

趣味、啟發、傳媒脈絡兼具的臺灣電視史

即便退休後可以不問世事，但張平對於廣播電視的使命不減。願意接受訪問侃侃而談，或許來自他對廣電產業的期待、以及見證興衰的無奈。要分析當代，他習慣先從過去開始講故事。

故事完整方成脈絡；失掉脈絡，片段便無意義。

回顧一九六〇年代，老三台（臺視、中視、華視）陸續開播。「老」這個字，對應的是有線頻道開放後的規模。這老三台，經歷過輝煌歲月。不過「老」，也意味著因為僵化而走向衰微的必然。過去，這三台各有強項。華視專攻「綜藝」、中視強在「戲劇」、臺視則以「新聞」見長。三個頻道，各擁山頭。

張平暢談歷史說道，老三台都屬於適合全家收看的綜合頻道。如果堅信威權時代，電視一定是國家機器，這倒未必。黃金九點已經是新聞局的政令宣導時段，三台經營方針基本上仍是服務的心態大過於賺錢的投機。該拿捏的尺度，有其把關原則。

不過，八十年代後，三台的壟斷生態開始受到學者抨擊。張平說，臺灣新聞學者馬星野，就強烈批判過電視內容粗糙。然而，如果從其他角度探討幕後的實務運作，或許比較能夠讓學者諒解難為之處何在。

張平舉了個例子做對比——網紅時代，年輕人使出各種創意搞直播，以為這是絕活。殊不知老三台開播後很長一段時間，包括綜藝、新聞，甚至賣藥廣告，都「不得不」現場直播。

論述臺灣電視史的書很多，但張平口述的幕後故事卻很少聽過：「當年的現場直播是不得不然。一九六二年臺視剛剛開播時，還沒採購錄影機呢，能拿出什麼器材錄下畫面後、再剪輯播出呢？所以，即便很複雜的連續劇，全得三機作業、現場直播。也因此，舊時代的導播必須身懷絕技、開拍前先做足功課。腳本上，幾乎都是確認演員動線、攝影機運鏡等密密麻麻的註記。萬一現場出狀況，只能將錯就錯圓過去、無法重來。」

「等到臺視採購錄影機後，光一部就要價十萬美金。製作單位想碰這部天價高端器材，還得層層申請、經過排班、總經理批准後才能使用。供不應求的前提下，部分節目還是得走直播流程。」

張平因為熟悉電視台的製播條件，所以對於實務上「不得不然」的限制有著充分理解，與學者專家的批判角度，也就不同。

此外，早年電視演員的藝能發展尚未成熟，加上歌廳秀蓬勃發展，因此綜藝節目不是唱歌、就是鬥嘴。其實，這類節目根本就是直接把歌廳秀搬上銀幕，再稍微收斂一下尺度即可。電視節目複製歌廳秀，在臺灣經濟起飛的年代，兩者相輔相成、為觀眾帶來娛樂。為了一睹電視明星的風采，觀眾也紛紛轉往歌廳看表演。

從網紅遍地開花的社群時代回溯數十年前的情境，這反差，真的很大。

電視草創時代，稱職的華語演員不多，更別說臺語演員了。在培訓出專業人才之前，通常先靠軍中話劇社演員權充。曹健之類的硬底子老演員，都屬於此類。

這些當年見聞，張平記憶猶新。

他雙手比畫著說，攝影棚就那麼大，三個場景、三機作業，內容不能中斷。話劇演員底子雖厚，但演技過於誇張，看起來很不自然。後來臺語劇翻紅的原因之一也就在此。除了話劇風格看膩，中南部有太多百姓根本聽不懂字正腔圓的華語。於是，第一代臺語演員認真摸索學習。加上劇本生活化、語言的親切感，臺語節目一炮而紅，盛況空前。後來，布袋戲、歌仔戲等民間戲曲，也逐漸轉化表演形式，透過電視螢幕創造出超高人氣。

這部臺灣電視史，是在摸索中融合社會變遷的不同元素而成。張平說，做電視沒有理所當然。參與其中的人，所有歷程都是學習而來，絕非水到渠成。

在他的記憶中，臺灣經濟狂飆階段，老三台根本閉著眼睛都能賺錢，只是賺多賺少的問題。但賺多賺少背後，面子到底是有差別。節目要叫好又叫座？還是叫好不叫座？以當時的氣候來說，基本上還是認為叫好比叫座更重要。

不過，當心態一變、結果也就會跟著變。

老三台衰微，公共性電視台可能存在？

老三台時代，哪怕收視率再低，廣告收費都不會降價，頂多業務單位辛苦一些罷了。後來，漸漸出現一些「節省成本」的賺錢手法，像是自製外包、外製外包，還有委製節目等等。其實，電視台製作資源齊備，如導播組、美術道具組等等專業人員一應俱全，外頭根本沒有能夠與之匹敵的團隊。不過，產業界逐漸出現獨立製作人，從廣告承攬到節目製作全包。這種不健康的廣告代理文化，讓電視台的專業分工開始瓦解。

張平再三強調：「當製作能力降低，營運狀況肯定開始衰退。」

在美國，廣告代理制度相對健全。少了削價競爭、沒有居中取巧，電視台的經營壽命自然能夠延長許多。反觀臺灣，媒體惡性競爭殺紅眼，業者不再以製作優質內容為最終目標。增加廣告收入幾乎成為所有頻道的主要目的。最後，在貪小利、不願培養製作專業與業務能力之下，老三台終於式微、只能退守二線。

講到這裡，張平表情嚴肅地說：「一家電視台培養製作能力需要時間，絕對不是沒錢就縮編，或是存在『有錢還怕找不到人做節目』的自大。」

七十多歲的老先生大話臺灣電視史，並非沉溺過去的記憶。他的故事邏輯裡真正想表達的，或許正是廣電傳播的未來。

言及於此，張平回到另一個探討的方向。老三台爭氣嗎？臺灣有沒有可能擁有自己的公共電視台？從美國的學院養成、在BBC受訓的啟發，他深知公共電視對於一個國家的重要性。

不知是巧合或是命定，他應新聞局長之請，銜命籌備公共電視。張平不惜放棄公務員身分與退休金，接下這個任務。當時，他年方四十多。

在臺灣，並不是人人都了解電視。但罵起電視，從知識分子到三姑六婆都能說上幾句難聽話。二〇一九年，電視、尤其新聞，幾乎成為全民公敵了。最危險的是，當政府把教育當口號、卻一再輕忽電視的正面傳播功能時，再多的預算，恐怕都提升不了人民素質。

一九九八年，在混亂的社會氛圍與媒體產業的混戰時代下，大愛電視成立了。那，一九九八年之前，臺灣是個怎樣的社會？成立後二十多年，社會又有了哪些變遷呢？

解嚴後，從言論自由邁向真相混沌

一九八七年七月十四日傍晚，當時的新聞局長邵玉銘緩步踏進記者室。超過二百名中外媒體工作者早已到場，會場氣氛靜肅凝重，等候他宣布重大訊息。

「奉總統令，宣告臺灣地區，自七十六年（一九八七年）七月十五日零時起解嚴。」邵玉銘宣讀《解嚴令》的這句話，打開了麻鏽數十年的言論自由之門。

門一開，臺灣社會瞬間開放、卻也瞬間失去方向。一九八八年後，報禁解除，產業立刻膨脹。一九九四年後，有線電視蓬勃發展，重創無線台與廣播的生存空間。一九九九年《出版法》廢除，主流報紙開始減版、合併、停刊；二〇〇一年後，讀者快速流失、廣告下滑。而二〇〇六年後，「大編輯台」策略失敗、多平台應運而生。到了二〇一〇年，網路技術成熟，跨平台等新興概念出現，將傳統媒體運作機制完全打亂。而二〇一三年到二〇一五年間，網路不只跨業垂直整合，也開始橫向併購。二〇一五年，電信、電視雙雙受到智慧手機與 OTT（按：Over-The-Top Media Services 簡稱，一種透過網際網路直接向觀眾提供的串流媒體服務）的挑戰。二〇一九年，網路與媒體的混戰與黃金交叉，似乎印證了一個新時代的來臨。

問題是，電視作為強大的主流媒體，應該如何應戰？以上，從科技進步的一日千里、社會事件衝擊政策的連鎖效應、產業與市場的互為因果，都讓臺灣社會深陷媒體帶來的影響。當社群亂象加上傳播產業的不思進取，衝擊到的不僅是人民對於媒體的信任，更加速了價值觀的紊亂與墮落。不過，即便衝擊力道如海嘯，電視依然還是現在的主流媒體。

回到一九九八年元旦夜，大愛電視在臺北中正紀念堂（現名自由廣場）舉行隆重的開播典禮。慈濟官網上的文字，多以媒體清流自許、歌頌這個殊勝的場面。但，寒冷的淒風苦雨中，站在廣場前的慈濟志工們，有多少人真的明白大愛電視台存在的意義？只是護持慈濟與證嚴法師？抑或真懂電視傳媒的重要性呢？

而大愛電視，算是宗教頻道嗎？從開台至今，這個問題仍然不斷被討論著。

證嚴法師曾說：「佛教是一門高深的學問，也是我們日常生活中不可或缺的教育，慈濟提供許多活生生的人生故事及日常生活教育，讓大家來實習、體驗。」功德會一路走來，歷經戰後的困苦與臺灣錢淹腳目的年代。法師認為慈濟能夠凝聚出一股力量，是因為無數志工受到真實人生故事的啟發，所以他不斷提倡「生命教育」，面對種種脫序與悖離道德的亂象，更是深有所感。當媒體報導充斥著社會八卦以及扭曲的價值觀，如果不努力導正，未來的社會將是什麼樣貌？

大愛電視成立後的強烈挑戰

證嚴法師做電視？外人看來，似乎帶著想要導正人心、力挽狂瀾的唐吉軻德情懷。但身為宗教家，他從不悲觀、努力為自己的憂心找到出口。既然媒體對社會的影響深遠，慈濟就必須負起更大的責任。所以在慈濟月刊、廣播等傳播工具陸續完備後，證嚴法師發了大願，希望朝向電視發展。這也將是所有慈濟傳媒中，最大筆的投資與負擔。

佛法中有所謂的「苦、集、滅、道」四聖諦，證嚴法師希望慈濟媒體能夠「淨化人心」。大愛電視不少主管以此作為下達指令的語彙，但基層同仁則必須從摸索與試誤中得到體悟。電視營運與高遠的宗教哲學差異很大，無法單純透過口號治理。因為，每天必須按進度播出的節目、新聞、戲劇，都是考驗。這也正是經營大愛電視的首要難處。

二十多年來，在類似的矛盾與不斷探索中，大愛電視的使命方能逐漸從宗教哲學的高位，慢慢向下落實。

宗教節目類型能有定義嗎？如果以西方宗教福音類內容看來，節目表現方式比較單純，滿足的是觀眾對於儀式的需求。不過，宗教節目在臺灣的發展稍有不同。早期的「光啟社」很少製作神父直接講述教義的節目。已經過世的丁松筠神父曾經解釋：「因為畫面很單調，觀眾不喜歡說教。做節目最大的挑戰，就是如何『不說教』。」（註1）

在不同地區，宗教節目因著文化差異而發展出多元類型。除了傳達教義、宣揚信念外，也有音樂、藝術、生活、社會等相關內容，甚至提供知性娛樂服務。

所以，大愛電視是不是宗教台？或是說該不該拘泥在這個問題上打轉？見仁見智。尤其大愛電視帶有強烈的證嚴法師個人色彩，長期以來，也讓外界對這個頻道的定位，始終感覺曖昧不明。

在二〇〇五年政府進行頻道重整之前，大愛電視的確被歸類為宗教頻道。二〇〇六年元旦，系統業者與贊助廣告商拜會證嚴法師。這場會談中，證嚴法師重申大愛電視無意從宗教立場做為出發點。他認為每個人都須要有宗教的依靠。但所謂「宗」，應該是人生的宗旨；「教」，就是生活的教育。

如果按照當年新聞局的定義，有線電視前二十五個頻道應為無線、公益教育與優質頻道。大愛電視因其公益屬性明確，終被認同列入這個區塊。

大愛電視最特別的是，它不作商品廣告。將近三分之一的營運資金，來自全臺慈濟環保志工資源回收所得。其他，則由「大愛之友」的小額捐款及有心人士共同支持。基本上，就是一個由民間力量集體支撐起來的公益電視台。而其節目類型，也的確異於傳統宗教頻道。例如，改編自真人實事的連續劇「大愛劇場」，除了屢屢創下高收視率，更獲得多座金鐘獎的肯定。科學、知識、教育類節目，水準更不遜於其他商業電視台。

其實，張平在言談間，對大愛電視還是充滿肯定。但對未來的發展，則難掩隱隱的憂心。因為，大愛電視的媒體影響力能否持續維持水準、可見明顯進步、或是正在衰退？對公益媒體來說，找出答案，非常重要。

所以，張平認為慈濟媒體群的確必須強調「慈濟精神」，但專業上，終究得回到媒體本質的不斷進化。

其實，大愛電視開台不久，就有資深志工抱怨說，每天都在外忙著勸募，又要看月刊、又要看電視，哪有時間？為了替大愛電視做推廣，證嚴法師親自在開示中殷殷提醒：「打開電視，上人（證嚴法師）就到你家來。」對慈濟志工來說，這等同直接的收看誘因。因此，證嚴法師的話語，成為建台初期鞏固會眾的重要關鍵。

宗教傳播的創新形式

證嚴法師一向強調行動的重要性。雖然收看大愛電視與志工行為相比，後者比前者來得重要。但讓支持者透過電視、認識慈濟所作所為，也是一種對於捐款徵信的負責態度。並且，證嚴法師也透過自己的《人間菩提》節目，打破宗教節目的刻板印象。

《人間菩提》很早就在力霸友聯等有線頻道託播，也是最早透過電視媒介播出證嚴法師開示的節目。不過，當時純粹節錄證嚴法師各種場合的談話，且播出時間長短不一，尚未具備時效性與影像多元性。在大愛電視正式開台後，《人間菩提》樣貌逐漸更新。二十多年時間，由法師的出家弟子及專業攝影師為班底，將法音類節目的表現手法轉換成「即時、紀實、教育」。

《人間菩提》每天十二分鐘的開示內容全由證嚴法師親自構思，從未假手他人。不但沒有腳本、也不NG重來。他以各類真實故事為題材、搭配時事與社會議題，最後加上佛法詮釋，成為法師日日勸善的基礎。

證嚴法師透過宗教哲理詮釋社會現象的方式，讓觀眾瞭解世界上存在著不同的面貌。一般人的生活觸角與觀點有限，而傳統印象中布施行善之事，慈濟如何透過不同模式呈現呢？模式對了，就能激發觀眾收看的欲望及認同感。尤其，慈濟志工分布五十多國，感人故事源源不絕。數千位「人文真善美」志工的拍攝影帶、文字紀錄皆屬真人真事。證嚴法師信手拈來，皆為敘事素材。

其實，證嚴法師擅長說故事。從早期單純的口語表達，到後來增加照片輔助，一直進階到影像佐證，讓他說故事的邏輯有了改變。語言傳播的結構相對單純，但邊看影像、邊說佛法的架構略有不同。這也讓證嚴法師的故事哲理，更加充滿說服力。

眼見為憑的信任，轉換成信仰基礎

羅馬共和國晚期哲學家西賽羅（Marcus Tullius Cicero）曾說：「比喻就像光（light），因為它預設了一種對關係的洞察力。」

《人間菩提》製作團隊提過，節目文本不管是慈濟的慈善、醫療、教育、人文志業或社會時事，大致不脫「值得被鼓勵」以及「值得被關心」兩大方向。但《人間菩提》從佛法講座節目，帶入了更先進的製作概念——即驗證法師的所言所講。有影像或故事佐證，眼見為憑的信任效果，就能轉換成信仰基礎。

套句法國社會學家羅蘭巴特（Roland Barthes）的話：「攝影的真諦很簡單，很平常，沒什麼深奧，就是『這個存在過』。」影像與紀實性，成了證嚴法師說法最有力的媒介。

《人間菩提》嘗試運用語言加上視覺包裝的敘事方法，突顯出與其他宗教節目的差異性。影像處理的很多細節，也經過巧思鋪陳。製作團隊成員曾以「定卡」（按：無攝影機運動之固定構圖畫面）時的角度舉例。比如，將前景的花壓低，讓人的身段拉長，而不是刻板印象中，一個法師的頭定在那裡講話而已。這樣的設計能讓證嚴法師的肢體動作有所發揮。此外，證嚴法師從不刻意看鏡頭，攝製團隊只能靈活取鏡、以最自然的方式拍攝。

長期跟隨證嚴法師的資深攝影師陳友朋，在二〇一六年因病驟然過世。二十年來，他幾乎天天透過鏡頭紀錄證嚴法師、捕捉法師與會眾間最細膩的人情互動。在多年前的頂新油品食安事件中，「滅頂運動」波及慈濟。由味全代工的香積麵嚴重滯銷。但這位慈濟志工口中的「小陳師兄」卻一買幾大箱，從早餐開始吃到晚。他未受證慈濟委員、也未正式皈依。但對慈濟與證嚴法師的愛，不須言說。

所以，宗教真的是一種隔閡嗎？

宗教哲學傳播，回歸專業與技術

如果大愛電視真要歸屬到宗教頻道，有能力全球播映者可能非它莫屬了。大愛電視曾以衛星傳輸布局，成為全球華人第二大電視台（若以轉頻器使用來計算，僅次於大陸中央電視台）。其播放地區包括亞洲、美洲、非洲、歐洲、大洋洲等五大洲。隨後，除了電視，亦透過網路直播全頻道節目內容。

對某些觀眾來說，大愛電視似乎就是不斷出現證嚴法師與志工身影的頻道。熱衷大愛劇場的人，可能認為主角背景都是淒慘無比，但在人生遇見慈濟後，保證有了轉彎。

不過，這或許只是一種刻板印象。事實上，大愛電視在製播技術與節目的提升上投注了不少心血。在兩階段數位化進程中，從類比走向數位標準畫質（SD）時，大愛電視創下研發技術之先；爾後，更是臺灣率先擁有高畫質（HD）節目全製播能力的電視台。（註2）二〇一〇年大愛二台開播，幾年間開發了數十個各類教科文節目，其質量在業界也享有極佳的口碑。

當時，張平與幕僚擬好計畫後，帶領大愛電視的同仁往目標衝刺。雖然內部對於「另一種讓臺灣更好的收視選擇」算有共識，但如何實踐，可能是各自解讀。假設沒有嚴謹的計畫與堅持，很容易因為慣性而走向回頭路。

為了提振士氣與製作能力，張平特別指示部屬邀請日本NHK電視台資深製作人來臺進行教育訓練。當年講師之一、擔任資深攝影指導的淺野康治郎在旅館房間看了《草根菩提》節目後說：「自己出身攝影師，對於如此自然真誠的製作風格覺得非常感動與羨慕。」連續三年前來指導的資深製作人丸山俊一與池上恒彥對於慈濟有著更多理解，他們讚歎：「大愛電視的媒體理想性很崇高，讓人真心敬佩。」

其實，真正的變革契機出現在二〇〇八年左右。當時，國家通訊傳播委員會（NCC）傳出考慮開放「無線電視數位頻道」執照的消息。聞訊後，證嚴法師希望有機會爭取。無線頻道除了可以解決大愛電視長期以來的定頻問題，也可借助其普及性，讓更多人免費收視。所以，大愛二台的成立除了是為無線頻道的法規要求與內容需求預做準備，更希望積極開發「接地氣」的節目。這個政策本來可望成為臺灣電視產業的一個轉捩點，但最後因為國家極力朝著「數位匯流」發展，很遺憾地不了了之。

二十多年來，大愛電視就在慈濟精神與更為社會化的兩端之間磨合前進。其實，證嚴法師多次期待大愛台能有新格局。對社會有益的事，他都能接受。但法師也堅持不能沒有宗教情懷。不過，揣測與議論也從沒停止過。或許，這就是大愛電視必須不斷面對的矛盾宿命吧。

時代科技流變中如何站穩腳步？

媒體生涯最後一役，在大愛台結束。然而退休前，張平心中一直有個藍圖、並不斷在組織內部推動觀念上的改變。他曾以「路徑依賴理論」（Path Dependence）舉例說：「人們一旦做了某種選擇，就是一條不歸之路。」慣性的力量會使這個選擇不斷自我強化、讓你人難以走出去。某種制度形成後，就會出現「舒適圈」。這也是為何要成立大愛二台的原因。如何打破慣性、刺激思考、擴大社會對於慈濟媒體的肯定與支持？更是一種觀念上的掘土翻新。

二〇一五年後，大愛電視因應網路時代來臨，開始挹注資源經營社群與行動平台。但如何善用新媒體與網路平台，同樣需要遠見與布局。

曾經受到網路謠言沉重打擊的證嚴法師在二〇一九農曆年前的這段話，值得深思：「大愛台不能追逐潮流而忘失根本，節目要做得精緻而非精簡。否則話說不清楚、無法讓人了解所要傳達的意思，徒然耗費人力、物力與時間。要表達一件事，就要清清楚楚交代完整。人，是靠雙腳踏地走路的，科技要發展到讓人想飛就飛的程度還差得很遠，也不知何時才能達到。最起碼，我們現在還有雙腳，還是要踏地行走、要守本，不要跟著大家一窩蜂追逐時尚而忘了根本。與其追逐時尚，更要思考現實。」

證嚴法師提醒的，無非還是回歸嚴謹的內容製作，而非只看潮流、忘記初發心。做電視真的是燒錢，但能否燒得價值非凡、利益社會？或許才是組織管理上的最高指導原則。

回顧花蓮慈濟醫院建院初期，證嚴法師也受到不少抨擊。花大錢蓋大醫院？不如在花東偏遠部落廣設衛生站。但法師心中，成立一間東部後送醫院、搶救生命的重要性，才是他最核心的價值。

故事從老三台說到二〇一九年，應該足以把慈濟大愛電視台的意義詮釋清楚了。

張平認為，以結果論看，證嚴法師的堅持是對的。透過希望感超越宗教儀式，從慈濟醫院與大愛電視都能看見效應。力勸不可為的人不少，但受到理想性感召的人也終於越來越多。這也契合證嚴法師常說的那句話：「做，就對了！」

創辦華文世界的國家地理雜誌

慈濟人文志業，從一九六七年慈濟月刊、廣播開始，內容以會務徵信與報導居多。但大愛電視開台這一年，平面媒體也同時打開新格局。《經典》雜誌的創刊，意義等同大愛電視與大愛二台的成立。

《經典》雜誌的創辦催生者，是年過七十、仍堅守在人文志業執行長崗位的王端正，他曾經是《中央日報》最年輕的總編輯。當理解《慈濟月刊》在全球廣大會務報導與徵信之外，可能已無餘力再提供更多高遠宏觀的版面，加上雜誌性的區隔，他決定創辦一本華人社會裡的《國家地理雜誌》。訪談間，王端正文以載道的使命感依舊濃厚。他說，當人類面臨莫大的環境、文化、亂象、科技的衝擊之際，該如何透過傳媒發揮影響力？依舊是最關鍵的理念。

「慈濟海外據點分布五十多個國家，從風土民情與志工資源，最有條件成為『融合性媒體。』」二〇一九年的王端正如此說。

從人類歷史的演進，王端正的觀察是——自由主義真的自由嗎？資本主義算是國富論嗎？全球各地的戰亂、中國的崛起、歐盟的問題等等，這些都與人類未來息息相關。但媒體是否能夠發揮出報真導正的影響力呢？他坦言，當初創辦高品質的《經典》雜誌可能有點浪漫天真，但高峰期能有兩萬戶的訂閱率，在臺灣卻是相當罕見的成功。

接著張平與王端正之後說故事的人，是慈濟傳播人文志業基金會平面媒體總監王志宏。對於紙本媒體來說，網路時代的衝擊力道，可能比電視強上數倍。根據美國皮尤研究中心的研究（註3），以美國為例，兩年內（二〇一六至二〇一八年），美國民眾新聞來源「社群首度超過報紙」。標題聽起來像是社群革命大勝利，但仔細分析下來：

一、電視新聞，掉了八個百分點。
二、新聞網站，成長五個百分點。
三、社群媒體成長兩個百分點。
四、廣播略增一個百分點。
五、實體報紙衰退，掉了四個百分點。

研究中，並沒把雜誌獨立出來。對於雜誌來說，衰退雖然比報紙緩和，但也正經歷訂閱流失與強敵環伺的時代。臺灣最知名的人文地理雜誌，外資應該不脫《國家地理雜誌》；本土出版並發行中的，應非《經典》雜誌莫屬了。《經典》創刊以來，榮獲四十座金鼎獎，曾被譽為走在世界前端最好的華文媒體之一。

「辦好雜誌、不走商業路線，只能靠慈濟的力量。」這是王志宏最直截了當的一句話。再好的雜誌，只要有商業置入，品質就會越來越低落。

王志宏從政大企管系畢業，卻成為攝影家與榮獲金鼎獎雜誌類「特別貢獻獎」的總編輯。他對於「知識」的專注與闡釋，除了反映了時代變遷，也點出臺灣社會的素質盲點。王志宏的話說從頭與張平有異有同。但相同的觀念應該都是「內容最重要，錢要花在刀口上。」

平面媒體的過去與不可知的未來

王志宏的歷史觀察是，臺灣解嚴前，知識分子的無力感來自資訊的匱乏。但解嚴三十多年後的今天，因為科技發達，反而導致資訊過度浮濫不受重視。他認為，臺灣沒有經過真正的媒體革命。以現在的媒體生態來說，只會惡性循環。

回到一九九七年，王志宏受邀前往慈濟在非洲國家衣索匹亞援建的醫院與診所做影像紀錄。這紙合約，他象徵性地只拿每天一塊錢的酬勞。照片能否獲得善用，是比較重要的。在人類祖先發源地的偏僻角落，王志宏望著診所裡新生的健康嬰兒。除了感動，也體驗到了身為臺灣人的驕傲。

一九九八年，《經典》雜誌創刊，王志宏擔任總編輯至今。第一期創刊號上這樣寫著：「把《經典》雜誌當做一項跨世紀的文化工程辦；不要把它當做一般性的雜誌辦。」

事實上，辦雜誌不難，但要辦一本不媚俗、又能堅持理想的雜誌卻很難。《經典》必須是一本既要堅持理想，又不媚流俗的雜誌；它也必須是把知性、感性、理性與「靈性」放在一起熔鑄，建構而成的一本雜誌。

看似唱高調，但《經典》用了二十餘年時間證明了知識文本與心靈提升的重要。

王志宏認為，臺灣是個傾向研究應用科學的社會；基礎科學方面相對匱乏、養成也比較脆弱。這個觀察，與整個社會的人文氛圍與素質相關。想要推廣「愛知、樂智」的閱讀文化真的不容易。不過，慈濟因為擁有龐大志工群體協助推廣，可以將省下的昂貴行銷廣告成本回歸到內容編採與製作，這也是《經典》與商業背景雜誌相較之下最大的優勢。

他進一步說明，《國家地理雜誌》、《LIFE》加上《讀者文摘》的融合體，可約莫比喻《經典》的調性；影像必須夠多、不譁眾、也不毛躁。其實，證嚴法師求知欲極高，過去很喜歡閱讀目前已經停刊的《大地地理雜誌》。王志宏分享了一個法師指點過的例子——《經典》在某期封面用了一張雪梨奧運會場觀眾忘情吶喊的照片。但證嚴法師翻閱後只輕輕說了一句：「太浮。」這也讓編輯群思考，究竟怎樣的影像，才會是《經典》的獨特風格？經典雜誌與大愛電視類似的地方，同樣都經歷著宗教家的格局、慈濟人文的探索、與專業媒體觀點之間的磨合與融合。

這本人文地理雜誌，從探索、發現的編輯方針，延伸到人文關懷。而主題的「創新度」，更是最重要的考量。

想接地氣，《經典》必須承擔責任

王志宏以【建築台灣】專題的一篇〈健康家園：從身到心的安居生活〉報導為例。多年前，曾有日本建築師對臺灣住宅下了「半放棄式住宅」的註解。這意指人們長期漠視居住品質，任憑室內外環境持續惡化，就像放棄生命般地犧牲了自己的身體健康。所謂的「病態建築」，在臺灣幾乎是少有媒體深度探討的議題。類似的特出性，才能建立《經典》選題的風格與觀點。

王志宏認為想接地氣，《經典》必須承擔責任。臺灣是個小島，角度與取材本就很受限，但有些議題並不是不能放大。只要每期給出驚喜、給出觀點，還是可以在華文媒體中占有一席之地。以擁有六百多萬華人人口的馬來西亞為例，《經典》就相當受到當地媒體界的肯定。

除了雜誌，經典出版的叢書也以歷史、大時代為縱軸，做了許多特別報導。例如早年的《西域記風塵》、較新的《篳路台灣：島嶼歷史行道》等等。大江大海、世界臺灣，採訪團隊的足跡，踏遍五大洲。

而談到歷史最悠久、會務訊息最豐富的《慈濟月刊》，王志宏也希望透過慈濟海外真善美志工（慈濟媒體志工）的視角，加上專業編輯、大型專題與各地觀點的整合，讓文本更具可讀性與焦點性。這本月刊，是慈濟平面媒體之中，凝聚志工會員最重要的刊物，不因時代變遷或是紙本電子化而有所偏廢。反之，它必須更能成為價值觀與議題宣導、讓支持者更為理解慈濟所做，以及「為什麼？」的刊物。

訪談末了，提及最後一個問題。網路社群時代，平面媒體的未來該怎麼面對？王志宏坦誠說，應對全球性媒體生態與閱聽習慣的改變，真的未必有解。不過，人類智慧的傳遞沒有捷徑。用什麼角度留住讀者與閱讀習慣？用什麼方式留住書香？還是只有回到內容。

穿林打葉聲中，媒體人須吟嘯徐行

民國初年的文人辦報，求的是打開封建與知識之門。但宗教家成立廣電與平面媒體，求的是知識普及之外更為高遠的歷史觀、宇宙哲學、全球視野，以及人民心靈素質的提升。這個使命更難堅持、也更難承擔。

在曾經打擊過慈濟的風風雨雨中，社會支持度當然也隨著輿論走向擺盪起伏。不過，就如同王志宏在一場分享中講過的：「也許就當成穿林打葉聲，我堅信將會有愈來愈多的慈濟人在愛善之路上吟嘯徐行！」

大愛電視與廣播、《慈濟月刊》、《經典》雜誌等，同樣都必須在社會變遷與高峰低潮中吟嘯徐行前進。不過，時間流永遠不會停止。在堅持、應變與創新之間，不能忘記證嚴法師那句話：「要踏地行走、要守本，不要跟著一窩蜂追逐時尚而忘了根本。」

若無深具內涵、知識與智慧的好內容，所有的傳播形式都將失去意義。

行文至此，想到已故《華盛頓郵報》（*Washington Post*）董事長葛拉翰（Philip

Graham）曾經定義的一句話：「新聞是歷史的初稿。」這句名言是對華郵同仁的期許、以及記者撰稿被要求的標準。但，當代的新聞、或由新聞延伸的深度報導與紀錄，將會成為歷史的初稿或是野史？這句話，卻是當代傳媒都必須思考回應的關鍵大哉問。

註1：勝淑芬，〈台灣電視第一章——光啟社的故事〉，《台灣光華雜誌》第二十四卷第三期，一九九九年三月。

註2：意指除了製作端IT化，訊號傳輸與播出端的軟硬體亦都需配合。

註3：Elisa Shearer, "Social media outpaces print newspapers in the U.S. as a news source." , Pew Research Center, 2018-11-10. 網址：https://www.pewresearch.org/fact-tank/2018/12/10/social-media-outpaces-print-newspapers-in-the-u-s-as-a-news-source/。

第四章

普世價值再詮釋——非洲的顏色

在全球性知識短講平台 TED 上，奈及利亞裔美籍作家克里斯·阿巴尼（Chris Abani）發表過一場精彩演說，主題是——〈告訴你真正的非洲〉。

克里斯·阿巴尼說：「我發現，非洲的作家一直扮演著詮釋非洲人性的角色。問題是，要劇情扣人心弦？還是要據實揭露醜陋的傷疤？這中間的平衡一直困擾著我。我試著跳出政治框架，以倫理為本位。我要求大家認清自身的軟弱，才有改變它的可能。」

這是一位非洲裔思考者的自我詰問。身處東方的我們，對於非洲帶有什麼想像？抑或說，帶有怎樣的刻板印象？以下的幾個 facts，可能顛覆著大家的想像：

非洲有五十六個國家，但讓全球聞之色變的伊波拉病毒主要疫區為西非三國。（註1）

肯亞的 M-PESA（註2）**低階手機行動支付創新模式，世界第一。**

奈及利亞與南非等四國，被世界銀行列為「中上經濟體」。

聖多美普林西比與馬拉威，建國以來從無戰亂，是最和平的國度。

當代非洲再發現

這一章，透過許多歷史變遷、故事與細節，做為了解非洲的補充素材。

二〇一九年三月間，向來關注島內政治與社會新聞的臺灣媒體中，難得見到幾則關於印度洋強烈熱帶氣旋伊代（Idai）侵襲非洲東南部的外電。四十天內接連兩個熱帶氣旋強襲，災情之大，不難想像。這次風災深具毀滅性。根據歐洲太空總署（ESA）的衛星空照圖顯示，水災影響範圍遼闊。從照片上深紅色區域估算，約為二十萬人的居住範圍。災區之廣，太空視角最為清晰。（註3）

強風暴雨來襲，十萬人的生命危在旦夕。位居非洲東南部的莫三比克（Republic of Mozambique）、辛巴威（Republic of Zimbabwe）與馬拉威（Republic of Malawi）三國受創最重。每小時一百七十七公里的強勁風勢挾帶高強度降雨，氣旋中心路徑上，一片狼藉。儘管氣旋很快消退，但雨勢卻未曾停歇。倉皇中，災民撤離家園、水電通訊中斷。場面之亂，一度被CNN記者比擬成戰區。

最緊急的時刻，慈濟基金會只有辛巴威一名臺裔志工朱金財可以應變。同時間，臺灣、美國與馬來西亞火速派出志工前往支援。兩年前，證嚴法師一直浮現「翻轉非洲」的心念。想不到，毀滅性的巨災說來就來。災區道路斷、橋梁垮，但勘災團不顧一切往前行。哀鴻遍野，餓殍載道，無法跟時間妥協。

南部非洲幾國，過去每年都接受過臺灣大米的援助。二〇一一年起，將近百萬戶、數百萬人因為這些糧食得以度過冬天。米袋上，全都印著「來自臺灣的愛」（LOVE FROM TAIWAN）。援助大米來自臺灣農委會農糧署，但常常必須透過慈濟基金會，才能順利送抵非洲。領到米糧的鄉親或許不知道臺灣在哪裡，也不知道本國與臺灣有無邦交。但這一袋袋優質的大米，卻可以讓他們直接感受到溫暖。

對證嚴法師來說，想援助的非洲國度太多，但志工人力確實有限。在辛巴威，只有臺商朱金財帶領當地志工。這唯一一人只能拚盡全力、發揮最大的力量。朱金財，正是辛巴威志工口中的 Brother Zhu，是個既執著、卻認真的人物。

一位臺商與小國的故事

一九八〇年，辛巴威脫離英國宣布獨立。初期，經濟社會還能保持榮景。在八〇、九〇年代可說相當穩定。景氣大好之際，朱金財在一九九五年決定將工廠從南非遷移至此。辛巴威以農立國，六、七成人口都是農民。其他，則以礦業為主。該國經商人口不多，製造業更為稀少。在供需不平衡的狀況下，商人有利可圖。朱金財回憶，利潤真的很不錯：「成本一塊的東西可以賣到三塊錢，你喊價多少就是多少。」

看準商機，朱金財設廠生產毛衣，並陸續在首都哈拉雷（Harare）市區開設十二家販售衣物及生活雜貨的商店。但很快的，他就面臨中國大陸商人低成本廝殺的惡性競爭，工廠因此被迫關閉。大陸商業勢力的進擊，讓辛巴威的輕工業倒掉將近九成。不過朱金財靠著十二家店的批發銷售，依然獲利可觀。

賺錢快、起落更快。曾經握在手上的，轉眼間可能成空。隨著經濟不斷崩盤，一九九七年罷工事件引發暴動，朱金財親眼見證無政府狀態下的社會騷亂。他個人四次被搶、工廠保險箱被撬開，幾乎失去一切。每每講到往事，朱金財就算還有點霸氣，卻也很難止住淚水。

最壞，大概也就這樣了吧。

回臺灣，孩子的就學會出現斷層。朱金財思量過後，決定留在辛巴威。不過為了生存，不得不轉念。曾經，他以為布施可消業障。但二〇〇八年後，心態開始轉變。這一年，朱金財成為辛巴威首位慈濟志工。慢慢地，他產生新的體悟。過去的行善，總帶有生意求財與消災解厄的私心。可是，真正的佛法與信仰並非如此詮釋行善。雖然起步較晚，但朱金財意志堅強。想在辛巴威扎根慈善，除了以時間換取空間、用真心換得信任，別無他法。

比起其他非洲國家，辛巴威深具傳奇色彩。它的建國之路走得艱難崎嶇，前後歷經七、八十年之久。八〇年代以前，辛巴威被稱為「羅德西亞」（Rhodesia），是非洲南部僅次南非的富有國家。脫離英國獨立後，辛巴威躋身非洲強國，一度享有「非洲穀倉」的美名。

一百兆鈔票，只值半條吐司

不過獨立後的二十多年間，因為執政失當，辛巴威通貨膨脹率衝上世界第一。現在通膨率超過百分之九十五，最誇張的時期，高達「百分之二百三十萬」。二〇〇九年一月，世界最大面額幣值為一百兆元，發行國家就是辛巴威。這一百兆，時值二十美元。但最後，這張鉅額鈔票，幣值只剩零點五美元。一百兆，可買半條吐司。用天文數字交易成為日常，民眾上街購物後，帶回家的常是一大疊毫無價值的紙。為了抑制通膨，同年四月辛巴威正式廢除國幣，以美元與南非幣做為流通貨幣。不過，通膨惡夢始終無法結束。

公元二〇〇〇年，穆加比（Robert Mugabe）政權以「白人持有土地，為殖民時期從黑人原住民手中非法取得」為由進行土地改革。暴力強徵的結果，的確驅逐了白人。但是，整體農業結構因此種下禍根。原本專業管理的農場，資金技術被白人一併帶走，導致糧食產量大減。此外，土地所有權並未實際還諸於民。經濟混亂加上通膨的惡性循環，終於重創辛巴威。

從西方媒體的角度，辛巴威的國運衰敗常被歸因於國際經濟制裁。不過事有因果，當辛巴威長期積欠外債、政府卻無法有效穩定經濟，國際貨幣基金組織（IMF）只能暫停經濟援助。

辛巴威雖然從英國人手底成功獨立，政權也和平移轉，但國力卻急轉直下。原本的糧倉，成了需要外援的貧窮國度；曾經高居非洲第一的九成識字率，也走進歷史。至於就業率，在政治、經濟雙重打擊下，完全一蹶不振。八成人口沒工作，許多百姓只能選擇出走。

盛衰更迭之快，讓辛巴威這個國家充滿變數。

回到朱金財，他旅外二十幾年後，家族第三代已經在當地出生。看來，這輩子離不開辛巴威了。不過，一個臺灣人想在當地領導數千位黑人志工，背後需要極大的願力。

辛巴威本地志工並非人人生活無慮。其中有的失業、有的人生迷茫、有的貧病交加、有的家庭失和、有的則是痛苦無助。這些人，居然都能在慈濟淨心、利他的無形氛圍中轉變態度。贏得辛巴威志工信任的，就是 TZU CHI 與 Brother Zhu。

協助貧童修剪頭髮、防治頭癬；協助淨水、改善貧困戶的衛生條件，這些都是朱金財推動的成果。不過即便在當地僑居二十多年，文化隔閡依舊存在。任何慈善項目，都得靠本地志工做為橋梁。溝通雖然不易，但朱金財相信，透過長期互動，當 Brother Zhu 獲得信任，慈濟也就落地生根了。

伊代風災橫掃，朱金財不敢浪費分秒。因為他知道，災民沒有時間等待。除了強風，伊代氣旋也召喚了超強降雨；短短一天內，毫不留情灑下六百毫米雨量。集水區山洪暴發，引發嚴重土石流。位在辛巴威東部馬尼卡蘭（Manicaland）省邊境的奇馬尼馬尼（Chimanimani）縣，災情最為慘重。

第一時間勘災，困難重重。在辛巴威本地志工帶領下，朱金財載滿一車麵包、淨水劑深入災區。道路橋梁柔腸寸斷，勘災小組必須繞過崎嶇山路。走走停停、顛簸搖晃，前後耗費了十多小時路程。天黑後，只能望著星空、夜宿沒水沒電的軍營外。一直到隔天，才終於進入奇馬尼馬尼。

一週過後，災區依舊只能依靠直升機運送有限的補給物資。實際了解需求後，朱金財決定折返首都，集結物資後，再度前往奇馬尼馬尼。這次，志工群裡多了來自臺灣、馬來西亞與美國的援手。

援軍抵達，困難重重

場景轉到馬來西亞。清明節當天，慈濟基金會雪隆分會同仁李文傑正在怡保。接到支援辛巴威大型賑災發放的訊息後，他得在一天內整裝出發。擁有豐富國際救災經驗的李文傑，緊急啟程往非洲飛去。

回顧慈濟基金會超過半世紀光陰建構出來的國際慈善軌跡，從各大洲、區域、國家到縣市鄉鎮。若非靠著摸索出來的實務經驗與支援網絡，很難能如此快速動員。

賑災物資發放日前，李文傑終於趕到辛巴威。但隔天，與運輸公司約定的時間已到，但卻未見車影。原來，這輛大卡車根本加不到油。

二〇一九年初，辛巴威政府宣布調漲汽油價格超過一倍，引發全國暴動。增稅政策等同火上加油、引發國人恐慌。於是，物價暴漲，全國出現搶購日用品的亂象。伊代氣旋此刻釀下重災，更是雪上加霜。

其實，卡車司機不是散漫。他已經排了好幾天隊，但就是加不到油。情急之下，運輸公司只得緊急調度其他車輛，把油箱剩餘的油，全部抽進裝滿賑災物資的十噸大卡。李文傑說，其實油料這件事，朱金財早在兩、三個禮拜前就開始準備了。每天晚上，他都抽出時間前往加油站，排隊四、五個小時是常有的事。但最讓人扼腕的是，朱金財曾經排了幾小時，輪到自己之際，油槽剛好一滴不剩。這些幕後故事，呈現的正是國際救災之難。

於是，第一天的發放行程就意外受到延誤。

李文傑回憶，踏上前往災區的陌生道路，充滿隱隱的不安。但人性的良善，似乎平衡了他的憂慮。在沒水沒電的困境下，有家飯店老闆收留了五百多位災民。在這個臨時收容所裡，百姓雖然窩居在會議室與廊道上，但至少可以遮風避雨。原來，災後三、四天，朱金財帶著志工勘災時就曾路過這家飯店。當他看到廚師每天供餐給災民吃，但庫存的玉米粉幾近用罄，當下決定將自己攜帶的所有物資留下。

抵達奇馬尼馬尼縣後，李文傑立即與地方官員討論發放細節。不過，這又是一次考驗。慈濟國際賑災強調務實，也重視造冊的重要性。但是，奇馬尼馬尼縣以「區」為行政單位，範圍極其遼闊。在只有一位「福利官」統籌的情況下，要求災民名冊相當困難。但如果沒有名冊，是否與慈濟的賑災原則有所衝突？會不會領取物資的人，根本不是災民呢？李文傑心裡，充滿疑問與掙扎。

幾天後，辛巴威總統前來災區視察。這時，李文傑發現自己多慮了。因為，整個奇馬尼馬尼縣全部受到重創、無一倖免。物資有限，只能變通處理。福利官的為難與作法，其實並沒有錯。稍後，李文傑與紅十字會人員對話，也證明了現狀就是——災區，幾乎沒有人不需要物資。

無數國際組織進駐非洲，最終都選擇尊重當地做法。

李文傑描述，有時賑災物資只有一千五百份，但排隊等候的災民遠遠超過此數。慈濟志工當然擔心真正需要的人領不到。但福利官員解釋：「這種情況司空見慣。我們有軍警保護，不會發生搶奪。再者，當地文化就是如此。走了五公里、十公里來到發放現場的大有人在。唸到名字的，就領物資。領不到也沒關係，等明天哪裡有發放再去。不用擔心重複領取的問題，因為每區只有一位福利官，只要災民領過A團體的物資，就沒有資格重複領取B團體的物資。」

異國、異地，讓海外慈濟志工必須具備應變智慧。

二〇一九年四月的兩場大型發放裡，慈濟為災民準備了主食豆渣粉、禦寒的毛毯、以及食用油、鹽、黃糖、玉米粉、衣物等。受災的日子很苦，但發放現場的氣氛歡愉，民眾手足舞蹈、歌聲嘹亮。

舞蹈帶來樂觀，志工精神帶來富足

曾任世界銀行高級顧問的賽勒斯汀・孟加（Celestin Monga）博士在著作《非洲的生活哲學》（*Nihilism and Negritude：Way of Living in Africa*）以文化角度詮釋過非洲人喜歡舞蹈的深度意涵——「對於這些好公民來說，跳舞不僅使他們汗流浹背，還能釋放出所有邪惡的想法，以及對暴力與其他事物的可恥慾望。這使他們擺脫了隱藏在身體深處的潛在惡意。只用一首歌的時間，他們變得平和，避免了犯罪之虞。」

不只釋放邪惡，在儀式或是活動裡，宣洩情緒、擺脫傷感、表達欣喜，都是舞蹈的功能。慈濟在南部非洲的發放或是活動現場，黑人志工與災民們心情一來，舞蹈瞬間成為一種國際肢體語言。

對許多鄉親來說，伊代是畢生僅見的狂暴天災。逃命，只能盡量往高處跑。發放現場，志工注意到年僅二十二歲的陸壇多（音譯）神情充滿憂傷。原來，他的父親跟弟弟都在災難中往生，剩下自己獨居茅草房中。入夜後，低溫只有攝氏八、九度，陸壇多只能裹著一條單薄的被單禦寒。埋著家人大體的臨時墳塚，暫時先以石頭標記吧。他對志工帶來物資充滿感恩，不過明天過後，他的未來將何去何從？

非洲行善容易嗎？辛巴威面積比日本略大。朱金財以臺商身分投入慈善工作十多年，在當地也帶出三千多位黑人志工。但是，箇中辛苦一言難盡。關懷貧童、蓋簡易教室、挖水井，能做的都不放棄。但一個人的力量能有多大？如何平衡？連證嚴法師也常常為朱金財擔憂。

對於第一次踏上非洲大陸的李文傑來說，他坦言過去的印象就是落後、蠻荒與原野美景。大體來說，比較負面。但接觸當地人後，李文傑有所改觀。過去，他不理解為何證嚴法師會想在非洲大陸深耕。只是因為一念悲心嗎？

強權大國看的是經濟與資源，但，國際非政府組織看的卻是「需要」與「改變的機會」。

這次，李文傑與辛巴威本土志工互動密切。雖然膚色不同、信仰不同，但是他們在慈濟場域裡卻能深刻感受到「每個人都是平等的」。即便對佛教儀式不甚瞭解，但邊學邊比畫，動作非常到位。餐前，就算只是食用簡單的玉米粥，他們一樣虔誠唱誦華語版《供養歌》。活動中遵循佛教儀軌，完全出自本心。

其實，這群黑膚色的志工心念很單純。即便信仰的是基督宗教，卻沒有任何隔閡。在活動中，他們樂意唱誦佛號；在大樹下，也有屬於自己的宗教祈禱儀式。不同信仰相互尊重，但精神上，卻是融合貫通的。

亞洲人對於非洲種族，或許以南非的祖魯族較為熟悉。但遭到伊代氣旋重創的辛巴威、馬拉威和莫三比克，其實是以「紹納族」（Shona）為多。分居三國的慈濟黑人志工，已有七、八千位。來自臺灣的慈善理念可以生根非洲，長遠看來，將是一股珍貴的力量。

刻板印象的重新形塑與再認識

八〇年代，美國知名搖滾樂團 TOTO 的單曲《Africa》紅遍全球。這首歌不僅獲獎無數，至今在 YOUTUBE 官方頻道的點閱數高達四億九千多萬。不過，創作者其實從未到過非洲。

這片高原大陸，似乎總能讓人感受到一種遙遠、帶著面紗的魅力、或是魔力。

從歐洲殖民時代後，非洲最常被國際社會形容為「黑色大陸」。以當代價值觀來說，這是帶有偏見的。如果國際間稱呼「黃色臺灣」，人民會開心嗎？本文從災難故事寫起，是深入某個區域的故事細節後衍生的文字。從史觀、宏觀進入微觀，或許才能真正認識一塊大陸的輪廓。

回到文首那位奈及利亞裔美籍作家克里斯·阿巴尼在 TED 演講中說的：「大部分的非洲人跟其他人一樣，根本對非洲一無所知，卻總對它高談闊論。我認為如果每個人都試著去瞭解自己的來歷、講述自己國家故事時，才會更有意義。我也相信唯有跳脫舊有框架，我們才能超越現在。」

當代非洲，的確普遍存在極端貧富差距的問題，總體經濟也稱不上發達。但，它是個正在起飛的新興市場。與已開發國家相比，持續成長的人口自然增加率、豐沛資源、地理位置，無疑是全球最具開發潛力發展的大陸。

試想，大眾對於非洲的印象是什麼？是烈日高掛、燠熱難耐、一望無際的草原、野生動物，或是貧窮落後與貪腐嗎？我們是否問過自己，這樣的想法從何而來？

「黑」皮膚，是一種籠統印象。Black，其實包含著不同族群。以人種學來說，有些黑不是黑、而是棕。如果僅以「黑」來標籤化世界第二大洲的十二億人口，或許不是個正確的認識論。

臺灣人對於非洲，通常很陌生。也許有些人仍停留在“We are the World”的印象中。一九八五年，這首由 Michael Jackson 撰寫的歌曲，募款援助的目標是衣索比亞（Ethiopia）。

當時，它正經歷一場大旱與糧食短缺的危機。但今日的衣索比亞，面貌早已大幅改觀。

書寫衣索比亞，也有其用意。因為，它是非洲唯一不曾被殖民的國度（另一國為賴比瑞亞〔Liberia〕）。除了人類始祖露西（Lucy）的化石在此被發現，咖啡文化相傳也從這個國家向外開展。早年，商隊將衣索比亞的咖啡種子運送到世界各地栽種，形成今日中南美洲與全球各具特色的咖啡文化。

衣索比亞地處非洲東北部，經濟以農牧業為主。雖然工業基礎薄弱，但是近年的經濟成長，平均保持在百分之八以上。不少外資紛紛進軍本地，大力發展工商業。尤其，在中美經濟大戰下，引發全球產業的高度不安全感。中國大陸之外，全新的製造工廠與經濟引擎在哪裡？非洲，成為中美必爭之地，更是兩強企圖打造世界新工廠與新引擎的唯一交集。衣索比亞，早已是中國經援的重點國家，其都市化程度之快，被中國媒體稱為「最上進的非洲國家」。

舉衣索比亞為例，希望平衡非洲的刻板印象。但這塊大陸與殖民時代一樣，難逃大國之間仗恃經濟實力、攻城掠地的宿命。歐美、中國在此大舉投資與援助，背後其實存在不少利益企圖。但過多的經濟援助或投資，反而可能讓非洲國家無法獨立發展、自我長遠擘畫。而最讓人遺憾的是，天災，更從來不會輕輕饒過這塊大地。

因此，對聯合國來說，非洲除了是部署維和部隊的重點區域，轄下諸多實體部門如難民署（UNHCR）、婦女署（UN Women）等等，都必須設有常駐單位。其重要性，可想而知。

國際組織的存在、矛盾與挑戰

聯合國在非洲駐紮大量人力有其背景。傳統非洲社會崇尚大家庭制，它不只是地位表徵，也是農作耕種的勞力來源。因為嬰兒死亡率高、生存環境困難，早婚、早生的狀況極其普遍。不過，兒童能夠順利長大並存活下來，才有意義。

非洲農業不只受到氣候影響，大量森林砍伐，也造成環境的惡化。基礎設施不夠健全，發展有限。戰亂兵災，也大舉破壞農業系統與交通運輸。許多國家的軍事支出嚴重排擠基礎設施建設，成為非洲脫貧不易的根源。

寫完辛巴威，來到莫三比克。這個曾被葡萄牙殖民的國度，葡語譯音唸成「莫三比給」。莫三比克以鋤頭與AK47步槍作為國旗符號，除了象徵廣大勞動群眾和武裝部隊，也為一九六四至一九七四年間擺脫葡萄牙統治的十年獨立戰爭留下勝利印記。

十五世紀，中國明朝鄭和率領船隊下西洋，最遠曾抵達莫三比克的貝拉（Beira）港。一四九八年，葡萄牙探險家達伽馬（Vasco da Gama）來到莫三比克後，這裡迅速成為葡萄牙殖民地。十九世紀六〇年代起，非洲反殖民運動風起雲湧。莫三比克愛國主義分子，也積極爭取獨立。

不過，一支小部隊，敵得過殖民國大軍嗎？

一九六四年，葡萄牙派出三萬五千人軍隊鎮壓反殖民勢力，但莫三比克反抗軍只有區區二百人。不過，透過游擊戰法、以弱擊強，反抗軍漸漸增至二萬人。最後，莫三比克戰勝了。只是，跟許多非洲國家類似，獨立後因為內戰不斷，莫三比克的國力始終積弱不振。

莫三比克人均日收入僅僅三美元，被聯合國開發計畫署（UNDP）認證為世界上第三貧窮的國家。但這裡，iPhone X的手機定價甚至高過臺灣、海景飯店一晚價格高達三百美元。當地人的消費觀念是賺一百、花一百，從經濟角度看來，處處商機。但是，這對莫三比克的長遠發展，真是好事嗎？

用數字解讀莫三比克，是為了更理解它。

過去幾年間，該國平均經濟成長率超過百分之八，可說是非洲發展最穩健的國家之一。第二個視角，莫三比克也堪稱國際援助的成功典範。現在的首都馬布多（Maputo）市已經回復葡治時期的風采，不過貧富差距、貪腐問題依舊嚴重。進到鄉村，基礎電力、乾淨用水與衛生設施仍然匱乏。

故事，從旅居莫三比克的慈濟志工蔡岱霖往下敘述。

再描寫一個國家，再講述一段故事

蔡岱霖的夫婿傅迪諾（Dino Foi）是莫三比克首位留學臺灣的學生。一九七六年獨立到一九九二年內戰期間，全國硝煙頻傳，唯一可安心受教育之處只有首都。迪諾因為哥哥擔任軍官，才有機會來到馬普托（Maputo）讀書。

迪諾到了臺灣後，在一場國際學生交流會認識了蔡岱霖。因為對莫三比克毫無印象，蔡岱霖曾花一個月的時間前往該國，只為瞭解愛人的家鄉。嫁到莫三比克後，迪諾給予的物質環境，讓她享受著舒適與處處受到禮遇的生活。即便知道這是個亟待重建的國家，但社會底層的貧苦與蔡岱霖的距離太過遙遠。她始終不理解為何大家使用的廁所不同、走的門也不同。

莫三比克的全民識字率低於六成。面對教育水準不高的社會與異文化，重新心理建設需要因緣與時間。二〇一二年，蔡岱霖與迪諾參訪高雄慈濟靜思堂後深受感動。回到非洲，南非慈濟志工潘明水帶著蔡岱霖前往貧民區訪視，親眼看到南非黑人志工照顧愛滋病患的真誠與無懼，蔡岱霖的心再次被觸動。成為慈濟基金會在莫三比克的第一位委員後，短短幾年間，她已經培養出三千多位志工。

伊代氣旋肆虐多國，但以遭到「正面衝撞」的莫三比克災情最為嚴重。伊代重創東非後，移出了莫三比克海峽。沒想到十天後，它竟又回頭反撲、登陸莫三比克港都貝拉市。

貝拉是莫三比克第二大城。鄰近河川洪水暴漲、上游水壩崩潰，猛烈洪浪瞬間吞沒了這座五十五萬人口的城市，將近百分之九十的街區遭到摧毀。災後第二天，貝拉市仍有成群居民受困在屋頂或樹上。《華盛頓郵報》如此形容——「災民爬到『再也無法往上爬』為止，許多人可能被沖走，也有人死於被困時的疲憊。」（Many were probably swept away, while others died of exhaustion while stranded.）

美國記者形容栩栩如生，若是親眼目睹，觀者情何以堪？

最後，伊代奪走莫三比克六百多條人命，二十多萬房屋受損、三千多間教室被毀。洪水淹沒逾七十一萬公頃農田，民生物資嚴重短缺。

六十歲的依尼施・喬旺（Ines Joao）向慈濟志工描述驚恐經歷。連續數小時，狂風怒吼、暴雨不斷、最後，水淹家園。一家七口務農維生，房子沒了、倉皇逃難，只能到臨時收容中心，有一頓沒一頓地等待著。

風災後，三月二十日，馬普托慈濟志工兵分兩路——一路由傅迪諾隨著軍機飛抵貝拉勘災。另一路則由蘇柏嘉等人，帶著賑災白米、生活物資驅車北上馳援。一千二百多公里的爛路泥濘不堪，幾經波折，才抵達索法拉（Sofala）省的古魯甲（Grudja）村，以及馬尼卡（Manica）省的棟貝（Dombe）與棟多（Dondo）的收容中心，展開緊急物資發放。

苦難當前，在馬普托馬哈塔（Mahotas）區一處園林內，以婦女為主的幾百位志工正在努力分裝物資。忙碌間，偶爾來段舞蹈、高歌一曲。這，就是當地的民族性。樂舞，成為傳達希望感的媒介。

超過兩個禮拜，在這處「慈濟之家」裡，莫三比克志工夜以繼日，整理著一萬份、每份超過二十公斤的生活物資，準備送往千里之外的重災區——索法拉省的雅瑪（Nhamatanda）郡。雅瑪郡的受災戶，超過五萬人。

四月初，來自美國、臺灣、中國大陸、南非等地慈濟人會同莫三比克志工群，在災區發送生活物資。包含主食玉米粉、豆子，以及油、鹽、肥皂、湯匙、牙膏、牙刷、水桶等用品，足夠每個家庭一個月生活所需。糧食，暫時解決無米可炊的困境，生活包裡的餐具與盥洗用品，也減少疾病的傳染。

五月，來自臺灣、美國、澳洲、馬來西亞與南非的慈濟人醫會（TIMA）醫師趕到莫三比克，展開義診。災區環境惡劣，瘧疾、皮膚病、霍亂等傳染病的爆發無法阻擋。世界衛生組織緊急調度九十萬劑霍亂口服疫苗，送往災區。醫護人力嚴重不足，許多病患即便拿了藥，也只能回家靜養，將生命交給上蒼。

從南非約翰尼斯堡（Johannesburg）前往莫三比克協助的志工蔡凱帆，僅以水龍頭的水漱口，就產生腹瀉症狀。他也因此特別感受到，為何蔡岱霖要請託約堡志工務必幫忙募集一萬瓶淨水藥劑。

蔡凱帆在災後自請前往莫三比克支援。除了看盡人間煉獄，在三十三天、四進四出的過程中，他也觀察到缺乏教育資源的危機。

是的，他們未曾見過鏡子

蔡凱帆協助勘災紀錄時發現，當居民看到相機螢幕裡的影像，常常露出不可置信的表情。原來，有些家庭裡根本沒有鏡子。此外，還有年輕人連自己年紀都不清楚！災後，學校分三班制上課。學生手裡的短鉛筆不能自己專用，必須與同學分享。許多孩子不曾擁有過自己的筆，至於書包，就更不敢奢望了。

「教育」二字在重災過後浮現，但這將會是一項長期的希望工程。從急難救助、災後公共衛生與教育回到農業的復建。雖然聯合國與國際組織已經緊急運送百萬人份的糧食，也提供一百八十萬公噸種子、分配農耕工具。然而，耕地復原、整地播種都需要時間。收穫前的空窗期，糧食分配壓力極其沉重。

糧食缺乏與分配不均的程度有多惡劣？很難臆測。但根據人權觀察組織（HRW）發布的調查顯示，有些災民只能撿拾地上的潮溼玉米果腹。為了孩子的生存，更有部分婦女被迫出賣肉體，與掌握資源的人換取糧食。（註4）

災區，一位七十五歲的奶奶對著志工傾訴心聲：「上帝有沒有看見我在受苦？」深入社會底層之前，蔡岱霖曾經因為文化差異而無法適應莫三比克。但是，當她接觸到同樣有血有肉、卻陷身苦難的族群時，卻急切地想要有所貢獻。

蔡岱霖並非出身社工專業，只能依著國情與慈濟經驗，一步步累積經驗與探索可能性。幾年的第一線訪視經驗，終於讓她理解貧病的交互糾纏有多難解了。這個因果關係，與證嚴法師早年的社會觀察是一致的。蔡岱霖再度舉例，她在社區見過不少因為感染愛滋病而被親人遺棄的個案。難以想像的是，即便有藥，有些病患卻不依醫囑按時服用。他們認為藥力太強，肚子會痛。一旦放棄藥物治療，其他併發症就如影隨形而來。民智低落導致的惡性循環，彷如詛咒一般。解方，或許只有愛與教育。

蔡岱霖從一位遠嫁異鄉的人妻，成為社會現象專家。她分析，在莫三比克公立醫院看診拿藥並不貴。但貧民不愛就醫的另一個原因來自飢餓。從數字看，往來醫院的交通費約須莫幣四、五十元（約合新臺幣八十、一百元）。不過，當地每戶平均月收入僅約五百到一千莫幣。假設一個禮拜上一次醫院，對收入低於五百莫幣的家庭來說，只能選擇放棄。因為交通、看病與拿藥的錢，已經影響一家人的溫飽。

從曾經想要離開莫三比克，到深入社會底層，蔡岱霖開始思考適合本地的慈善模式。

二〇一三年，莫三比克發生水患。蔡岱霖透過臉書向朋友勸募物資。收到捐贈大米後，她開始往下一步思索——想要為照顧戶或災民們提供熱食，除了大米還得買菜。建立大愛農場，成為一個「實驗計畫」。每年花點小錢買種子，可讓志工們輪流耕種。蔬菜收成後，就可以當作熱食的食材。這座農場，應該能夠創造很高的效益。

其實，蔡岱霖不斷思考著——「有這麼多 NGO 在幫忙，為什麼非洲還是這麼窮？」因為投入、瞭解更為深入。蔡岱霖知道單方面的援助，只會弱化當地人自立的能力。莫三比克要進步，必須激勵大家強化自己的力量。

蔡岱霖鼓勵志工們吃素，超越宗教理由。莫三比克盛產海鮮，但新鮮不足、有害健康。訪視時，蔡岱霖只要看到案主家裡有畸零地，就會說服他們自己種菜。精神上，其實蘊含著激勵自力更生的目的。

培力自立，而非理所當然

上述的故事，其實是一種對於「慈善權力」與「施受關係」的反省。蔡岱霖不希望當地人一看到慈濟，就認為被照顧是理所當然。

來到莫三比克十年，蔡岱霖也感受到氣候上的明顯變化。過去，非洲以旱災、饑荒為多。但現在，熱帶氣旋、暴雨的強襲變得更頻繁。常常旱災剛過，洪澇隨之而來。接下來，就是瘧疾與傳染病了。因此，蔡岱霖在急難救助方面的準備，發放物資中除了糧食，還包括了蚊帳、淨水劑、福慧床（多功能折疊床）和毛毯等等。

莫三比克的慈善模式，有其階段性發展。二〇一七年，蔡岱霖開辦裁縫職訓班作為培力（empowerment）方式。不少志工的孩子因為飢餓無法上學。再者，就算吃得飽，也繳不起文具與制服費用。蔡岱霖心想，那不如教婦女們自己做吧。

一開始，蔡岱霖利用臺灣愛心大米的米袋作為縫紉課的練習布料，但本地志工發揮創意，結合非洲圖案做成環保袋。這些環保袋甚至被帶回臺灣義賣，所得再回饋到社會救助所需。「讓志工懂得愛心回饋是必要的」，蔡岱霖心中如此認為。

職訓除了培力，更是為了培養人才。莫三比克失業率高達百分之四十。看著很多志工完全沒有一技之長，除了裁縫，蔡岱霖也讓部分人學習農技。如何去蟲？如何堆肥？最後，志工們甚至研究起蚯蚓來了。此外，送訓學習駕駛、與本地文化相關的草蓆編織，也都列入蔡岱霖規畫的課程之中。

教育是一個國家能否永續發展的根，這也是蔡岱霖最為掛心的。在莫三比克，家庭教育可說嚴重失能。回溯歷史，非洲國家隸屬不同殖民強權。南非在英國殖民下，相當重視教育。不過，葡萄牙殖民莫三比克四百多年，對教育的漠視與愚民政策，已經種下深遠的禍根。

蔡岱霖除了透過獎助學金幫助貧困孩子復學，偶爾還得掏出自己的錢塞紅包請老師特別照顧。對貧童視如己出，可見一斑，但她對教育體系的腐敗與倫理道德的淺薄也感慨萬分。此刻，她更能體會證嚴法師為何不斷強調：「人不只要求溫飽，更要努力提升心靈。」

培訓本土志工，蔡岱霖常常每件事一講再講，務必溝通到大家能懂（所謂共知），可以一起去做事（所謂共識、共行）。她自認不是很有耐心，只能壓抑脾氣、當作修行。不過，蔡岱霖也理解莫三比克在殖民時代是個種族分得很清楚的國家，黑白隔離的階級制約延續至今。於是，她放下身段、審慎面對隔閡、跟著志工一起做事、也一起坐在地上聊天。但是，種族差異並非蔡岱霖真正的障礙。真正的障礙是對於當地文化的「深度再理解」，這必須靠時間累積。

蔡岱霖覺得，莫三比克人際之間是帶著距離與冷漠的。她相信，這種隱隱的冷漠來自獨立與內戰時期、因為相互陷害而留下的歷史陰影。

莫三比克本地慈濟志工，多屬窮困族群。蔡岱霖除了扶助他們自力更生、也同時培養助人的善心。不過，莫三比克慈善工作不能總是依靠慈濟各國分支會的奧援。蔡岱霖需要來自本地的善款、需要具體項目、需要讓莫三比克社會中上層階級更多人認同與投入。只有本地生根、本地愛心、本地站起，蔡岱霖的慈善之路才能走得久遠。

證嚴法師對非洲的關注並非一時。伊代風災後，他很快決定在莫三比克重災區貝拉市進行大規模的希望工程。除了積極與政府溝通、擬定重建計畫，也希望協助造鎮、並配合風土民情援建永久住屋。初步想法是住屋建築體選用磚塊、鋼筋、水泥等堅固建材，屋頂則以當地慣用的鋅板或茅草覆蓋。萬一再遇重大天災，只要更換屋頂覆料，就能恢復生活。此外，證嚴法師也指示援建學校，讓孩子接受教育，帶來希望與改變。印尼的實業家志工在這項計畫中，也將扮演重要的支援角色。

被老鼠會感動的南非臺商

本章雖然深談辛巴威與莫三比克，但必須書寫的另一人物則是成就南部非洲慈善版圖的第一位推手。他就是以南非（South Africa）為起點、將臺灣善潮推向非洲的潘明水。二〇二〇年，慈濟已經在非洲南部九個國家成立分支會與據點。

一九九〇年，潘明水被美景與投資條件吸引，決定前往南非經商。在觀光客眼中，南非是個度假天堂。只是，白人世界的豔陽海灘外不到十公里，可能就是貧民區。南非的美好或許不是假象，而是以另一種反差極大的形式存在。悲慘，難被看見。

一九九三年，潘明水受政府之請，為一位前來陳情的亞裔婦女翻譯，這位婦女就是慈濟志工莊美幸。她不忍街童受苦前來請命，但英文實在不好，幾乎無法溝通。從此，原本認為慈濟根本就是個「老鼠會」的潘明水，進入了一個從未接觸過的領域。替當年慈濟「送愛到南非」的活動充當翻譯後，潘明水內心被觸動、成為受證委員。此時，他年方四十多。二十多年間，潘明水竟然在南非帶出五千多位本土志工。

在祖魯族志工眼中，潘明水骨子裡還是個「白人」。種族間不可能沒有隱隱的階級之分。但是，他選擇真誠以對。南非本土志工裡，最早成為慈濟委員的是鐸拉蕾（Tolakele）及葛蕾蒂絲（Gladys）。這兩位祖魯族婦女曾是窮中之窮，但潘明水指導她們耕作，與其他數千位志工開墾出幾百個菜園。接著，潘明水又以慈濟捐助的縫紉機以及臺商車衣廠剩餘的布匹，開辦了數百個職訓班。上萬家庭，因此改善生活。

南非志工們除了在農場自種蔬菜，也透過小額募款採購白米和玉米粉，作為孤兒們的食物來源。當志工們的縫紉手藝日趨精湛，除了自立，還能義賣衣物與手工藝品，設立愛滋病人基金。透過潘明水的引導，無數南非志工從接受幫助的弱勢族群，成為社會的一股慈善力量。

照顧愛滋病患，背負沉重壓力。這股壓力並非來自病人，而是因為見證太多苦難。早年，南非的愛滋病患快速增加，罹病的父母往生後，孤兒數量也隨之攀升。

潘明水曾經描述：「南非超過十分之一的人口帶有 HIV 病毒，平均每天有上千人不治死亡。愛滋被視為骯髒的疾病，患者甚或可能招致殺身之禍。當初號召志工、尋找病患，花費了極大的工夫。」

為了愛滋孤兒，潘明水與志工開設了一百多個熱食站。當場地無法遮風蔽雨時，葛蕾蒂絲、鐸拉蕾與志工們照樣在戶外開鍋。只要看到孤兒們吃得滿足，志工們內心就會瞬間充滿溫暖。因為，這常常是孩子們當天唯一的一餐。

慈善路難行，甚或必須面對凶險威脅。葛蕾蒂絲曾警告潘明水，有個黑人村莊裡，一條泥土路分隔著兩個政黨。打殺、械鬥的場面，並不罕見。該村村口架著軍方重機槍，連警察都不太敢去。不過潘明水或許仗義膽大吧，居然站在路中央向兩旁喊話，呼籲雙方和平共處。

身中八槍後，轉念重生的助人天使

潘明水帶動南非志工的真正價值，就在於將許多人從絕望仇恨的深淵中拉回人間與善良世界。境遇悲淒的志工 Ngapha，就是個例子。

Ngapha 原本是位生活單純的護士。但某日，一群強盜用槍轟開家門、進屋搶奪財物。匪幫極惡，Ngapha 的兩個姪子遇害，女兒慘遭姦殺。屋子，最後也被一把火燒掉。她身中八槍、被鄰居緊急搶救出來，送進醫院治療半年後，總算活了下來。無辜橫禍，讓 Ngapha 內心充滿仇恨。她渴望手刃匪徒、讓他們受盡折磨而死。但接觸潘明水後，因為見證良善，Ngapha 放下怨氣，化身助人天使。

潘明水在南非推動慈善項目，其實沒有太多外援。他不是沒想過回臺灣，但始終離不開。除了對南非的愛，這位 Brother Michael 也放不下自己帶出來的數千位志工。

「我原本只想在南非待個二年就要返臺。但因為慈濟，讓我一去就回不來。我自己？也愈來愈黑了。」潘明水說。

跟南非志工相處是快樂的。潘明水知道，自己再怎麼努力，能成就的很有限。苦難降臨從來不等人，所以潘明水必須號召更多人一起加入。但是，他期待的不是很多人頭，而是很多品格正直的人。為此，葛蕾蒂絲經過十一年、鐸拉蕾經過八年，才正式受證為慈濟委員。在其他地方，或許二年足矣。

南非一待二十多年，潘明水深知這個國家即便是非洲最大經濟體，仍將受到歷史與利益爭奪的遺毒。個人能做的，唯有盡力。

歐美年輕交換學生，常在白人區的度假飯店與海灘戲浪、曬太陽。潘明水經過偶會問起：「你現在在哪兒？」「南非啊！」「不，你還在歐洲。」或是「你還在美國。」被問話的年輕人常會愣住，然後接受潘明水之邀，一起見識「真正的南非」。曾經有位歐洲學生跟著潘明水訪視，當他看到比自己年紀更小的男孩搬運高過個頭的重物，也主動伸手幫忙。這天，歐洲學生變成一日志工。在細節裡，這位歐洲學生也看出了慈濟與其他慈善團體的差異。

其實，慈善從來不是「資源的排列組合」。只給錢、給物資，無法讓受助者真正改善生活，反而養大了依賴心。

潘明水與南非志工們，無法鑽研其他 NGO 怎麼做並複製。他們只能跟著證嚴法師的教誨、培養耐心、靠著同理相互陪伴、從苦難與助人中回頭療癒心靈；他們找方法、自力更生、就地取材，一起走下去。

本章透過對於非洲的再認識，希望重新詮釋普世價值。普世價值不離自由、平等與博愛。

什麼是自由？不管貧富，生根在非洲大陸的臺灣慈濟志工、每位本地志工的心，已然是自由的。

什麼是平等？一起努力、一起付出、一起打氣、一起坐在荒瘠的黃土地上、一起舞蹈、一起成為善潮前的白浪。這些畫面，已然詮釋平等。

什麼是博愛？當宗教、族群的表象被打破，願意去愛與自己非親非故的苦難人，不就是真正的博愛嗎？

慈濟在非洲撰寫出來的真實故事將會繼續，這塊大陸依然存在苦難。但誰說它永遠不可能改變？

非洲的顏色，永遠是黑的嗎？

Chris Abani 在 TED 的演講結束前，與觀眾分享美籍非裔詩人尤瑟夫・科穆雅卡（Yusef Komunyakaa）的詩《頌鼓》（*Ode to a Drum*），內容是關於「轉變」。謹引用這首詩的最後一段作為本章結尾。

狂風、日暮、日出，週而復始。
壓力可以讓萬象更新、枯木逢春，
連釘在木頭裡的銅釘也不例外。
只在臉上留下歲月的痕跡
山丘上、山谷中、河沿上，我帶走不幸。
沒有可可果，棕櫚酒，魚，鹽，也沒有葫蘆
咚咚……
我為你寫了一首歌，
快快起立，像黑豹一樣奔馳吧！

註1：非洲聯盟和聯合國之間對於國家數量定義尚有分歧。但總數約為五十五到五十七之間。

註2：M-Pesa是由英國電信集團沃達豐（vodafone）旗下通信商Safaricom與Vodacom於二〇〇七年在非洲所推出，是一種可經由手機進行匯款、轉帳、支付等金融交易的行動支付服務。此服務最早在肯亞營運，之後擴展到其他非洲國家及東歐、中亞和南亞等地區。參維基百科：https://zh.wikipedia.org/zh-tw/M-Pesa。

註3：綜合報導，〈太空可見！熱帶氣旋伊代重創非洲170萬人受災〉，《自由時報》，二〇一九年三月二十三日。網址：https://news.ltn.com.tw/news/world/breakingnews/2736543。

註4："Mozambique: Cyclone Victims Forced to Trade Sex for Food."，Human Rights Watch, 2019-04-25. 網址：https://www.hrw.org/news/2019/04/25/mozambique-cyclone-victims-forced-trade-sex-food。

第五章 依靠與力行

本章從一位菲律賓第三代華僑說起，這是個關於絕望與重生的故事。每個人的出生來自父母的姻緣，但嬰兒張開雙眼看見世界後，就得開始踏上自己的人生路。這條路，有分叉、有寬廣平坦、更有崎嶇難過的關卡。會遇到什麼挫折？人人難料。故事，從一位事業成功的年輕人，聽到父母因為火災雙雙往生那一刻說起。

二〇一九年盛夏，與菲律賓慈濟分會前執行長李偉嵩相約在臺北市仁愛路一家高級飯店茶敘。

飯店大廳裝潢豪華、人聲鼎沸。假日，悠閒喝著下午茶的客人不少。與李偉嵩見面握手寒暄之際，他輕聲說：「這次因為邀請貴賓來花蓮參訪，所以得陪著住這裡。我自己來都找便宜的住，住五星飯店的錢，如果留著救濟窮人多好？是吧？」

這是場面話、或是心底話？或許，文末看完整篇故事就能得到解答了。

奮鬥事業時，為何父母會在火場中雙亡

李偉嵩年過六十，以實業家的年紀來說，應算年輕。但他早已將菲律賓的事業交棒給下一代，在慈濟擔任全職志工。李偉嵩經營實驗儀器設備進出口貿易，擁有多家公司。他

說，從商以來遇過很多貴人，過程算是很順遂。

二十七歲時，李偉嵩從位在離島的老家宿霧（Cebu）來到首都馬尼拉（Manila）經商。當時他心中渴望的是，賺大錢，就可以孝敬父母了。每每談起父母的身教與童年記憶，李偉嵩依舊歷歷在目。對年輕的李偉嵩來說，父母等同精神上的支柱與依靠。菲律賓人開公司，慣用自己或是太太、女兒的名字，但李偉嵩開過兩家公司，用的卻是爸爸李淵源跟媽媽楊淑雲的名字。文化差異，可見一斑。談起老爸，李偉嵩講的都是「孝順」二字。

在菲律賓社會裡，生日宴客慶祝是個普遍的文化。不管貧富，這個日子絕不工作。窮人就算沒錢，也常常先借再還。該有的派對場面，一定得擺出來。

華人下南洋，最重文化傳承。辛苦打拚是一定，但孝順敬老更須代代相續。李偉嵩的祖父來自福建石獅，成為李家菲國扎根第一人。每逢祖父過壽，李偉嵩的父親都會安排宴客，讓自己的爸爸開心、有面子。但輪到自己生日，往往低調不鋪張。至於媽媽楊淑雲，則是照顧癌父十多年無怨無悔，直到爸爸嚥下最後一口氣。李淵源、楊淑雲這對父母，影響李偉嵩甚深。

李偉嵩的父親是個文人，生前常常叮嚀兒女長大後要懂得利益社會。「就是造橋修路啦」，李偉嵩帶著笑意，以福建腔講出這句話。

不過，談到那場讓雙親罹難的迅猛惡火時，李偉嵩開始哽咽。打拚孝親的理由就這樣一夕之間煙消雲散，人生價值瞬間成空。父母雖然平凡卻偉大，為何是這種結局？沉痛打擊下，李偉嵩幾乎崩潰、心中充滿矛盾疑問。「人生從何來？死往何去？」他求助宗教，希望知道為什麼？未來怎麼走？但是，李偉嵩始終沒找到答案。造橋修路這些叮嚀言猶在耳，但自己還有動力去實現父母的期待嗎？

沉重打擊下的這一刻，依靠在哪裡？

我不是講故事，是講我所做

李偉嵩年輕時的傷痛故事暫且打住。場景來到二〇一三年，因為李偉嵩想要開始講更多故事了：「很多人都說我很會講故事。我說不是講故事啊，我真正在做的根本不需要稿子，說你所做就很夠了。」

這一年，李偉嵩正擔任慈濟菲律賓分會執行長。被稱為Mega Storm的超級颱風「海燕」（Haiyan）重擊菲律賓。海燕是西北太平洋有紀錄以來第二強的熱帶氣旋，也是全球有紀錄以來，登陸時風速最高的熱帶氣旋。菲律賓中部萊特省（Province of Leyte）被海燕正面強襲。西方媒體以「毀滅性」描述災情、BBC則以戰場形容災區。災後，死傷無數，正確罹難人數，至今無法確認。

二〇一三年十一月十一日，「聯合國氣候變化綱要公約第十九次締約國大會暨京都議定書第九次締約國會議（UNFCCC COP19/CMP9）」於波蘭華沙舉行。會議上，菲律賓代表薩諾（Yeb Saño）在演說中潸然落淚，因為他的親人與鄉親都在颱風中受難。薩諾說：

「全球暖化使得自然災害增加，帶來嚴重後果。要菲律賓承受這種災難根本就是『瘋狂』（Madness），氣候危機也是一種『瘋狂』。」（註1）語畢，列席者無不動容，起立鼓掌長達一分鐘。

海燕從此成為惡名昭彰的狂暴氣旋代表。因為造成的災害與傷痛過於巨大，隔年，海燕被世界氣象組織下的「颱風委員會」宣布除名。

李偉嵩講述海燕風災後慈濟協助復建的故事，同樣讓人動容。五、六年後的二〇一九年，證嚴法師已經決定在當時的重災區奧莫克（Ormoc）市援建一千餘戶永久屋以及學校。所有的過程，跟李偉嵩的個人故事類比，都帶有絕望中重燃希望、並產生力量自我依靠的寓意。

李偉嵩在喪親之後，巧遇菲律賓慈濟志工林小正。林小正安慰他：「做善事也是一種迴向。」佛法哲理、真誠話語，讓李偉嵩重新定義孝順、也找到實踐父母叮嚀的方向。佛教的法，給了他答案。雖然雙親已然不在，但熱心社會公益的精神傳承，他自信可以接續下去。

海燕風災後，李偉嵩跟第一批勘災志工只買了單程機票就往災區飛去。因為，他們知道回程將不是明天、或是下禮拜，而是更久。單程機票，象徵著志工們的經驗與決心。

從奧莫克深入災情更慘的獨魯萬市，猶若進到鬼城。李偉嵩形容，他目光所及，幾乎每個人都是眼神呆滯。外援無法期待，自救更是難上加難。城區裡搶劫頻傳，許多商店被掠奪一空，公權力完全失能，等同無政府狀態。經濟陷入停滯，居民表情茫然。靠海的街上，大船被沖上岸、民宅教堂成廢墟、斷樹殘枝四散、大體橫陳、草草掩蓋。空氣中，則瀰漫著濃重的屍臭味。這樣的情境裡，沒有一絲希望。

慈濟菲律賓分會對於大規模災區的重建經驗，應可回溯到二〇〇九年。當年九月，凱莎娜颱風（Typhoon Ketsana）侵襲呂宋島。菲律賓分會在風災隔天展開急難救助，馳援熱食、大米、毛毯、生活物資與慰問金並舉辦義診。最重要的是啟動「以工代賑」模式，與災民一起清掃家園。二十一天內，總共動員了八萬四千人次。慈濟還徵集了山貓（推土、鏟裝機）、卡車等重型機械協助政府清運垃圾。

不過，海燕帶來的不只是短期的物質創傷。對於原本生活困頓的族群來說，心理摧殘的破壞性更為強烈。

以工代賑，成為李偉嵩與志工挑戰最大的任務。因為，這裡沒人認識慈濟、懷疑這群華人是來傳教的、可靠嗎？所有疑問，都可能影響以工代賑模式的成敗。

李偉嵩回憶當時的處理過程。首先，就是回報勘災分析作為證嚴法師決策的基礎。但，下一步該怎麼做？李偉嵩並沒把握。他透過電話，反覆與證嚴法師討論對策。證嚴法師聽完報告，指示以工代賑正確，但清掃家園的勞務報酬不是工資，而是救濟性質的「代賑金」。可與其他NGO說明，化解他們的困擾。（按：「代賑金」，慈濟多稱「生活補助金」或「應急金」，少有逕稱「救濟金」。菲律賓賑災，其他NGO認為慈濟發的「工資」過高，證嚴法師請志工說明這是「代賑金」而非工資。）

李偉嵩說：「只要災民願意出來協助打掃，市容會慢慢乾淨。第二，災民拿到救濟物資後如果還是沒工作，除了一句謝謝，大概也就這樣了。讓他們透過工作拿到代賑金，因為是透過勞力與汗水換來，災民會有尊嚴。第三，拿到錢，就可以去買生活所需的東西，地方經濟才會開始活絡起來。」

代賑金，發到會怕

「一開始，我們看到很多商店乾脆都不開了。因為災民沒錢，就算開店也沒人買。但是，以工代賑的現金一發，第二天就有人開始營業；第三天，整條街都看到做買賣了。這就是上人（證嚴法師）的智慧。」

其實，李偉嵩與證嚴法師的對話，值得分享。慈濟光花在獨魯萬以工代賑的經費，其實就已經高達一億六千萬披索（約合新臺幣九千四百萬）。對李偉嵩來講，最後能募到多少賑災善款根本還沒有譜，在濟助金數額上的心態相對是保守的。

李偉嵩回憶自己跟證嚴法師的對話：「我知道上人會問，所以查了當地的最低工資約為二百六十（披索）。我跟上人說，給三百他們就會很高興的。但上人追問，現在商品市價呢？我說，大米從三十幾塊變一百、雞蛋跟汽水漲了三倍多、汽油飆得更兇，從三十幾變成二百塊。想不到，上人說三百太少、給五百。」

李偉嵩表情帶點誇張說：「什麼？我嚇一跳。問上人，應該給多少人？結果上人回答，有多少人就給多少。」

李偉嵩繼續描述。結果，以工代賑消息傳出後的第一天來了六百多人；第二天，增加到二千多。他說，第一天來的都是半信半疑的人。但沒關係，我們開始做。下午四點收工，馬上每個人發五百披索現鈔。隔天，就來二千多人了。因為領到錢的人回家後，鄰居們看到他們手裡的五百披索是真的，紛紛爭相走告。結果，參加以工代賑的災民越來越多。第三天五千、第四天九千、第五天就突破一萬五千了。

李偉嵩重現當初的緊張表情說：「我很怕啊，打電話問上人怎麼辦啊？不只獨魯萬，其他鄉鎮跟離島還有人騎摩托車來啊，要停嗎？但上人說，這表示他們需要，全部收。」幾通電話，讓李偉嵩再次看到證嚴法師的悲心與智慧。獨魯萬總人口約有二十二萬，但最後，清掃死城的行動總共動員了超過三十萬人次。規模，足以想像。市民除了老弱婦孺，或許都參加了。

規模大小並非重點。本章想闡述的是，當每個人遇到苦難困頓、挫折打擊的時候，究竟怎樣的方法與智慧才可以讓他們站起來，並靠自己的力量往下走。

以工代賑的每天清晨，志工蔡昇航在集合災民後，都會拿起擴音器精神喊話：「當我喊 Go Go Go，你們就喊 O-la O-la O-la。」志工喊到破音、嗓子啞了，但絕望中的激勵聲代表希望感，那種無形力量是足以穿透人心的。一張張臉孔靦腆展顏，慢慢綻放出微笑。

一個月內死城回春，獨魯萬終於復活過來。

災區裡，各式標語四立。不只「Tzu Chi Salamat Po（感恩慈濟）」，最讓人振奮的應該就是——「Mabuhay Tacloban（獨魯萬加油）」以及「Tindog Tacloban（站起來，獨魯萬）」。

災難中，照見善良人性

在災區，李偉嵩整整待了兩個月，再返回馬尼拉，該買雙程機票了。因為這五、六年間，獨魯萬與奧莫克，已經成了他的第二家園。

回憶這幾年，李偉嵩時而大笑、時而沉思、時而哽咽。他說，感人的故事真的太多了。你想過，最需要錢的災民有多誠實嗎？

以工代賑，分組別、分區域管理。發放每日代賑金時，由組長代收後轉交組員。有一天，一位組長退還四個人的差額，因為當天的組員並未到齊。另外一個年輕人領了三天代賑金後，自我懺悔並未認真工作，但因為看到所有人的勤奮與賣力，他自願不領第四天的代賑金作為補償。

帕洛（Palo）與奧莫克大愛村，最後成為當地深具特色的災後重建社區。良善是有感染力的，而李偉嵩的感人故事真的講不完。

二〇一七年，奧莫克大愛村遭逢豪雨成災，慈濟同樣透過以工代賑的方式鼓勵居民復建家園。這一年的耶誕節，李偉嵩在村裡巧遇年僅九歲的小女孩卡爾琳（Angel Carlene Pantig）。當時，卡爾琳穿著單薄的衣裳對他說："Sir Alfred，Merry Christmas."。

李偉嵩解釋，在菲律賓，如果陌生人或是孩子對你說"Merry Christmas"，就是要錢的意思。「那一瞬間，我以為她想跟我要錢，加上正忙著處理工作，就沒理她。後來，志工跑來跟我說，卡爾琳是要捐五十披索給慈濟救災啦，不是要錢。」

當下，李偉嵩懺悔不已。孩子心念單純，卻被自己誤會了。稍後，李偉嵩跟志工到卡爾琳家裡拜訪。卡爾琳的祖母說：「平常連我要跟她拿錢都很難的。」原來，這五十披索，竟然是小女孩到處唱聖誕歌曲報佳音賺來的。目的，是想學志工們救災助人。

訪問後至今，李偉嵩常常透過通訊軟體傳來一張張照片。其中，有眼科義診病患的笑容、有志工腳踩三輪車，沿著泥濘土路分送臺灣愛心大米的畫面、也有實業家捐助大愛村全新消防車的影像。照片中有輛新貨車，其背後有著更多故事與社區意義。

李偉嵩笑說：「這輛大德（習佛者對他人敬稱）捐的車，用途多到你想像不到。平常，這輛車負責運送環保回收物資。但早上、傍晚，就充當大愛村學童的School Bus。最多喔，可以擠上七十個孩子。學校在三公里遠之外，搭車一趟要十披索、走路花時間又得早起，不如一車載滿，給孩子方便，也照顧他們。談到敦親睦鄰，這輛車更有用了。當地租車太貴，老百姓花不起。所以不管是家有喪事出殯的、相親的、有喜事要結婚迎娶的、生病趕著送醫的，村民都會來商借。」

笑談至此，看到災難後成功造村與里仁為美的喜樂。但幾年前，百姓們還是遭逢海燕重創、面容憂鬱，看不到希望的災民。海燕風災前後，包括聯合國在內，共有二十多個組織前來援助。但慈濟模式，從急難救助、以工代賑、住屋之外，最重要的是給了災民濃厚的希望感與心靈的依靠。

心靈依靠並非趁機傳教。有形的表現是，慈濟協助災區重建自己的信仰中心——天主教教堂。如此，可以讓神職人員安撫百姓們的不安情緒、並重新透過宗教激勵、找到站起來的力量。無形的心靈依靠則是，除了孩子們的助學與教育，李偉嵩與志工們也透過生活互動以及庶民語言，讓村民們理解惡習如何影響他們的生活。

李偉嵩舉了一個例子：「比方說鼓勵不抽菸、不喝酒、不賭博的 3 Nos 好了。抽菸、喝酒得花錢，又對健康不好。你賺錢不多，一生病會有錢醫嗎？這樣說，他們就能懂。至於賭博，慈濟志工的語言是，你賭輸了，有錢買米嗎？你賭贏了，有想過輸錢的人就沒錢買米了嗎？這樣贏錢會開心嗎？」

這些話，都是道理，但也其實都是佛法。「苦既拔矣、復為說法。不是嗎？」李偉嵩如此詮釋。

遠離喪親陰霾，終於找到依靠

雙親往生的懷念還在，但陰霾似乎已經逐漸遠離李偉嵩了。因為他在信仰與證嚴法師的教導中找到精神依歸，也透過身體力行回報父母叮囑「造橋修路」的期望。講到此，李偉嵩感性地說：「現在，證嚴法師就好像我的媽媽一樣。」

在東南亞許多國家，華人都掌握了當地超過一半的經濟實力。印尼、馬來西亞與菲律賓亦然。慈濟菲律賓分會從現任執行長楊國英、前執行長蔡萬擂，都屬當地的實業家族。但是，這些社會經濟菁英在找到信仰與價值後，通常就能專注聚焦，全力為當地社會奉獻而無悔無怨。

問到李偉嵩如何接引菁英這個問題時，他說：「菁英的眼睛都是雪亮的，他們會觀察、觀察你們是否真心為苦難人做事。」施恭旗就是其中一個例子。

施恭旗先生，是位從菲律賓起家的跨國實業家，在大陸、東南亞與非洲設有許多工廠。李偉嵩回憶起跟施恭旗相識的過程：「第一次接觸，是在海燕風災過後舉辦的茶會裡。我們的志工準備餐點，邀約各方人士來分享。吃飯之前，就播放以工代賑這些影片。我注意到，他很認真地在看影片。之後我起來講話，把頭三天到獨魯萬勘災、一直到廢墟打掃乾淨才離開的故事講了一遍。我將我的真正體會講出來，感動了他。」

那時應該是二〇一四年吧。李偉嵩繼續說：「他問我可以講話嗎？我們去找個安靜地方談。施恭旗說，他想見上人。後來，我跟他很快飛到臺灣，施恭旗先生連太太、孩子、孫子、兒媳婦跟女兒都一起帶過來。他問，一間簡易屋多少錢？我說大概十萬披索。最後，施恭旗說，我負責一千間，就直接捐了一億披索（約合新臺幣六千萬）。」

李偉嵩觀察這位知名實業家，居然再度講到哽咽：「我看到一件事很感動。當晚一行人回到飯店，施恭旗居然要助理與女婿合睡一間房，兩個女兒睡一間。機票不買商務艙，他們搭的都是經濟艙。」李偉嵩的感動，來自一個實業家的敦厚內心、大方布施、傳承良善家風的精神、以及節儉不豪奢的態度。

當奧莫克大愛村蓋好，除了助學金之外，證嚴法師也指示替孩子們蓋學校。

二〇一九年六月，當施恭旗知道證嚴法師的想法後，再度捐出一億披索作為建設基金。李偉嵩說：「他（施恭旗）親眼看到志工的努力，也看到真正的貧窮與真正的幸福，所以願意不斷護持。面對社會菁英不能想攀緣，要以真誠心以對。真誠，就能打動他們。」

從李偉嵩的個人故事書寫至此，看到一個遭逢沉重打擊的年輕人，如何找到精神依靠與力行的方向。他希望，慈濟幫助他人，也希望受助者可以自立、提升精神道德、並且最終願意利益社會。

期待與希望，投射在年輕學子身上

奧莫克大愛村的幾位優秀助學生，正走在李偉嵩期盼的路上。出身貧寒、卻願意把握機會向上，以「翻轉命運」形容可稱適切。為了讓這些優秀的孩子有機會到臺灣就讀大學，慈濟菲律賓分會特別安排他們到馬尼拉學習中文。考慮到孩子的生活與學習節奏，李偉嵩讓他們白天上課、下午工作半天。假日，除了有時學習訪貧，志工也會帶這幾個孩子上餐廳吃飯、看電影，放鬆身心。

李偉嵩形容：「孩子們每個禮拜拿到薪水都好高興。因為一半寄給家人，一半當作零用錢，晚上自己煮飯、溫習、睡覺，生活非常規律。如果以後可以到臺灣讀書，五年、十年後會有什麼改變呢？」講到這裡，李偉嵩洋溢著淺淺的微笑，彷彿這些都是自己的孩子。

依靠與力行，選擇書寫李偉嵩與菲律賓分會有其原因。除了李偉嵩的轉變，也可清楚看到慈善理念裡，何謂從頭幫到尾、甚或能幫就會繼續幫下去的態度。

海燕風災後援助多年，證嚴法師一再提醒重建當地信仰中心的重要。菲律賓是個天主教國度，神職人員看到佛教基金會前來馳援，心裡一則以喜、一則也懷疑是否準備藉此大肆傳教。談起援建教堂，李偉嵩再次描述當時的因緣、以及他與證嚴法師對話的經過。

跨宗教的交集

獨魯萬最重要的信仰中心稱為「聖嬰教堂（Sto. Niño Church）」。一位認識李偉嵩的主教在機場與他相遇，談起教堂毀損的事。災後，聖嬰教堂需要三千萬披索的重建經費，但神職人員只募到二百萬。當時，還在為著善款害怕的李偉嵩傾聽、卻不敢承諾。一個禮拜後，李偉嵩與志工們回到花蓮與證嚴法師開會，順道提起這件事。

李偉嵩回憶：「上人說，天主教徒此刻最需要心靈依靠。教堂是最好的依靠，我們應該幫忙。那時我立刻跪下去，因為太震撼了。金額這麼大，沒想到上人馬上同意。我跪下不是驚嚇，而是因為感動。上人心胸大，不同宗教種族還那麼大方。」不過，當時證嚴法師也要志工尊重對方，必須先詢問主教們接不接受慈濟的幫助。

二〇一四年底，聖嬰教堂整修完成。聖誕夜前，李偉嵩與慈濟志工被邀請參加災後教堂舉辦的第一次彌撒。隔天，當地媒體下了這樣一個標題——"Buddhist Foundation brings Catholic church back to life."（佛教基金會協助天主教堂重建新生）

成就跨宗教美事的神父就是 Isagani Petillos，他後來從獨魯萬轉調奧莫克市，成為最大教堂的主教。海燕風災過後五年，在參加慈濟佛誕月活動的一場演說中，Isagani 主教道出了一個神職人員的觀察與心聲。原本短短三分鐘的禮貌性致詞，Isagani 主教整整講了半小時。

Isagani 主教對著大批村民與百姓說：「我們自問，當初來幫忙的國際人道組織在哪裡呢？聯合國開發署跟其他團體呢？他們說已經幫了忙、完成萊特省的任務，得回去駐地了。但問題是，為何慈濟還在奧莫克？我想跟大家分享，什麼是給予（giving）的智慧與知識。」

天主教國度裡，神父或主教的民間地位很崇高。除了宣揚宗教精神，也是激勵、倫理與知識的傳播者。這段演講的脈絡清晰，完全不是即席式的禮貌性談話。Isagani 主教似乎做了完整的觀察與分析後，想藉這個場合告訴群眾，這五年來，慈濟援助的意義何在。

Isagani 主教的演講慷慨激昂，村民們也高聲呼應。他說：「慈濟基金會透過證嚴法師的教導與思想，給了我們援助（helping）的真正意義。意義是什麼？扶起一個人、協助他成為一個真正有尊嚴、真正可以自立的人。」

「他們（慈濟志工）引導村民如何可以生活順心、為人正直有禮貌；每個人的生命可以有紀律、純真、慈悲、願意去愛與照顧他人。大家可以了解怎樣才算是真正的人（true human beings）。」

演講全文既感性、又充滿理性。Isagani主教的半小時演講，完整詮釋了慈濟的陪伴，是希望每個受助者能夠成為有信仰價值依靠、以及心靈更為提升、並願意力行的良善之人。

花樣少女的善意奇遇

Good Will，就是善意。

李偉嵩在訪談間，不時說出這個字彙。他相信，有善心就有好因緣。李偉嵩又分享了一個奧莫克新進職工艾莉莎（Alyssa Candela）的故事。

艾莉莎住在獨魯萬市，是個畢業不久的社工系學生，已經通過社工資格考試。這位花樣年華女孩，臉書裡的照片造型卻相當特別。艾莉莎喜歡把頭髮梳向一邊，或是透過構圖蓋住右眼。這，算是年輕人的社群影像風格嗎？

其實，二〇一三年後，慈濟在獨魯萬市幾乎已經是個家喻戶曉的團體。

二〇一八年，慈濟回到獨魯萬市舉辦大型義診。正在求職空檔的艾莉莎聽到消息，主動表示願意擔任志工。當菲律賓人醫會眼科醫師史美勝一見到艾莉莎，就看出她用頭髮遮蓋的右眼應該是斜視。但史美勝不動聲色，透過家常般的對話，慢慢讓艾莉莎主動露出右眼。史醫師保護女孩尊嚴之細膩，來自一顆溫暖的同理心。

接著，史醫師輕鬆對艾莉莎說：「這沒問題，半小時就OK啦。」於是，讓艾莉莎自卑的右眼，在專科醫師的手術刀下，很快恢復了正常。

李偉嵩說：「你想過這個孩子的一念善心，竟然利益了自己嗎？」

治好眼疾後，慈濟奧莫克聯絡處剛好招聘職工，具備社工專業的艾莉莎成了適當人選。李偉嵩先請她到奧莫克大愛村住上一個禮拜，感受整體氣氛。之後，艾莉莎正式加入聯絡處同仁行列。有關大愛村一千多戶的人口結構、家庭經濟、學童狀況與貧病老弱的調查與建檔，都是她的工作內容。李偉嵩很稱讚艾莉莎，不管幫助學童、各種活動、翻譯，她都能樂在其中。

艾莉莎的臉書裡，雖然還是看得到過去長髮遮掩、或是戴著太陽眼鏡的青春面容。但是，關於右眼斜視的心理陰影相信已經消散。這段奇遇，也許是她人生中難以想像的轉捩點。除了照片，艾莉莎貼的最多的，大概就是關於幸福的名言語錄了。她引用了一段知名四分衛球星Ralph Marston的話：

Happiness is a choice - not a result. Nothing will make you happy until you choose to be happy. No person will make you happy unless you decide to be happy. Your happiness will not come to you. It can only come from you.

（幸福是種選擇，而非結果。在您選擇快樂前，沒什麼能讓您快樂。除非您決定要快樂，否則沒人能令您快樂。幸福不會主動降臨於你，它只能來自於你！）

的確，幸福來自自己。有信仰與價值觀的依靠，就是幸福的內在來源。

是的，不收一分錢

菲律賓與印尼相似，島嶼眾多，醫療成為會務發展重點。除了離島義診，首都馬尼拉的眼科中心也順利拿到官方執照。其中的無菌開刀房，設備與水準更與大型醫院不相上下。衛生部官員前來簽證時問了一句話：「這些都是為窮人服務用的嗎？不收錢？」志工回答：「是的，不收一分錢。」

言畢，官員感動，立即批准。

菲律賓人醫會除了將重症或是連體嬰送回臺灣開刀分割的特殊醫療個案，其他如唇顎裂、男孩包皮、白內障、牙科等等，都在義診範圍之內。特別的是，由史美勝醫師領導的眼科組裡有許多自己的學生。在他身教帶領下，成為一支信心與行動力都很堅強的團隊。

與李偉嵩的對談間，側面看到他習慣留的平頭中，短短的白髮銀絲變多了。該說歲月催人老嗎？他滑著手機，隨時侃侃而談、講述每個故事。幾萬張照片，記錄富庶社會體會不到的苦難與歡喜。大愛村的孩子，常常抱著志工或是李偉嵩的大腿。那種笑顏特寫，與一般攝影師在偏鄉山巔獵取到的 Portrait 意義不同。因為，笑顏特寫中，蘊含太多攝影技術難以表達的深刻內涵。

獨魯萬、奧莫克，如果不是親身參與，旁觀者難以理解一個風災帶來的毀滅性有多大多廣、受到幫助的人們有多少改變。當然，也不容易體會慈濟基金會在這塊災難之地挹注了多少資源、耐心、哲理與陪伴。

奧莫克大愛村，即將從簡易屋轉型為永久屋；孩子們的大學校，也開始規畫興建。人稱 Sir Alfred 的李偉嵩、菲律賓志工團隊與奧莫克的陪伴關係，看來是長長久久了。原來一千多戶易於拆裝組合的簡易屋不會浪費，可望繼續發揮功能。志工計畫拆卸後，在大奧莫克區替房子老舊的弱勢族群換新家。李偉嵩說：「改裝一千多間，這得要兩、三年才能做完喔。未來的大愛村永久屋會蓋成兩層，大概七百間。當空間變大了，就可以發展農業。看到災民改善生活、看到歡喜，就是幸福。」

作為側寫與採訪者，彷彿隱隱看到李偉嵩的父母隨時都在他身邊看著這個孝順的孩子、並且展露笑容。李淵源與楊淑雲這對爸媽並沒有走遠，因為生前的殷殷叮嚀，Alfred 都做到了。

李偉嵩，當然只是無數慈濟志工的代表之一。以他的人生故事與奧莫克、獨魯萬的災後重建作為平行敘事，想傳達的是——絕望中如何讓人重生的根源，以及，證嚴法師的智慧與慈濟的哲學，如何成為無數人的依靠、如何鼓勵無數人在力行中找到生命意義。最重要的是，因此讓每個心靈有所依歸、利他利眾。

如同李偉嵩在商場上遇到貴人、遇到第一任執行長林小正、並且成為許多菲律賓鄉親的貴人一般，這樣的循環實際存在著，但不容以表淺的愛、或是關懷之類的語彙交代過去。因為，每個人只要本心良善，都可能是他者的貴人。

關於改變，Isagani 主教對著大愛村民講的這段話應可作為註腳：「慈濟志工的出現對我們的生命有什麼效應？改變太多了，很多人，包括醫師、建商、牙醫、教師、政府官員同樣受到慈濟的激勵。這些人奉獻時間、精力、專業、技術等等，就是為了給大家幫助。真正的幫助，就是要讓大家成為一個真正的人——那就是願意慈悲愛人的人（True helping is building a true human being, a compassionate loving person.）。」

旁觀李偉嵩滑著手機照片的專注表情，回想他說過的一句話：「能和大家一起把一座城市救起來，我這輩子已經夠本了。」

這樣的本，足以告慰祖先父母，也足以成為傳承子孫的良善基因。李偉嵩的女兒開了新公司，名稱就是「偉嵩」。「造橋修路」那句福建話的本意不會變，但在慈濟基金會裡，作法與形式將會更為多元而長遠。

註1：“It's time to stop this madness” —Philippines plea at UN climate talks, Climate Homes News, 2013-11-11. 網址：https:// www.climatechangenews.com/2013/11/11/its-time-to-stop-this-madness-philippines-plea-at-un-climate-talks/。

第三部

信仰復興為佛教

第一章

佛教是迷信？還是智性？

二〇一四年十月，印度那爛陀（Nalanda）大學在廢校八百餘年後復校。這所佛教史上最知性、卻一度被整個摧毀的學術殿堂，被列為二〇〇九年第四屆東亞高峰會議的討論主題。五年後，由印度、中國、新加坡、東協等亞洲十六個國家攜手推動的復校計畫，終於讓這所大學重新再現。

那爛陀大學的時代復興

復校籌備處主任古帕．沙芭瓦（Gopa Sabharwal）說：「玄奘時代的那爛陀是個知識生產中心，教授佛學、哲學、醫學，探討宇宙與生命意義。學生有佛教僧侶、印度教徒，只有通過嚴峻競爭的佼佼者才能入校。」（註1）

現正就讀博士班的普拉卡什（Prakash）來自農村。在採訪中他說：「我來這裡讀書，有著不一樣的初衷。我是我們村裡第一個練習內觀、並且從事佛教研究的人。當我開始追隨佛陀的教導，他們（村人）都說我就快要去當和尚了。我的父母親、姊妹們都依循印度教傳統，唯獨我例外。從童年開始我就不拜任何神，也沒有什麼所謂的感應。」

根據考古學家的研究，那爛陀寺建於公元四二七年左右。八至十二世紀間，它曾是各國佛學研究者爭相前來取經學習的學術聖地。在全球最古老大學排行榜中，應屬名列前茅。早在八世紀印度教復興之前，那爛陀寺就已經開出一百多個講壇。課程包括大乘佛典、哲學、邏輯、語文、天文學、地理、數學與醫藥等。據傳，它曾擁有過九百多萬卷藏書、僧人學者逾萬、教師兩千位。來自大唐的玄奘法師也曾在此講學、取經。

那爛陀的梵文本意是「知識的給予者」。因此，那爛陀大學堪稱古代印度佛教的最高學府和學術中心。從中國、韓國、錫蘭（斯里蘭卡）、印尼和波斯（伊朗）的僧侶、學者，都留下過求學足跡。不過很遺憾的是，一一九三年，突厥伊斯蘭大軍入侵，那爛陀寺與圖書館不幸遭到摧毀。僧侶有的遭到屠殺、有的則逃往西藏或鄰國避難。那爛陀寺灰飛煙滅，象徵著佛教式微的開始。

從那爛陀寺談起，想回顧的是印度佛教史上的輝煌學術年代。從這個歷史起點，也可檢視佛教的真正本質到底是迷信還是智信？答案，或許端看我們懂不懂這個宗教的起源與內涵。

正信佛教再認識

進到華人世界的廟宇，常常看得到大殿上除了主神、還有土地公、虎爺、文昌帝君、以及一尊一尊民間信仰的神祇。而佛陀、觀世音菩薩、孔子、神農大帝、玉皇大帝等等，都能同處在一個信仰空間裡。這可說是儒、釋、道三教加上民間化的融合，但若以宗教主體性來說，許多界線都已過度模糊失真了。

這是一個標榜宗教自由、但許多人對「宗教」二字依舊充滿迷信與偏見的年代。新興宗教的百花齊放，讓原始宗教最核心的本質遭到挑戰與扭曲。作為「全球性」三大宗教之一的佛教，更是如此。

講到佛教，普羅大眾的印象，是否正是廟宇富麗堂皇、信眾燒香祈福、萬民膜拜神像求功德的畫面呢？拜拜的動機，是把命運全都交給眾神？還是必須靠自己更加努力？真正認識佛教，應該從哪個起點開始？

公元前六世紀，佛教由悉達多太子（Prince Siddhartha）創立。隨後從印度北傳到中國、東亞後，演變成許多流派。千百年來，佛教混合民間信仰後，弱化了原始精神、直到覺醒與改革的開始。略去唐朝至晚清的這一大段摻雜歷史、政治與佛門內鬥的興衰過程，民國建立後，太虛大師發起革新運動，開始將山林修行、寺廟道場俗化的格局，往人間與社會橋接而去。太虛大師喊出「人生佛教」的革命性理論；後續由其弟子、俗名張鹿芹的印順法師發揚成「人間佛教」。

人間佛教，從此成為一個與社會結合度極高、並深獲認同的方向。

人間佛教的臺灣傳承

時序回到一九六三年。是年，證嚴法師二十六歲。三月某日午後大雨，他在台北慧日講堂正式皈依佛教長老印順法師。在臺灣，印順法師也被尊稱為印順導師、或是印公。

證嚴法師回憶皈依那一刻說：「跪下去時，我師父就說，你我師徒因緣很特殊。受戒的時間到了，我沒有辦法跟你講很多話。不過，你要記得『為佛教、為眾生』。」

一九六六年後，佛教克難慈濟功德會從慈善起家。自皈依那一秒鐘開始，「為眾生」成為證嚴法師與無數志工對印順法師的承諾。但「為佛教」三個字，或許更為值得深度書寫。因為，印順法師終生倡議的佛教並非入隱山林自我昇華，而是積極入世的「人間宗教」、以及大眾對於正信佛法的深究。

但，到底佛陀最初始的精神是什麼？人間佛教與原始佛教最深的傳承精神為何？二千五百年前佛陀身處的印度社會，值得先做回顧。

從證嚴法師與印順法師的師徒六字因緣說起，目的是想跨越時空、回顧佛陀時代的印度社會背景、以及他出家前的心境。這個情境的根本結構就來自所謂的「種姓制度」（Caste System）。（註2）二千五百多年來，種姓制度在印度以不同的面貌呈現。至今，階級壁壘與偏見依舊牢不可破地隱隱存在著。

當代印度，除了以「寶萊塢」（Bollywcod）電影聞名於世，全球企業雇用的許多頂尖資訊科技人才，也都來自這個國度。過去十年間，印度的 GDP 翻了一倍。它成為全球第六大經濟體，預估不出幾年，人口將會超越中國。

印度是個大國、但也是個社會問題叢生的大國。種姓，更是印度社會最為人所批評的千年階級制度。政大宗教研究所黃柏棋教授直言：「宗教提供印度人很強的認同感與自我定位問題，是讓人安心下來很重要的源頭。但印度社會的問題，當然跟種姓很有關係。」

種姓印度速寫——從過去到現代

黃教授分析：「所謂種就是——婆羅門、剎帝利、吠舍、以及首陀羅，永世不得翻身。而姓氏跟人的職業有關係，因為制度是世襲的，所以就沿襲了這樣一個制度，很難翻身。這也是造成印度社會的穩定性、造就一個以宗教跟社會來統一整個人類生活的文明方式。」（註3）

作為古老文明之一，印度靠著宗教神權與種姓制度鞏固了社會的穩定性。即便一九四七年印度獨立後於憲法第十五條規定——「任何人不得因種姓、宗教、出生地而受歧視」、第十七條規定廢除「不可接觸制」。但這種民主政治的宣示，翻轉不了深植文明基因中的歧視。

對於這種階級歧視，鳳凰衛視派駐印度的記者尤芷薇有其觀察與詮釋。一九九〇年出生的尤芷薇從政治大學新聞系畢業後踏上印度駐點，一待就是六、七年。這位年輕記者因為工作，常常必須深入社會底層穿梭與報導。進出貧民窟，可說家常便飯。

尤芷薇如此描述：「從貧民窟走出來，你那雙鞋就得丟了。因為都是泥巴甚至是屎尿。」

她繼續舉例——在德里（Delhi），最可怕的貧民窟叫做「玩偶村」（Kathputli Colony），那裡住著很多生活艱苦的街頭藝人。除了雜耍等級的表演者，也有得過國家藝文獎的藝術家。玩偶村被選為德里第一個都更點，因為這裡是黃金地段。環境亂七八糟，確實是滿可怕的。玩偶村沒有水溝，髒水亂流、到處是垃圾。

尤芷薇描述：「你真正進去貧民窟才會發現那邊的人跟你想像的不一樣。政府說蓋大樓，可是他們想住大樓嗎？想離開這個地方嗎？他們本身遭遇很多問題，並不是做都市規畫的人可以想像得到的。」

許多當代賤民，就住在這樣的貧民窟裡。與尤芷薇搭擋的攝影記者全名叫做 Rajesh Kumar Meena。最後的 Meena 標註其種姓，一看 Meena 就知道他的先祖是遊牧民族。所以攝影記者的官方文件上都寫著 Rajesh Kumar，因為沒有 Meena 這個字，別人才不會知道他的種姓。

尤芷薇說：「他跟我一起出去採訪，結果受訪者問他名字叫什麼？他說 Rajesh Kumar，但對方常常會繼續問『and』？」

無法根除的種姓基因

場景轉到 Jantar Mantar 天文台公園廣場旁，這裡正是二〇一二年德里巴士輪姦案的紀念大會現場。或許同是年紀相近的女孩，尤芷薇蹲在大樹下的紀念碑前，沉默了一晌。

尤芷薇解釋，Nurbia其實是印度人民獻給遇害女大生的名字，非常多的人帶著花來紀念她。二〇一二年到現在，無論是週年、或是其他強暴案發生的時候，這裡就會舉辦類似的燭光活動。五年了，還是有民眾來到這邊獻上祝福與表達憤怒。

自一九七一至二〇一二年，印度全國強姦案發生率增長八點七倍，平均每二十二分鐘就發生一起悲劇，首都德里更被貼上標籤成為「強姦之都」。報警無用、求助無門，許多受害者只能噤聲低泣。嫁給強姦犯，甚或被當成一種「和解方案」。而德里巴士輪姦案的受害女大生因屬高種姓，引發的關注更為強烈。

這個慘案，似乎觸發了印度史上最大規模的女權運動。訴求改革的聲浪與抗議，終於逼使政府修法重罰強暴犯。不過，嚴刑峻法儘管治了標、卻可能治不了本。因為這只是數千年來，階級意識加上當代印度整體問題的一個片段。

尤芷薇對於印度的種姓與平等，自有其來自臺灣與香港媒體的觀察視角。她在一則報導中指出——印度男女不平等並不是新鮮事。這來自宗教、家庭結構、經濟能力、教育程度與傳統價值觀等等，女人在家相夫教子，不要在外面拋頭露面的觀念還是很深。當然隨著教育普及與經濟崛起，女性上班族的數量也隨之增加。但是這些女性通常在結婚之後，會為了照顧家庭與孩子而從辦公室消失。根據聯合國的調查，印度女性勞動力參與率低於百分之三十，遠低於南亞與西南亞的百分之四十三。

寫完年輕記者的當代觀察，佛陀誕生時的印度社會又是什麼樣貌呢？

佛陀時代的社會情境與創教本懷

佛陀釋迦牟尼，出家前原名「喬達摩．悉達多」（Siddhattha Gotama），公元前六世紀印度迦毗羅衛國（現尼泊爾境內）人。悉達多之父是當時迦毗羅衛國國王淨飯王，「釋迦」為家族族名，「牟尼」為聖人之意。「釋迦牟尼」（Śakyamuni）則是佛陀成道後，人們對他的尊稱。佛，是「覺悟」之意。因此，佛陀是個覺悟者、是人，而不是神。「是人，不是神」這句話，可能重要到必須不斷宣講。

作為婆羅門王族一員，悉達多太子對於生命、時空、地球與宇宙有著無窮的疑問與探索的欲望。他因為慈悲心特出、對生命意義充滿疑問，常常在美景當前之際陷入沉思。有時連隨從、妻子都無法讓他脫離深思的情境。

根據傳說，悉達多太子在二十九歲這年，為了了解王城外的真實社會，決定簡從出城、深入觀察民間疾苦。在「四門遊觀」的東、西、南、北門外，他分別見證了駝背瘦弱的老者、病入膏肓的患者、往生出殯的死者、以及托缽修行的沙門。王城裡的奢靡享樂、對比民間的生老病死，讓悉達多太子心中充滿掙扎。淨飯王晚年得子大不易，也將國家的未來寄託在悉達多太子身上。當悉達多決心放下妻小與貴族血統走向修行之路時，淨飯王當然無法同意。最後，悉達多選擇在月夜中獨自出城，揮別王子身分，走向修道之路。

古代的國家或城邦結構，必須建立在神權政治與階級制度上。三千年前的婆羅門教（Brahmauism），將社會階級化。透過職業分割、種族尊卑，形成征服者與被征服者的二分法。貴族平民是征服者，被征服者則是遭到壓迫的賤民與奴隸。

在這樣的諸多不平等下，悉達多太子出家覺悟後，決定透過佛法發起寧靜革命。革命的三大目標是——階級森嚴的社會、尚未究竟真理的神權宗教、以及生死循環不已的自私小我。

悟道前，佛陀也修過苦行。但他發現，身心的折磨無法解答他對於生命宇宙的所有疑惑。在菩提樹下打坐四十九天後目睹明星閃亮，佛陀悟道了。他開口說的第一句話是：「奇哉，奇哉！一切眾生皆有如來智慧德相，但因妄相執著，不能證得。」這句話如果以現代的社會科學語彙翻譯，或許可轉成白話：「每個人都有潛力讓自己的智慧、身心增能，並透澈生命價值。這不是辦不到，只是執著（或是無緣被教育）。」

佛陀悟道透澈生命本質，而這第一句話，已經把「平等」二字闡釋瞭然。平等觀，也成為原始佛教最為強調的精神之一。不過，在階級分明的時代講平等，對於婆羅門教來說，顯然是個極其強烈的挑戰。

佛陀創教後，在印度極盛一時。雖然在印度教與伊斯蘭文明的版圖更迭後逐漸趨弱，但透過大唐玄奘法師傳至中土後，反而逐漸成為中國主流宗教之一、並影響到東亞文明圈。只不過到了明清末年，佛教再次步入衰敗的階段。

漢傳佛教之衰敗與人間佛教之興革

美國哈佛大學梵文與印度研究博士、現任故宮文獻研究員的劉國威教授分析道：「清末民初，比較有學問、有眼光的年輕僧人出現。太虛大師提出人生佛教的看法。意思是，佛教過於重視生前和死後，反而忽視了現世，他認為佛教不能脫離世間。對於現世生活的環境反而不重視，他認為這是不對的。」（註4）

「到二十世紀開始提倡，某方面來講，我認為這是一個社會運動。明清以來，佛教被看成是山林式的佛教。出家以後，青燈古佛伴我一生。透過人間佛教的概念，佛教跟社會結合就相當緊密了。」

民初之後，從太虛大師與印順法師以降，透過精神傳承，「人間化」被臺灣高僧如星雲法師、聖嚴法師多元性發揚詮釋。印順法師弟子之一的證嚴法師則透過慈濟基金會所做，徹底把平等觀實踐於人間佛教之中。根據學者林建德的研究，印順法師的確是證嚴法師的皈依師父，但師徒之間有異、也有同。印順法師是思想家、鑽研學問；證嚴法師則是將其人間佛教的思想真正實踐在社會中。比較確切的說，可以「應用佛學」來詮釋。（註5）

富人布施金錢容易，但證嚴法師更期待的是身體力行。「行經」，方為佛法的真正實踐。窮人就算只有一元、五角，只要有心有願，同樣可做慈善。重點是，不管貧富，都得放下虛妄外衣，回歸佛法的清淨與平等心。在慈濟基金會志工群體中，家財萬貫的實業家沒有特權，同樣必須經過培訓課程方能受證成委員。南非受過性侵家暴的祖魯族貧困婦女經過佛法洗禮，最後成為幫助病苦族人的志工。這種例證之多、故事之曲折，往往讓人難以相信佛法與信仰的力量竟然如此強大。

印度佛教創始於公元前六世紀。在佛陀悟道後，首次在「鹿野苑」傳道給五比丘。此後，歷經初期佛教、部派佛教、小乘佛教與大乘佛教，直至公元十三世紀邁入衰敗階段。

佛教在印度走向衰敗，主要是因為婆羅門教的復興。公元八世紀，被佛教壓倒的婆羅門教中出現了一批改革家。他們吸收了佛教與耆那教（Jainism）的某些教義，對古老的婆羅門教進行了改革、並更名為印度教（Hinduism）。從此，印度教統一了信仰文化，而佛教則從此幾近湮沒。

在印度，以佛陀為代表的大乘佛教其實是式微的。不管是印度教的版圖擴大、或是伊斯蘭文化影響力的進入，反而讓佛教往中國、東亞、西藏與南亞弘揚而去。

政大宗教所黃柏棋教授分析道：「印度教復興之後，其實滿強悍的。它吸收這些沙門的宗教價值觀後，放在原來的宗教社會裡，讓它自己的印度教徒有一個歸屬感。此外，印度教沒有在家、出家的嚴格區分。它把這樣的一個藩籬打破後，開始對佛教產生強大衝擊。印度教存在著強而有力的社會基礎。宗教生活跟整個社會大眾密切結合，這樣才有可能壯大。」

至於伊斯蘭文化的出現只是變數之一，但不是根本的原因。

黃柏棋教授說：「大概算是壓垮駱駝的最後一根草吧。坦白講，當時佛教本身的力量已經不是這麼牢固了。穆斯林又是掌權者，等到蒙兀兒王朝一進來，就是一個大規模全面性的改宗，這可是好幾億的穆斯林啊。伊斯蘭也是個講平等的宗教，對賤民來說很有吸引力。印度的賤民又特別多，所以大概從德里蘇丹十二、三世紀起，賤民階級就陸續信仰伊斯蘭，成為穆斯林。」（註6）

朝聖了，心靜了，然後呢？

回到當代印度，比哈爾（Bihar）邦首府巴特那（Patna）以南一百五十公里的菩提迦耶（Bodh Gaya），是佛教遺跡最為完整、朝聖信徒最多、宗教氣氛也最為濃厚的聖城。

二千五百多年前的悉達多太子，就是在菩提迦耶的一棵菩提樹下禪定苦修，終於得道成佛。菩提迦耶在梵文中就有「覺悟的迦耶」的意思。聖城以被列為世界遺產的摩訶菩提寺（Mahabodhi Temple）為中心。這座塔寺其實是佛陀得道二百多年後，由尊崇佛教的孔雀王朝（Maurya Dynasty）國君阿育王（Ashoka）所建。歷經破壞與浴火後的重修，最後成為今日的樣貌。

摩訶菩提寺由中央正覺大塔與四座小塔組成，與傳統佛寺風格迥異。在大塔周邊，還有多座紀念佛塔。來自全球的修行者與遊客，常常在此靜坐與冥想。不過，佛陀苦修處的原始菩提樹其實早已枯死，目前的大樹是百餘年前從斯里蘭卡移植而來。樹下的金剛座亦為阿育王所建，又叫「金剛地」。在佛教經典中，等同世界的中心。

不管是打坐、繞塔、誦經，朝聖者進入這個靈性空間，彷彿聽見佛陀傳法濟世的教誨之聲。信仰藏傳佛教的朝聖者鄧金揚清是個年輕女孩，她遠行至此，只為與佛陀交遇。一方木板當底、一塊薄墊鋪著、前方供奉著佛陀畫像、每天她得在此誦經，並做上一、二千次五體投地的「大禮拜」，這就是鄧金揚清尋找佛法意義的方式。

當代的菩提迦耶總共有一百多座大小佛寺。從日本、緬甸、泰國風格皆有。各宗各派的佛教徒，紛紛到此朝聖、探索心中的答案。然而，就算深信佛教輪迴論的前世與來生，然後呢？

從佛陀覺悟地回到印順法師宗教興革的動機。比較簡單的說法，或許正是「此時、此地、此人」的人間看法。

作為著作等身的重要學問僧，印順法師深究歷史流變。他深刻理解佛教因為神化、俗化、趕經懺、只求消災解厄，而被知識分子批評對社會毫無貢獻。於是，印順法師決心提倡回歸佛陀本懷，他說：「唯有能立本於根本佛教之淳樸、宏闡中期佛教之行解、攝取後期佛教之確當者，庶足以復興佛教而暢佛之本懷也歟！」而印順法師也一再強調：「佛法是宗教，是不共於神教的宗教。」「俗化與神化，不會導致佛法昌明。」「非鬼化、非神化的人間佛教，才能闡明佛法的真意義。」（註7）

因此，注重現世、深究人的本性與根性，才是真正回歸佛陀本懷的最簡單關鍵詞。

印順法師的思想興革之路可說是崎嶇坎坷、並充滿戲劇張力的。回到一九三八年冬天，當時，中日戰爭已經爆發。印順法師遺憾廣大佛教徒在國家存亡之際，竟然無法有所幫助。這也引發他的自我反省，想知道問題出在何處。當時，印順法師與新儒家大師梁漱溟在四川談到佛法與時代的關係，更令他思考：「是否佛法有不善之處？」

這個直接挑戰根本思想的問題，他能找到答案嗎？

或許是巧合、也或許是機緣已到。印順法師在《增一阿含經》中讀到：「諸佛皆出人間，終不在天上成佛也。」原來佛陀教法，正是以人為本。找到「人間佛教」的法源，印順法師瞬間內心澎湃、熱淚奪眶而出。

孤獨的佛教哲人

其實，作為一個佛教思想家，甚或一個歷史人物來描述印順法師，其孤寂、與因為思想前瞻而受到四方圍剿的過程，也足堪列入史冊。他曾經自述國共內戰後，在動盪時代下遭遇的波折：「（民國）四十二年與四十二年之間，我定居在臺灣，受到一次狂風駭浪般的襲擊，有生以來不曾經歷過的襲擊。這就是『佛法概論事件』。」（註8）

當時國府遷臺沒幾年，政治與宗教尚未從混亂中重整。著作中的文字，竟然引來佛教界的批判。例如：「邪知邪見」、「破壞佛法」、「反對大乘」、「魔王」等等惡語，全都加諸印順法師之身。戒嚴時期，他甚至被舉發著作《佛法概論》中，「內容歪曲佛教教義，隱含共匪宣傳毒素。」政府因此加以取締、禁止流通。最後，逼得印順法師委屈自承：「因在逃難時，缺乏經典參考，文字或有出入。」才免於進一步的迫害。而這個事件也讓他自責至極，引為出家以來最為可恥的事。但身處大時代、處境之難，更顯思想家容易遭受意識形態壓迫的艱險。

本章至此，希望透過歷史與當代的交織鋪排，闡述宗教流變、佛教本質、與佛陀本懷的意義。而勇於思考興革的先行者，也應當被重新認識與肯定。剝掉層層俗化與偏倚的外衣後，佛教其實是人生哲學、以及對於生命萬物的智慧思辨。作為一個以關注人為本體、希望每個個體可以因為覺悟而自我依靠、自我提升的信仰，正是佛教與其他全球性宗教最大的不同之處。

在臺灣，數十年來，以印順法師為首的人間佛教思想被發揚光大成主流。印順法師的佛學成就，已是整個「臺灣社會的公共文化財」，成為近代以來臺灣文化成就的偉大象徵。林建德則分析——如果以更大的脈絡來說，當今臺灣「人間佛教」的倡導者，除印順法師外，星雲法師、聖嚴法師和證嚴法師也都是其中的佼佼者，只不過實踐的模式有所不同。「人間佛教」的共通點是，以太虛大師為精神領袖，反省、改良中國佛教傳統以來的信仰模式，以及重視菩薩道入世精神的重振和貫徹等。因此，現今人間佛教為主的團體，雖是各唱各的調、走向多元化發展，但異中有同，都是大乘精神的體現，而落實到慈善、教育、醫療、文化、環保等領域中。換言之，人間佛教理念的核心，即是大乘佛教精神的開展；而人間佛教團體的差別，主要在偏重面向的不同。

印順法師曾表示，「人間」是「上升下墮」的樞紐，以「人」的身分來到世間，不管是修行成道或者墮落沉淪都是最快速的。

醫療科學與宗教博愛的加乘效應

慈濟基金會轄下四大志業，其實充滿知識精英。皈依證嚴法師的弟子中，並不乏碩博士、醫生、學者與科學家。從前述提過的成立慈濟醫院、骨髓幹細胞中心，無一不是以醫療科學為基礎、但以佛陀慈悲觀作為核心精神。

臺中慈濟醫院院長簡守信皈依證嚴法師多年，是個講究科學精神的佛教徒。他透過大愛電視，將醫學結合藝術、宗教哲學，以《大愛醫生館》節目傳遞醫普知識，並曾榮獲廣播電視金鐘獎「教育文化節目」主持人獎。這個節目在播滿五千集後，創下臺灣電視史上的新紀錄。慈濟基金會四大志業中的醫療，是慈善的延伸。慈濟醫療志業體，或許正是華人世界佛教醫院中規模最大、也最重視科學精神的範例。

一九八八年，簡守信離開臺北，前往極度缺乏人力的花蓮、嘉義大林行醫，最後成為臺中慈濟醫院院長。

他認為，醫師的技術病人看不到，但可以感受得到。在慈濟醫療體系三十年，簡守信發揮專業，讓病人的健康得到確保。人與人之間更因著真誠自然的關懷，讓醫療不再冰冷。手術刀鋒帶著感情，在彼此生命中交會出溫暖的餘暉。

簡守信院長不止深耕臺灣偏鄉，也常常出國義診。在農曆三月盛大的媽祖遶境人潮後方，也親自帶領醫院主管同仁跟著隊伍打掃、回收資源。而過去，在巴基斯坦、墨西哥、尼泊爾強震，菲律賓海燕風災後的現場，都看得到簡守信跟義診醫療團在災區穿梭的身影。

印象中，讓簡守信最為揪心的，或許可說是二〇一八年在約旦邊境難民營的義診經驗了。回到臺灣後，一回憶起難民營景象，他常常深覺無力而深深哽咽。簡守信說，有位婦人抱著女兒來到醫療站，小孩出生時因為缺乏維生素D而罹患先天性「佝僂病」（骨軟化症）。可惜，當時義診團並未攜帶相關藥物，媽媽離開時那失望落寞的表情讓他永遠難忘。其實，曾經駐守難民營的NGO醫療團不少，但因為戰禍蔓延的永無止境，只能陸續撤守。最後，幸好約旦志工陳秋華想盡辦法找到這位媽媽，緊急購藥送上後，才算彌補了遺憾。

在臺灣，公私立醫院的醫療服務可說逐年改善中。但是，要提升到「佛陀問病」的精神境界，畢竟不是容易的事。佛陀問病，相傳是他為獨善其身卻罹患重病的比丘弟子施藥潔身的故事。但不只是施藥潔身，佛陀還教誨這位比丘：「修行的功德固然很大，但還不如看病的功德第一。」

簡守信院長說，飲過一杯慈濟的水，讓他更覺醫療之廣闊。因為慈濟訴求的精神，讓醫療的可能性得到不斷地延展。這也是三十年來，他自認比許多醫生更為幸運的地方。

「慈濟」二字，來自佛陀本懷，以及證嚴法師的教誨。

理性佛教：五明的當代呼應

二〇一七年十一月六日，花蓮慈濟醫院院長林欣榮與來自獅子山三四軍醫院的托馬斯醫師（Thomas A. Massaquoi）簽下意向書。兩院將針對新興傳染病進行醫療合作、人員訓練、臨床研究交流等計畫，開啟跨國醫療合作的里程碑。林欣榮，也是證嚴法師的皈依弟子。

林欣榮院長說：「當新興傳染病發生時，可以為非洲承擔什麼樣的責任？扮演什麼樣的角色？這是花蓮慈院所要朝向的目標之一。」二〇一四年，伊波拉疫情曾經橫掃西非，造成重大傷亡，也差點成為SARS之後，世界衛生組織最為擔心的全球性公衛傳染病之一。未來的世界，不無可能發生類似疫情。

慈濟醫療財團法人創新研發中心、花蓮慈院研究部、免疫基因實驗室與病毒實驗室等團隊，與獅子山醫院團隊進行專業交流。不管是開發疫苗或是研究策略，其基礎就是醫療科學、以及不以營利為導向的醫療初衷。慈濟各醫院大廳的那幅「佛陀問病圖」，已經將佛陀本懷與醫療科學做了跨時空的連結。

從簡守信、林欣榮兩位院長與跨國醫療合作談起，希望有機會論述佛教的理性與智性。回歸那爛陀大學的時代，這些與人生現世至為相關的科學基礎，其實並未被佛教忽視過。只是過去千百年間，佛教與人間現世的距離變遠，讓百姓對於佛教的認識，不再是智信、而是迷信。

曾經有訪客對著證嚴法師說，有位年輕人罹患了淋巴癌，好像是「業障病」，可否帶他來請師父看看？

但證嚴法師如此回應：「什麼叫做業障病？我並不會看病，有病就要找醫生。我自己也會生病啊。把身體交給醫生，把心交給佛菩薩。」

這與傳統認知中，佛教法師高僧可以為人加持灌頂、消災解厄、去病療傷的印象完全不同。

其實，從原始那爛陀大學的學科，就反應出遠古的佛教教育系統中，早已汲取了古印度婆羅門傳統的五明思想（梵語：**Pañca-vidyā**）。五明，指的是五種重要的修行學科。

五明之首稱為「內明」，修習的是理學、哲學；其二為「聲明」，如語言學、文字學、訓詁學、文學等，學習語言表達與書寫撰述能力。其三「因明」指的是邏輯學、辯論術；其四為「醫方明」，講的是醫學、藥學之術，可醫治病苦，拯救眾生；最後的「工巧明」則泛指藝術、科學、工藝、農業等，為日常生活中所需要的技藝。

相傳，佛陀在悉達多太子時期曾經修習過五明學。而弟子中有醫聖之稱的「耆婆」更曾經完成傑出的醫療行為，例如為腸道閉塞的病人做診斷後，先施以麻醉、切開腹部治療縫合。這也類近現代醫學的外科手術。

在佛陀時代，古印度佛教就開始推動興建醫院與醫學院了。西方整型手術的濫觴，有一說就是源自於佛教傳播到德國的阿育吠陀《妙聞集》。

宗教科技的前瞻合作

林建德指出，佛教學者藍吉富把佛學分為「基礎佛學」、「理論佛學」和「應用佛學」。他認為證嚴法師的成就在「應用佛學」；除了「靜思語」外，證嚴法師亦善於「藉事會理」，方便權攝弟子的例子不勝枚舉，更巧用現代新術語表達佛法的智慧與觀念。

不僅僅蓋醫院、研發伊波拉病毒疫苗，從提倡環保回收、到成立大愛感恩科技公司善用廢棄資源，亦是以佛法為基礎，讓應用科學得以往利益社會的路線前進。早期佛教曾經與科學關係緊密，但在歷史洪流中，其發展顯然不如基督宗教與伊斯蘭教文化圈的成就來得偉大。其實，宗教、科學的跨界之間，早已充滿各種學術上的辯證理論。但放眼未來，在科技狂飆並且容易失控的時代，佛教哲學（如不殺生、素食與生態保護等理念）是否能夠影響科學發展與人類福祉的關係，或許是個值得努力的方向。

在佛教經典《無量義經》中曾經提過：「能捨一切諸難捨，財寶妻子及國城，於法內外無所吝，頭目髓腦悉施人。」古代的慈悲捨身，只能透過語意傳達精神。但在醫療科技的進展下，從器官移植到大體捐贈，都慢慢讓佛陀精神得到實現。

不管是基礎佛學、理論佛學、應用佛學，都需要新一代的佛教徒穩穩扎根與努力發揚。如前文提過美國皮尤研究中心的宗教趨勢研究，未來佛教可能會持續衰微。佛教界能否扭轉走勢？這個提問，答案未知。不過，讓社會重新認識真正的智性佛教，或許是佛學研究之外，最該透過媒體進行系統性傳播的時候了。因為從漫長的歷史軸線來看，人間佛教的發揚，似乎已經為衰退的事實，打了一劑強心針。

人間、社會的面貌隨著時代改變著。不管現在是否真正進入了佛典所說的五濁惡世，但二千五百年前的佛陀本懷與智慧，或許仍是對治人生疑難與痛苦的解答。

註1：本章人物訪談，出自大愛電視台節目《大愛全紀錄》印度專題之外景訪問場記。

註2：印度雅利安人（Aryan）制定的種姓制度共分四類：一、種姓最高的「婆羅門」階級，二、武士和貴族所屬的「剎帝利」階層，三、稱之「吠舍」的從商百姓，四、地位最低的「首陀羅」奴隸雜役階級。此外，還有被排除在四種姓之外的「賤民」。

註3：同註1。

註4：同註1。

註5：林建德，〈應用佛學〉，《慈濟月刊》第六一五期，二〇一八年二月。

註6：同註1。

註7：釋有信，〈略談印順法師對人間佛教的抉擇〉，印順文教基金會。網址：https://www.yinshun.org.tw/90thesis/90-01.htm。

註8：印順導師，《平凡的一生（增訂本）》（印順導師自傳），印順文教基金會。網址：https://www.yinshun.org.tw/a23_1.htm。

第二章

佛陀話語的當代翻譯與演繹

二〇一六年，大愛電視台開始製播歷代佛教大師故事──「高僧傳」。

二〇一七年，日本和歌山縣高野山出現了一群臺灣電視歌仔戲劇組。領隊者是曾經獲得國家文藝獎的資深歌仔戲演員唐美雲，製作的節目是日本佛教「真言宗」創始人空海大師的故事。

真言宗道場已經是知名世界文化遺產。這個外景，必須在寒氣凜冽的戶外環境拍攝。皚皚白雪地，高僧孤獨行。一兩個極簡的鏡頭、大師口中呼出的熱氣，已經足以表達弘法傳道的堅毅。

臺灣歌仔戲的 Behind the Scenes

公元八〇四年，空海大師以日本派遣僧的身分前往大唐，並於青龍寺師承惠果阿闍梨密宗之嫡傳。他密號「遍照金剛」，回到日本後，開創了真言宗。空海大師在日本素有「弘法大師」之稱，其貢獻不只創立真言宗，他還普設平民小學、並引進大唐文化與建築工法。日本有句格言是這樣說的：「弘法奪『大師』之名，秀吉奪『太閤』之名，玄奘奪『三藏』之名。」（註1）在日本只要提到「大師」，講的就是空海。可見他在日本人民心中的重要性。

唐美雲皈依證嚴法師，是個虔誠佛教徒。她說，關於日本高僧故事的時空背景，臺灣人並不是那麼了解。決定親赴日本拍攝，是希望更真實描繪空海大師的故事。透過高野山的寫實影像，也可以讓觀眾感受到空海大師寧靜清澄的心與其修道環境、並遙想高僧傳法的大願。

不過，在攝氏零下三度的高野山出外景，是件很辛苦的事。不僅攝影器材需要防護、僧服也完全不保暖。但為了敬業演出，劇組必須在戶外雪地上工作，幾乎可說全員凍僵。而考據後訂製的空海大師僧服，則由一位日本出家師父特別前來指導唐美雲正確的穿法。

二〇一九年，唐美雲剛獲得「行政院文化獎」與「文化部臺灣品牌團隊計畫」獎勵後，就再度率領劇團前往柬埔寨吳哥窟拍攝真諦大師的故事。這次，團隊從寒冷北國，轉往酷熱南邦工作。

臺灣人與日本人膚色接近，唐美雲透過化妝扮演空海大師，問題相對較小。但真諦大師是印度人，從僧服到種族的考證至為重要。開鏡前，造型師必須花上一小時的時間，塗上巧克力色系三個不同色階的粉底，從耳朵到腳趾、將唐美雲的膚色畫黑。攝氏三十四度高溫下，層層僧服加上化妝，讓唐美雲汗流浹背、嘗盡苦頭。為了以最精簡的人力執行外景拍攝，攝影棚內的提詞機必須由劇組印好大字報後、手持跟著攝影機或是空拍機的運鏡而移動。

柬埔寨的外景，只有四個工作天。但因為真諦大師受邀到中土傳授唯識學前，曾經在古稱「扶南國」的柬埔寨傳法譯經，成為劇本裡不能刪減的橋段。

吳哥窟外景，重現歷史情境

真諦大師於一千五百多年前出生於印度，精通大乘佛法。在扶南國傳教三年後，因為梁武帝尋訪高僧的因緣，帶著經論梵本二百四十夾來到中土。當時真諦大師已經五十歲。戰火蔓延、兵馬倥傯之際，他沒有國家支持，在漂泊中仍然自力譯出二百多卷經典。其刻苦不畏難的精神，令人動容，更被譽為中土佛教四大譯經師之一。

為了這個橋段，劇組決定回到歷史現場，重現真諦大師的身影。其實，吳哥窟是真諦大師在世的兩百年後才建造的。當代的吳哥窟為叢林裡開挖出來的文明遺跡，已非當年富麗堂皇的城邦建築。那，為何劇組還選擇前往吳哥窟取景呢？「高僧傳」製作人陳淑伶解釋，因為吳哥窟是世界七大奇景之一、也是柬埔寨最具代表性的歷史古蹟。建築中帶有濃濃的印度特色。除了可以營造出時代感，也能寫實呈現真諦大師走過的弘法之路。

作為文明遺產類型的國際觀光景點，吳哥窟最為人所知的應該是「神祕的微笑」石像。但劇組拍攝時卻刻意避開它，因為「神祕的微笑」並非外景的意義與重點。而觀光客人潮與車潮之多，更使得劇組必須透過構圖以及各種方法隔開，克難程度相當高。要說吳哥窟可以完全複製古代的環境是不可能，但呈現這些幕後化絮想要傳達的是，在一定的製作資源中，劇組如何竭盡心力想要重現高僧篳路藍縷、以及奉獻傳法的感人「歷史情境」。同樣的關鍵橋段如果在攝影棚內錄製，儘管運用動畫背景，也難以創造實景般的時代感。

「高僧傳」作為最新一代的電視歌仔戲，應該足以作為傳播產業的研究個案。

電視歌仔戲的復興，佛教戲曲的創新

回顧本土「電視歌仔戲」歷史，應從一九六二年開始。從臺灣電視公司播出的第一齣《雷峰塔》到一九九七年《紅塵奇英》為止，可視為一段完整的成長期。儘管有其他無線電視台與之競爭，但無法取代臺視的優勢與製作量。作為主要生產場域，臺視對於「電視歌仔戲」的形成至為關鍵。（註2）

一九八〇年代後，錄影機普及、境外衛星電視頻道落地，加上非法第四台的成長，導致無線電視台壟斷市場的板塊開始鬆動。一九九〇年代初期，政府威權管制媒體的政策解除，電視市場全面開放。合法有線電視頻道迅速超越無線台的市占率，也導致長期與無線電視台共生的電視歌仔戲獲利能力下降。到了一九九〇年代後期，電視歌仔戲逐漸式微，終於在二〇〇三年全面停止製播。（註3）

電視與歌仔戲的黃金時代，緩慢地畫下休止符。

臺大戲劇系教授林鶴宜的觀察是——在廣播與電視製播技術的轉化下，確實普及了歌仔戲的傳播。正面看法認為，劇本定稿後演出的「精確化」與「電視調」的多樣性，無形中豐富了歌仔戲的內涵。（註4）

以上，是學者研究電視歌仔戲的評論。

其實，以「棚內戲曲節目」的電視製作流程而言，精確分鏡、嚴謹的腳本、在大愛電視台最大的攝影棚搭設景片、加上現代的LED投影背板，已經足夠結合演員身段演繹故事。真正的實景畫面，或許未必需要。但是劇組願意遠赴海外取景，實屬難得。真諦大師已經是唐美雲演繹的第十五位高僧。她說，只要能將佛教史上具有重大意義與貢獻的僧侶故事呈現於世，就願意努力去做。

製作人陳淑伶在回溯過去七、八年時深有所感地說：「其實受益最多的是我自己，做『高僧傳』這麼幾年，對佛法有更透澈的理解。於是，工作、生活上很多的挫折與不快樂，慢慢可以化解。」這或許也代表了部分觀眾的心聲、以及最重要的——佛法究竟可以帶給人類什麼啟發與安慰。

宗教傳播模式的不斷創新

從傳播理論的角度，所有的訊息傳遞，都不離主題、內容與形式的排列組合。雖然條件與地域背景不同，但西方宗教透過電影、動畫傳述耶穌基督故事的資本與技術，可說遠遠超過佛教的媒體傳播力量。除了紀錄片與電影，某些影音作品，甚或以更前衛的的形式結合影像與搖滾音樂劇，闡述宗教的神聖與意涵（如 Jesus Christ Superstar）。（註5）而基督宗教結合流行曲式音樂的運用，更為年輕人踏進信仰聖堂前，大開方便之門。

時代變遷快速。比起西方宗教，東亞佛教圈的媒體傳播能量與創意相對保守。哲理無形、說法浩瀚，經文如果無法通俗易懂，很難由淺入深、讓更多人願意踏進宗教之門。其實，在重量級佛典如《法華經》中，佛陀以「火宅」、「窮子」、「藥草」等七喻故事，透過淺白舉例解釋高深的佛法，應該可說是最早的宗教傳播模式。

回到當代佛法傳播，大多不離書籍、法師電視講道、或是商業體系中的佛教主題電影（如黃曉明主演的《大唐玄奘》、劉德華主演的《新少林寺》等）。不過，這類電影的故事表現，不免摻雜虛構劇情與效果。若以充分歷史考證的角度，或多或少都會失真。

在臺灣，願意投注龐大資源、以影像融合跨藝術、多媒體的舞台劇來演繹佛典精義的作品很稀少。以影音類型來說，在紀錄片與真實劇情片的領域內，考據與求證的過程相當嚴謹。通常，如果資源與人力充足，一部虛構的電影、或是以真實故事為基礎（based on a true story）的戲劇，可以在較短的時間內完成。不過，證嚴法師對於真實性與作品永續流傳性的要求相當嚴格。即便高僧故事是以傳統戲曲形式呈現，但製作團隊卻必須經歷近乎論文標準的前期研究，才能落實為演出劇本。劇本之外，服裝、道具等等元素，同樣必須符合高僧時代的背景。因此，超過九成的戲服，都必須重新製作，無法隨便以古裝拼湊。

以論文態度做電視的衝擊

陳淑伶回憶，第一齣高僧傳在編劇階段就爆發了衝突，因為編劇群從未面對過類似要求。為何電視戲曲的劇本真實性必須考證到有如論文境界？溝通過程中，常常出現強烈反彈。但回到證嚴法師的要求，有能力、有佛學素養、並願意定位自己為「論文高僧傳」的編劇者，業界有嗎？大愛台是否高估了這樣條件的製作能力？屆時播出的，將會是一部怎樣的戲碼？

運氣也罷，因緣也好。製作團隊找到廈門大學人文學院中文系戲劇戲曲學（戲劇與影視學）博士林顯源，組成第一批學術性編劇群。也為後續的團隊組合，建立了雛形。這在臺灣電視與佛教傳播史上，相當罕見。

陳淑伶也提到，製作高僧傳難度真的很高。在考證古代高僧處於不同時空背景的「破戒」之說時，必須以佛法角度去詮釋與合理化。例如，歷史記載中，有人以言行羈狂來形容韓國的元曉大師。也有一說是，大師在開悟後，透過破戒，與五濁、罪相、地獄等眾生結合，展開深涉泥塗、顛險艱危的地藏贖罪之旅。但無論如何，元曉大師將佛法普及於新羅（大唐時期韓國古名）的地位與價值，應該遠遠高過俗世定義的瑕疵。

除了唐美雲，明華園戲劇總團的首席與當家台柱孫翠鳳也加入高僧傳製作團隊。她是歌仔戲界的知名演員，出演瀟灑的王子、美麗的白蛇都不是問題。但孫翠鳳坦承，扮演達摩大師之前充滿焦慮。（註6）因為，自己秀氣的外型無法匹配身材壯碩、額頭高廣、留著落腮鬍的達摩。但看到劇本後，孫翠鳳不忍割捨，終於鼓起勇氣接下這個角色。

除了錄影前做足功課，孫翠鳳更請化妝師為她特製大鬍子下巴，甚至專程前往宜蘭羅東供奉達摩的羅雄寺揣摩大師心境。調適完心情後，終於順利完成演出。這些幕後故事，都代表著電視台與劇組虔誠看待每個故事的恭敬與審慎。

高僧傳的每格影像都得來不易。大愛電視必須透過與唐美雲、孫翠鳳以及吳安琪帶領的三個知名劇團合作，才能應付播出需求。而三個劇團演繹高僧各有特色，有的著重情感、有的節奏明快、有的唱功身段一流。以電視戲曲的標準而言，這個節目除了為佛教歷史人物立傳，也讓傳統戲曲從過去的忠孝節義、鄉野傳奇之外，取材更加多元。電視歌仔戲的沒落，已經有二、三十年之久。但在高僧故事的電視舞台上，似乎也同時提升了傳統戲曲的藝術性與歷史性。

高僧傳的前身，應為結合證嚴法師說法與佛典故事的《菩提禪心》。節目正式播出前，證嚴法師透過全臺行腳的機會試映片花，並從中細膩觀察各界反應、尤其是知識菁英。

宗教傳播的翻譯機

對於佛法的傳播，證嚴法師默默做、用心良苦。

翻譯，或許是佛法傳播最重要的過程。原始佛教經典融合古印度的巴利文與梵文，經過歷代譯經過程，許多概念與詞彙深奧難解。但佛教有個顯著特色是隨著時代變遷而調整的彈性。這也說明了為何證嚴法師能夠嫻熟運用大眾傳媒、並希望其扮演「翻譯機」的角色，淺顯地以當代人間事印證佛法，再以法師講道的高度，去融合與詮釋。

對於佛教的推廣，除了證嚴法師《人間菩提》之類的法音節目，大愛電視早從二〇〇三年開始就製作過動畫電影《印順導師傳》與《鑑真大和尚》。嚴格講，臺灣少見的佛教本土自製動畫當然很難與國際水平相比。但從宗教傳播的角度而言，慈濟基金會與大愛電視願意投注資源、嘗試各種媒體形式，其動機無非希望獲得更多經驗，為長遠的弘法之路奠基。

不過，動畫電影除了成本極高、製作不易，時間上動輒就得耗費三、五年。因此，傳統戲曲的表現，成為質與量都可兼具的形式。以當代電視戲曲研究高僧傳，只是最基本的分析陳述。千百年來，無數高僧跨越國度城邦、異文化圈，突破不同的險阻，故事充滿各種意義。於是，呈現佛法關於時間、空間與人間的歷史觀更為重要。人物傳記的不斷建構，未來方能形成宏觀與系統性的史料框架，不致淪為片段的單一故事。這也或許是高僧傳製作計畫的長遠思考。

根據北京大學宗教文化研究院榮譽院長、同時也是大陸知名佛教學者樓宇烈教授的說法：「佛教進入中國，約莫在兩漢公元之交，整個東漢時期是沒有本土以外的人出家的。一直到三國時期，開始有本土出家人翻譯佛經；南北朝時期，佛教才算與中國文化做了相當程度的融合。」

樓宇烈教授在分析融合與宗教傳播這個字眼時，援引基督宗教為例。他說，早期的基督宗教非常堅持以拉丁語傳播的主體性。一直到上個世紀初，才開始接受所謂的本土化。

他再舉佛陀契理、契機說法為例——佛陀早年傳道，透過不同的印度方言表達，就是希望使用不同語言的人也能聽懂他的法。亦即，佛教對於本土化是相當開放的。（註7）

如果從格局來看，大愛電視透過高僧傳表現的除了感人故事，也傳遞了佛教從印度往東亞傳遞時，必然遭遇的困境、犧牲、解決與融合，以及最後立宗立派、開枝散葉的歷程。

不過另一個問題是，歷代高僧眾多，如何選材也成為關鍵。在已經播出或是拍攝計畫中，製作團隊皆以「積極入世」與「艱苦弘法」者作為參考標準。

嚴謹內容，跨媒傳播

除了大愛電視透過傳統戲劇形式為歷代佛教高僧留下故事的努力，平面媒體的出版部和經典雜誌則將故事加深、拓寬，讓「高僧傳」得以系列叢書方式問世。在〈「高僧傳」系列編輯序〉中，闡揚了為高僧立傳的用意：「歷代高僧乃因其時空背景，欲度化眾生先弘揚大乘經典與法義為重，經教已備，所須的乃是效法菩薩道的力行實踐。」

證嚴法師對於歷代弘法大師的高度尊敬，或許來自完整「佛教時間流」的使命。萬法雖然歸根於佛陀，但二千五百年間承擔佛法傳播與教化的高僧，也不容隱沒於歷史中。以描寫晚明四大高僧之一的《憨山德清：佛祖之標榜》（以下簡稱《憨山德清》）一書為例，其墨寶《行書六言詩》，為大師一生的傳法行誼拉開序幕。六行詩寫著——「一念忘緣寂寂，孤明獨照惺惺；看破空中閃電，非同日下飛螢。」

《憨山德清》中，大師故事鮮活，並且不失禪意。例如夢境——他夢見美女池中相誘、卻發現原來為男兒身；池中人水洗憨師，現出五臟、一身皮如琉璃籠的樣貌，喝了腦髓血水，大師夢醒後身心如洗。寓言，以夢境隱喻。

憨山大師可謂晚明善用通俗警世文的高僧之一。流傳甚廣的《擔板漢歌並引》最末如此說：「我勸君，不要擔，髑髏有汁當下乾；分身散影百千億，從今不入生死關。」（註8）

文詞中闡釋，不希望每個人成為只顧自己生死的「自了漢」。板字，寓意負擔與視線的阻礙；另一說則為棺材。擔板漢，正是扛著棺材走路的人。這類閱讀起來相較庶民化的文字，目的是引導僧人大眾往大乘之路走，用意良深。如果願意細細咀嚼高僧傳系列故事，除了能夠感受眾高僧出家意志之堅、弘法之難，也可對中國歷史有所了解。宗教、歷史、時空背景與知識性，大大提高了高僧系列叢書的可讀性。（註9）

本章從高僧傳電視歌仔戲談起、終於平面出版的高僧傳系列叢書，目的還是希望指陳當代佛教弘法除了佛學研究、廣開道場之外，如何透過科技傳播工具將佛陀時代的說法「翻譯成現代語彙」、並以各種媒體形式傳遞並不失真。這或許是未來有心推廣佛法的團體最值得關注的。

手語音樂劇——結合肢體與心靈的經藏演繹

結合多種藝術形式的佛教話語當代演繹，二〇一一年應該是個重要里程碑。當年，慈濟基金會邀約志工會員與各界表演工作者，以佛典《水懺》為本，合作經藏演繹舞台劇，全臺灣將近三萬人參與了這場演出。最大的舞台，就是臺北、高雄小巨蛋。總策畫呂慈悅，把歌仔戲、音樂劇、藝術舞者等元素融合在一起，加上真實新聞影像、動畫聲光媒材等等，建構出一部臺灣佛教史演繹經典的大型舞台劇。

跨領域舞台劇的組成元素，比單一劇團的演出更為複雜。不管是溝通模式、語言到執行；大批慈濟志工的加入，也讓場面更為壯闊而充滿張力。

呂慈悅其實只是一位資深慈濟志工，身分是服飾行業公司負責人。其民間專業與電視、舞台劇、音樂，幾乎毫無關係。但呂慈悅的特質與敏感度、對於佛法佛典的研究與專注度，讓她透過多年學習與創意，成為許多萬人演繹活動的總策畫。對於音樂，亦復如是。呂慈悅長期與資深音樂製作人李壽全、歌手殷正洋合作，透過親民卻不低俗的旋律線與編曲，將傳統佛教梵音繚繞的刻板印象，轉化為觸動觀眾情感的音場。

其實，「高僧傳」的問世，呂慈悅也扮演著重要角色。而這一切的源頭，得回到二十年前談起。

慈濟三十四週年時，呂慈悅因緣際會，投入以手語音樂舞台劇演繹佛教經藏的領域。當時，她有創新的靈感、但不懂手語音樂舞台劇可以結合電視技術而相互輝映。在導演《三十七助道品》時，呂慈悅不知大型投影機可以播放字幕。她乾脆土法煉鋼、訂製了百碼白布寫上經文，請人跟著劇情拉開、作為協助觀眾理解劇情的「字幕機」；因為不理解透過燈光的「暗場」效果可以換景，她請木工製作加上輪子的白布框，讓演員躲在後面推著離場。

呂慈悅話說從頭、侃侃而談。其中，有笑點、有趣味、也有辛酸。嚴格說來，剛開始嘗試透過手語音樂劇演繹佛教經典，她完全沒把握能夠得到證嚴法師的認同。我問，這是在賭一個機會嗎？呂慈悅回答：「真的就是賭。萬一賭錯了，責任我來背。」但證嚴法師看完整場演繹後說，這就是他要的佛教——有藝術、有人文、有音樂、有質感。如果再以佛教平等觀來解釋，聾啞人的手語，一樣很美。

二十年，指導經藏演繹無數場。挫折多嗎？呂慈悅苦笑（但應該心裡也含點淚水吧）說，其實每次都會崩潰。她很想找出某齣經藏演繹的腳本手稿跟筆記，因為上面的筆墨，渲染著夜半流下的滴滴眼淚。呂慈悅在證嚴法師的重要著作與經典裡，畫上密密麻麻的線條與筆記。作為經藏演繹的先行者與創新者，自己不能不深入佛法、不能不做功課。

但「法」字，何其浩瀚抽象？每場演繹，參與人數與單位何其多？要與各藝術領域專業人士溝通、並且展現整體之美與「法味」，溝通起來何其難？不過，從雲門舞者、太陽馬戲團表演者、知名電視演員、音樂人到傳統戲曲藝術家，在無數磨合中，呂慈悅終於把結合古典佛法與藝術人文、當代人間事的經藏演繹架構建立出來。有位法師曾經對著她說，二千多年來，從來沒有人想到可以這樣詮釋、演繹佛法。

雜音異見不可能沒有，批判撻伐之聲亦多。但是這麼幾年下來，慈濟舉辦的經藏演繹、音樂舞台劇，都能吸引無數志工與社會大眾參與。證明了這種演繹方式，的確發揮了詮釋佛法的功能。曾經在大陸演出的《親恩浩連天》（即《父母恩重難報經》）。這齣舞台劇，讓參加的官員、知名醫生、現場觀眾們感動到泣不成聲。呂慈悅說，作為總策畫，出發前忐忑不安。但是證嚴法師說了一句話，把「人文」帶過去就好。活動圓滿成功後，她放下壓力，終於體會到這兩個字的深意。

創新之路通常寂寞難行，或說，成功前必須堪忍所有的閒言閒語以及冷嘲熱諷。不過呂慈悅打趣地說：「想創新不能自我感覺良好啊。就像沒落的忠孝東路商圈一樣，信義區都先進成什麼樣子了，你忠孝東路的百貨公司還覺得自己很棒嗎？」

從音樂劇聊到每年佛誕日在中正紀念堂（現稱自由廣場）舉辦的慈濟萬人浴佛大典時，她的眼神言語中散發出「雖千萬人吾往矣」的一種直率勁。因為，過去的傳法方式相對深奧，很難接引更多人親近佛法。呂慈悅舉了基督宗教為例說，神父、牧師可以背著吉他，透過活潑音樂宣教並與年輕世代互動。難道佛教徒還要固守山林深處修行的姿態、不願挺身詮釋佛法嗎？「我是代表社會心聲與法師們溝通。」要弘揚佛法，不能固執刻板，這就是呂慈悅的堅持。

浴佛——凝聚族群、社會與各大宗教的殊勝儀式

呂慈悅以在家居士身分，說服了許多道場的高僧法師歡喜參與浴佛大典、並透過肢體

「說法」。法師們理解肢體說法並非俗鄙的表演後，欣然讓身影融入神聖的典禮與經藏演繹中。而證嚴法師對「浴佛」二字的解釋、對佛陀之尊敬，也可以從禮佛足、接花香、祝福吉祥三個簡單動作看出。

呂慈悅對於證嚴法師教導的浴佛精義很有自信。她分析說，古代印度社會，以前額頭去碰觸腳是最神聖的禮節。佛是覺悟者，浴佛日，應該浴的是凡夫自己的心。而到佛陀像前禮佛足，無非希望信眾放下身段與傲慢，誠心禮敬。現在，每年都有海外一餘國、一百多個道場的法師前來臺灣參與慈濟舉辦的浴佛大典。不分藏傳、大、小乘，只要是佛教法師，慈濟一律恭敬相待。

除了佛教界法師，從歷任總統到市長、重要中央部會官員，也都親自與會，與大眾一起禮佛足、接花香，祈願天下無災難。換個角度想，這樣的典禮甚或已經打破宗教藩籬。它是個讓人沉澱心靈、自我洗滌、以及傳遞祝福吉祥的儀式。也因此，在南非與歐洲，可以看到修女、神父參加浴佛而不覺扞格；印尼的伊斯蘭習經院長老師生，也願意在這個節日，共同體會超越宗教的普世意涵。光在二〇一八年，慈濟就在全球四十多個國家舉辦將近六百場的浴佛大典，參加人數高達二十五萬之譜。

尤其，每年場面最大的中正紀念堂（自由廣場）浴佛大典，都吸引了來自大陸與許多國家的觀光客前來見證這個莊嚴的場面。臺灣的宗教自由在亞洲數一數二，也因此能讓東西方宗教兼容並蓄、哲學思想百花齊放。佛教儀典的創新得以逐漸被社會認同，其中除了隱含著對於古典佛法的彰顯，也象徵與時俱進的格局。

有生之年，呂慈悅希望能夠完成《法華經》的經藏演繹。演繹的文字，光是序曲一改再改，已經寫了六年。問到進度幾何？她說，不到百分之十吧。作為佛陀住世宣說的最後一部經典，《法華經》自有其重要意義。不過，這個目標與難度之高，只怕大家心裡都有數。能做的，就是全力以赴了。

至此，從慈濟對於佛典經藏的創新演繹，寫到大愛電視製作高僧傳記的嚴謹與努力。但是更深層次而言，所謂弘揚正法的過程中，也可能與世俗傳統產生衝突。這時，該退讓、還是所謂的「默擯之」呢？

翻轉鬼月民俗印記，吉祥祝願社會平安

農曆七月俗稱「鬼月」，普渡好兄弟是數百年來的臺灣民間習俗。在環保意識普及前，這個月燒掉的紙錢無以計量。即便到近幾年，臺灣每年依然會燒掉將近二十四萬公噸的金紙。而這二十四萬公噸的金紙產生八百四十七公噸總懸浮微粒、一百六十六公噸氮氧化物、七千三百四十四公噸一氧化碳及五百八十四公噸的 PM 2.5，嚴重影響空氣品質。（註10）

早在十多年前，證嚴法師、法鼓山聖嚴法師、以及佛光山星雲法師，就同時提倡不燒紙錢的觀念。對於社會來說，宗教的力量似乎總是走在政府的政策之前。

回到佛陀語言的當代翻譯。相較之下，普渡儀式燒紙錢產生 PM 2.5 與空汙，算是科學

語言。但燒紙錢、殺牲普渡，究竟真的對墮入「餓鬼道」的眾生有用？或是可被討論的理性哲學議題？民俗乃是人類社會長久累積出來的習慣。甲方說，普渡是對惡鬼的慈悲；乙方說，這是佛教教義遭到曲解。但，究竟，誰正誰反？雖然在民主自由的社會裡，言論與宗教皆享自由。但要說出翻轉傳統社會認知的意見總會引發反彈論戰，這除了需要勇氣，也必須來自理念的堅持。

太虛大師提倡的人生佛教，反對以超度亡靈為核心的鬼神迷信色彩，注重的是人類此生的心靈提升。這體現在他對於近代中國佛教屬性的判別與清理，以及對西學及現代社會觀念的積極接納。不過，即便在二十一世紀的臺灣甚或華人社會，民俗佛教的「祛魅」之說依舊根深蒂固。（註11）

對於證嚴法師來說，與其反對，不如努力宣說正法與翻譯佛教精義。

回到一九八六年八月十七日。是日，農曆七月十二日。花蓮慈濟綜合醫院正式啟業，不受民間習俗的影響。一九九〇年八月二十三日，證嚴法師應「吳尊賢文教公益基金會」之邀前往台中新民商工演講。同樣適逢民俗鬼月，證嚴法師以「七月原是吉祥月」為題，首次對社會大眾詳述佛教教義遭訛傳、演變為種種迷信的現象。在這場演講中，證嚴法師提出呼籲，期許大家千萬不要因為中元普渡而殺生造業。

於是，農曆七月，慈濟開始推廣吉祥月、歡喜月與報恩孝親月的觀念，力圖改變畏鬼、怕鬼的迷信文化。

翻轉鬼月觀念、翻譯佛法說故事，從「結夏安居」開始。

佛教發源地印度屬於熱帶氣候。炎炎夏日不但雨水多、蛇蠍毒蟲也到處出沒。古時，佛陀擔心弟子們出門打赤腳容易被咬傷，於是制定了一個規矩——每年農曆四月十五日到七月十五日足不出戶，由在家居士供養。出家人在這三個月內，專心研究佛陀教理，稱為「夏安居」。

僧眾們專心修行，在這段期間內成就很多道業。

所以到了農曆七月十五日，就是佛陀的「歡喜日」。

這一天，算是結夏安居的圓滿日。佛陀會召集弟子，請每個人發表他們在這三個月內專研佛理的心得。看到弟子有成就，佛陀當然高興。所以說，七月是佛陀的歡喜月，也是吉祥月。

於是，在每年「祛魅」的鬼月，慈濟透過孝親祈福會、溫馨茶會、各種人生與健康講座、甚或《地藏經》的共修，取代普渡與超度的儀式。這也是一種翻譯佛陀精神的現代方式。因為佛法高深浩瀚，迷信積習已久，想轉化成庶民親切能懂的當代語言、翻轉傳統的祛魅思想，都是難中之難。

經典雜誌的西域風塵之旅

除了經藏演繹、大愛電視歷年影音作品，經典雜誌也以精緻專書《西域記風塵》、《慈悲三昧水懺》、「高僧傳」系列等，投入平面媒體的力量，為佛教文史的重新詮釋與紀錄克盡責任。

誠如前章提過，優質的人文雜誌想在臺灣生存艱難異常。但是經典雜誌的專業團隊，也投注極高成本為佛法的傳播作出貢獻。《西域記風塵》一書，就堪稱當代佛教歷史再詮釋的重要著作。它在二〇〇四年一舉榮獲金鼎獎最佳專題報導獎、最佳攝影獎、最佳圖書獎、最佳圖書主編獎，其深度與重量不需贅言。這本不遜於《國家地理雜誌》規格撰寫的專書，讓當代讀者有了探索玄奘法師西行之路的最新視角。最重要的是，即便這套書已經是十多年前的出版品，但其縱橫新舊時代與人文史地的平行編輯、多元面向的深度採訪，相信仍為研究玄奘大師西行取經的重要參考書籍。

《西域記風塵》的英文版書名是 *"Dust in the Wind"*。簡單一句文案，把高僧涉險橫渡戈壁大漠的意象闡釋得鞭辟入裡。總編輯王志宏曾經分享過出版本書的心境──一九九一年，他開車、徒步走過塔克拉瑪干沙漠的一段路，想起《大唐西域記》裡「沙則流漫，聚散成風，人行無跡，遂多迷路。莫知所指，是以往來聚遺骸以記之。」這段話。它是玄奘離開瞿薩旦那國後，東行進入大流沙的文字記敘。王志宏對比玄奘東返之苦，頓覺汗顏。一九九八年，他因為參與慈濟援助阿富汗的採訪因緣，深入內戰中的巴米揚（Bamiyan）省。眺望宏偉的巴米揚大佛壁雕瞬間，王志宏重燃製作「現代版西域記」的熱情。

約莫二〇〇三年前後，經典雜誌採訪小組循著玄奘的踽踽行跡，從西安出發、深入新疆戈壁大漠與中亞地區實地走訪。從被塔利班砲轟而毀的巴米揚大佛、到衝突頻仍的巴基斯坦，一一記錄佛教文明的遺痕。最後，記者抵達印度，見證並書寫了佛教的興衰。前後兩年，投注大量專業人力與資源，最終完成鉅著兩冊。配上玄奘西行、東返的全幅地圖，讓腳力、獸力跟生命毅力走出來的取經艱辛一目瞭然。

《大唐西域記》記述中的新疆，多半已成為伊斯蘭文化區。曾經昌盛的佛國，化成為風塵中的斷垣殘壁。幾乎認不出曾是城牆的石壘，僅能以千年遺跡的姿態等待風化成塵那一日的到來。

宗教傳播的影響力與古今對照

玄奘求法的佛教發源地，早已成為印度教與伊斯蘭教的國度。即便聖城猶在，也僅供佛教徒朝聖與憑弔。尋訪玄奘取經之路，經典雜誌從中國到巴基斯坦，再從印度回返中國，走訪當年的西域諸國。以當代媒體而言，其使命感與編纂企圖堪稱空前。

公元六四四年春天，玄奘終於翻過崑崙山，回到時稱佉沙國的喀什地區。在與商隊同行時，玄奘一行突遇盜賊，日戎王所贈之馱經大象落水溺斃，許多經卷遺失破損。因此，玄奘在喀什住了一段時間補抄經卷。他在《大唐西域記》裡記載的喀什風貌是——「君臣百姓人人淳信佛法，勤營福利，伽藍數百所，僧徒萬餘人。」

筆者曾經前往新疆喀什伽師縣拍攝紀錄片。風塵飛沙中，見證了疏勒國紅沙古城僅剩的牆垛遺跡。在中巴公路交界處，遙想玄奘歷盡滄桑、回歸大唐的身影。那個時空，除了頓覺個人之渺小，也聯想到萬物興衰之理。

其實，佛陀早已洞悉凡事皆有「成、住、壞、空」的必然。文明會演替、歷史會遞嬗、肉身會腐朽，唯一能夠永恆的是覺悟與智慧。但為後世子孫留下澄瑩鮮明的時代見證，讓人類往「成佛」（意指：覺悟）之路前進，想必是未來振興佛教的重責大任。

「成佛」二字，不經過翻譯的話，很容易在民間被曲解或是誤用。甚或，成為傳播迷信的工具。然而，如果大眾理解這兩個字指稱的是心靈與智性的覺悟，那佛法將不再深奧，佛法的正知正見，也能讓人對自己建立信心、不再畏懼困頓、勇於面對順逆處境。

同樣提倡人間佛教的聖嚴法師，曾指出在宗教及科學間的兩個問題。他說：「一般宗教的偏差，在於強調神的權威而抹煞了人類各自的自主精神；自然科學的偏差，在於強調自然物理現象的影響力、而落入唯物思想的陷阱。一般宗教不重視因緣的道理，也不能接受個別個人三世因果的觀念；自然科學雖能承認因緣的法則，但卻不能接受生前與死後的因果思想。殊不知佛教的因緣論，能使人不自私不自大，佛教的因果說，既能使人甘於面對現實，接受逆境與順境的果報，且能使人對於未來的前途，抱起無限的希望。」（註12）

作為臺灣佛教史的重要學問僧，已經圓寂的聖嚴法師清晰闡述佛法對於人類社會的正能量。而證嚴法師的說法、慈濟志工的實踐，則進一步結合當代時事與人物故事，闡釋因果與因緣的道理。透過大愛電視、廣播與平面媒體，為佛法做了淺顯但容易入門的翻譯。

這對應的，或許正是上引聖嚴法師所說的那番話語。（註13）

提升民智與信仰品質，宗教語言必須分層傳述。這如同佛陀由方便法進階到真實法的用心良苦。本章從「高僧傳」電視歌仔戲談到動畫、談到經藏演繹舞台劇，以及經典雜誌的《西域記風塵》，有其論述脈絡。因為這些佛陀話語的當代翻譯與演繹，蘊含著真實歷史的梳理、佛陀智慧的舊法新知，以及興顯佛法的當代使命與創新。

佛陀話語的翻譯，歷經了千百年、無數僧人的努力。玄奘法師譯經，是經典的文字翻譯；《大唐西域記》，或可說是那個年代孤僧壯遊歷險的全紀錄。但在其中，玄奘大師意圖在異國風情中置入的，明顯是以物、以人帶事的佛教文化報導。對比當今科技創新時代的佛法演繹，是否有著異曲同工之妙？

整篇佛教史，是史詩；後代佛教徒的吸收與轉譯，則是薪傳。高僧生命無一順遂，弘法進行式中的臺灣高僧，或許亦復如是。也祈願，如此努力的紀錄、翻譯與演繹，能讓當代佛法繼續充滿生機與活力。

註1：洪秀瑛，〈唐美雲頂光頭當大師 零下3度皮皮剉〉，《中時電子報》，二〇一七年十二月三十日。網址：https://www.chinatimes.com/realtimenews/20171230003468-260404?chdtv。

註2：王亞維，〈電視歌仔戲的形成與式微——以製播技術與商業模式為主的探討〉，刊《戲劇學刊》第十九期，臺北：國立臺北藝術大學戲劇學院，二〇一四，頁八五－一一四。網址：http://1www.tnua.edu.tw/~TNUA_THEATRE/files/archive/231_5a9d23a8.pdf。

註3：同註2。

註4：同註2，引林鶴宜，《臺灣戲劇史》，臺北：國立空中大學，二〇〇三年出版，頁一九七。

註5：《耶穌基督超級巨星》（Jesus Christ Superstar）（又譯《萬世巨星》），是著名音樂劇作曲家安德魯．洛伊．韋伯（Andrew Lloyd Webber）和作詞人蒂姆．賴斯（Tim Rice）三度合作，而首部獲得空前成功的音樂劇。作品以搖滾音樂劇的方式呈現，從十二門徒中的「猶大」視角出發，以現代的觀點描寫猶大對耶穌的憂慮以及失望，用音樂及歌曲來刻畫耶穌與猶大間的愛恨情仇。參維基百科：https://zh.wikipedia.org/wiki/耶穌基督超級巨星。

註6：楊起鳳，〈孫翠鳳演高僧「菩提達摩」 演技造型大突破〉，《聯合報》「噓！星聞」，二〇一六年六月二十八日。網址：https://stars.udn.com/star/story/10091/3223838。

註7：樓宇烈所述皆引用自中央電視台《文明之旅》節目，二〇一一年十月三十一日，「樓宇烈：佛教与中华文化訪談」。網址：https://www.youtube.com/watch?v=OOGDOjR9gCg。

註8：徐瑾編撰，《憨山德清：佛祖之標榜》，臺北：慈濟傳播人文志業基金會 經典雜誌，二〇一九年六月初版，頁二六九。

註9：同註8，頁二七〇。

註10：陳國維，〈金紙集中焚燒量有成長 環保署長籲持續響應〉，中央廣播電臺，二〇一九年三月二十七日。網址：https://www.rti.org.tw/news/view/id/402465。

註11：唐忠毛，〈人間佛教發展過程中的民間與民俗化問題淺論〉，收入佛光山人間佛教研究院編，《2016星雲大師人間佛教：理論實踐研究（下）》，高雄：佛光文化，二〇一六年三月初版，頁四一八—四三五。網址：http://buddhism.lib.ntu.edu.tw/FULLTEXT/JR-MAG/mag576178.pdf。

註12：聖嚴法師，《聖嚴法師與科技對話》，臺北：法鼓文化，二〇〇一年三月初版，頁一四二—一五八。

註13：同註12。

第三章

正信宗教再認識——真正的包容

二〇一五年三月，臺灣輿論爆發所謂的慈濟風波。誠如前文所述，對於病毒式散布的謠言，慈濟基金會第一時間無法立即澄清以對。以致在社群傳播的渲染扭曲下萬夫所指、百口莫辯。當時，有位基督教長老不畏風向、毅然投書媒體，將自己的精神體悟與親眼所見訴諸文字。他，就是方菊雄。

方菊雄是個基督徒。他在一九六五年離開臺灣，前往美國求學與就業。「佛教克難慈濟功德會」創辦於一九六六年，在當時自然尚未具有名氣。一直到一九九一年，方菊雄都還沒聽說過慈濟二字。但這一年，他的學長李明亮應邀回臺為慈濟籌辦醫學院，並詢問是否願意協助？從興辦醫學教育與研究領域的角度，方菊雄義無反顧，斷然放棄在哥倫比亞大學（Columbia University）醫學院即將取得的終身職福利。因為，他希望將自己的學術研究使命帶回臺灣。

我不怕他是基督徒，我就怕他沒有信仰

談到方菊雄的信仰之路，可說非常戲劇化。母親是位基督徒，但祖母和爸爸信仰的卻是民間宗教。幼年，他上過一次主日學就被父親制止。但偶爾，還是偷偷跑到教會聆聽牧

師講道。在南部鄉下長大，少年時代的方菊雄常常看到乩童辦事（註1）、也跟著陣頭扛過神轎、打起赤腳衝過炭火。母親雖然希望兒子成為基督徒，但看在眼裡卻不說話。方菊雄說：「母親『順服』的身教，影響了我一輩子。緣分來時，接受它；沒緣分時，不強求。」

其實，方菊雄是個心胸開闊的基督教長老。因為真正理解信仰的本質，深知何謂尊重與包容。他舉例說：「民間信仰的宮廟，有許多祭祀的是真實人物。我深信他們在世的時候肯定是好人。所以只要路過，還是會抱著尊敬的心看待。」

方菊雄從臺大植物系畢業後進入中研院工作，隨後赴美進修、繼續從事與遺傳學相關的學術研究。他與太太黃靜枝除了對於基督信仰非常虔誠，在美國的臺灣人社團中也十分活躍。夫妻兩人不但為留學生成立教會，更以教會為基礎，服務留學生與同胞。方菊雄熱愛臺灣，不過，在美國因為參與學生活動、表演「臺灣」山地舞——阿里山的姑娘，竟被當時的國民黨政府貼上臺獨標籤，直接註銷其護照並列入黑名單。從此，無法回到出生之地。一直到解除戒嚴後，方菊雄才終於有機會「返家」。留美期間，連父親往生都無法見到最後一面。訪談間講到這段往事，他依舊心酸哽咽、無法自已。

方菊雄回憶，回國前他對李明亮說：「我不可能改變信仰。」請學長代為傳達最深的疑慮給證嚴法師：「一個長老教會封立的長老，不會有衝突嗎？」但證嚴法師只回應一句話：「我不怕他是基督徒，我就怕他沒有信仰。」接著，輪到方菊雄必須做出決定了。他向上帝禱告：「如果應該去，就讓我平安。如果不該去，請給我啟示。」方菊雄笑說，他拜託上帝如果有意見一定要「直接講」，千萬不要拖太久。因為，自己的考慮時間只有兩個禮拜。最後，方菊雄成為創建慈濟醫療教育體系的先驅，至今從未離開過。即便已經退休、年紀超過八十，依舊繼續學術研究、並長期擔任大愛電視兒童節目「妙博士」的角色。

佛教，是個很有格的宗教

在二〇一五年的那篇媒體投書裡，方菊雄如此描述自己：「我回臺灣，加入慈濟醫學院的籌備工作團隊。一路從總務長、學務長、副校長、代理校長、校長，退休後受聘為顧問。在慈濟大學服務的二十三年間，我感受到證嚴法師寬闊的心胸，從來沒有因為我是基督徒而有所排擠。慈濟大學有不少非佛教徒的老師、校內也有團契，我更看到慈濟對於其他宗教的包容與援助。」

有很多場景，方菊雄都跟在證嚴法師身邊。他舉例說，證嚴法師曾經路過一所由牧師創立的孤兒中途之家，目睹牧師因為經費不足、房子蓋到一半只能任其荒廢。當時，證嚴法師主動對著慈濟社工與營建處同仁說：「你們的眼睛要張開，看到哪裡有需要就要去幫助。」很快地，慈濟就把這棟蓋了一半的中途之家修建完成。

第二個例子是，證嚴法師聽聞臺東聖母醫院因為經費不足、亟待援助。他決定親自前往探視修女，並提供藥品。正當志工將藥品搬下車時，證嚴法師直接說：「連同新車與藥品一同送給醫院。」因為，他看到的是需要。對修女，證嚴法師總是懷抱著崇高的尊敬。

年輕時，他只要經過教堂，都習慣門前深深鞠躬再離開。他對主流宗教的尊敬來自內心，而非樣板。

方菊雄再舉一例，描述慈濟援建基督教盲人重建院的過程。當時，有人問證嚴法師，建築物上的 Logo 要不要改為慈濟的法船。但證嚴法師斷然反對說，不能改人家的 Logo。

方菊雄說：「身為基督徒，我非常感動」；「佛教，是個很有格的宗教。」

基督教會長老，願意在輿論一面倒、比例失衡地批評慈濟之際發言表態，必須具備高度道德勇氣。因為，不明就理的謠言海嘯與宗教偏見，未必不會為他自己帶來麻煩。但這則投書裡沒有口號與空話，方菊雄拿出更多實例：

「慈濟在幾次國際大型災難中援助伊斯蘭教徒如印尼、天主教徒如菲律賓與南非等，並幫忙重建清真寺、教堂等，不分宗教、不分種族、不分國界。我曾參與慈濟在印尼的發放工作，扛著白米，將物資親手送到災民的手上，親眼見證慈濟為人群、社會的貢獻，不僅獲得國際間諸多肯定，也與其他國際性的宗教組織有共同的合作：成為聯合國經濟社會理事會特殊諮詢委員、與印尼軍方簽定災難合作計畫、受邀參與梵蒂岡教廷研討會、獲美國白宮表揚、與國際紅十字會合作等等，除了慈濟，還有誰做到？」

以作者的角度，我屢屢思考方菊雄的發言是否可能在教會體系招致批評聲浪？在佛教基金會工作、並為其仗義執言，這位基督教長老是否會引來異議？但投書的最後一句話，卻似乎道盡他心中認定的公義是什麼：「抹滅慈濟為社會的付出、為人類的努力，媒體一面倒的批評，實在有失公平。」

喔，這要問上帝！

回到慈濟。一所佛教基金會成立的大學，卻讓基督教長老擔任校長？過程中，也並非沒有質疑之聲。但除了證嚴法師的完全信任與支持，方菊雄的回答更簡單：「喔！這要問上帝！」

臺灣可算是亞洲宗教自由度最高的地方。但宗教團體之間，能否攜手合作、排除差異、尋找共通點？在所謂各擁山頭、各擁信眾的背景下，還有沒有資源共用、互相支持的空間？

臺灣長老教會成立的馬偕醫學院，從一九九五年開始籌備。二〇〇八年學校建築開工後，教會透過牧師敦請方菊雄幫忙擔任籌備處主任職。當時，證嚴法師欣然應允，但也幽默地說：「借了要還喔！」從這句話可見，證嚴法師對於願意為社會奉獻的人才除了禮遇與愛惜，全無宗教考量。

馬偕醫學院順利成立後，方菊雄依約回到最喜愛的花蓮。他說：「我是基督徒，一生抱著『順服』的心，來來去去，上上下下，總是自由自在！」慈濟大學內不僅有許多信仰基督教的教職員，學生們的「觸愛團契」自由活動、不受拘束。方菊雄說，基督教學校通常有「校牧室」的編制，而慈濟大學的「人文室」扮演的正是同樣的角色，終極目標並無二致。方菊雄肯定慈濟與佛教的同時，也推崇長老教會對於臺灣的愛與包容性。

方菊雄在慈濟基金會服務超過二十七年，心心念念奉獻付出，從未感覺價值信念有何扞格。他身為教會長老，也有許多所謂「臺派」的友人。每每遇到對於慈濟的流言蜚語與挑戰抨擊，方菊雄總會誠懇說明親見親聞。有太多人因為不理解而產生敵意，但方菊雄說，誤會往往來自不瞭解。

談到信仰與儀式的本質，方菊雄自有一套道理。慈濟每年五月舉辦的浴佛大典，同樣欣然參加。或許，他也問過上帝，而上帝也欣然祝福。因此，方菊雄毫無忌諱跟著大眾禮佛足、接花香。這位八旬老先生感性和藹地說：「這是一個感恩的儀式，讓參加的民眾思考自己可以平安無災，何其幸運。」西方宗教常見靈修儀式，但在佛教，浴佛代表的是感恩與反省。東方宗教的香、西方宗教的花，都同樣是禮讚的媒介。

談起兩個宗教，方菊雄言無不盡，有許多觀點想要表達。他說，基督教唱詩歌、佛教慈濟有慈濟歌與經藏音樂，同樣是傳達理念與信念的媒介。基督講博愛、佛教講人愛，有何不同？方菊雄一再舉例。將他親自見證的兩個信仰巧妙融合。

其實，蓮花與十字架之間，絲毫沒有界線。

我不恨猶太人，因為信仰教我：愛勝過一切

場景轉到二〇〇二年的捷克水患災區的一張照片。慈濟土耳其負責人胡光中與約旦負責人陳秋華在合作勘災的空檔，一個跪地往麥加方向禱告、一個雙手合十仰望藍天祈福，形成宗教融合最為純淨的極簡畫面與精神展現。這是慈濟國際援助史上最為迷你的賑災團。佛教徒加上穆斯林，兩人踏上無神論人口眾多與基督宗教的國度，只求能盡到人道關懷的棉薄之力。

另一位約旦慈濟志工莉莉（Lily J. A. Ramian）信仰的則是希臘東正教。她加入慈濟的慈善平台，看到的是共通語言、而非宗教上的狹隘差異。莉莉原來是巴勒斯坦人，對一九六七年以阿戰爭的記憶猶新。家園被占領，她的民族基因裡，失落的情緒依舊存在。不過在信仰的薰陶下，莉莉選擇化解。她說：「我不恨猶太人，因為宗教信仰教我『愛』勝過一切！《聖經》的教誨，是該手牽著手，一起向愛前進。」

而胡光中長年僑居的土耳其，也是個伊斯蘭信仰國度。

一九九九年，土耳其發生大地震、死亡上萬人。胡光中目睹慘狀、眼見各國救援組織火速前來馳援，他情急之下投書《聯合報》、質問臺灣人在哪裡。不過讓他想不到的是，就在投書之際，慈濟早已派遣勘災團抵達伊斯坦堡（Istanbul）。這個因緣，讓胡光中開始接觸慈濟。

胡光中是位個性直率的人。回顧當年，他承認自己對佛教充滿強烈偏見、打從心底並不希望與佛教慈善團體合作。胡光中用了一個阿拉伯字 Kafir 形容當時的心境。這個字，指的是非穆斯林的異教徒。Kafir 的定義可以寬大、也可以狹隘激進，就看怎麼解釋。不過，胡光中在強烈偏見中透過細膩觀察，終於慢慢發現這個慈濟並不是個只為傳教的佛教團體，也終於瞭解它的宗教內涵與包容性，早已超越自己的想像。

訪談間，提出一個問題請教胡光中：「作為一個虔誠穆斯林，如何詮釋證嚴法師？」胡光中彷若已經猜到這個提問，不假思索地回答：「他是一個把愛極大化的人。」跟方菊雄一樣，這句話，再度地把主流宗教的最核心本質融合在一起。胡光中繼續說：「內涵，慈濟志工最大的特點就是內涵。」所謂內涵，就是「人文」。如果回到證嚴法師對於宗教的定義——人生的宗旨、生命的教育。那，透過信仰深植人間關懷與心靈成長的內涵，大概就是最簡單易懂的宗教底蘊了。

其實，從一九九九年至今，胡光中的內心裡不無矛盾與掙扎。他曾經反覆自問：「我還是原來的我嗎？這樣做，算是叛教嗎？」但後來，胡光中體悟到，在佛教慈善團體裡承擔志工責任濟貧救苦，正是真主阿拉要穆斯林們承擔的，那就是——「去幫助需要幫助的人」。

佛教團體裡的穆斯林

如果對於三大全球性宗教稍有理解，就應知道伊斯蘭教與基督宗教皆為一神論宗教。而佛教，則是以人為本體的宗教。相互之間，光是基礎教義產生的互斥性就相當極端。不過，一個真正理解信仰本質、並能從信仰中獲得智慧的人，知道該如何以適當的語言「詮釋」不同於己的宗教、或是說「異教」。

二〇一一年，敘利亞內戰爆發。隔年開始，難民潮湧入鄰國。瞬間，土耳其成為最大的難民庇護國。對於胡光中與周如意、余自成三位土耳其慈濟志工來說，也展開複雜性極高的新任務。除了難民家庭發放訪貧之外，他們也在伊斯坦堡的蘇丹加濟（Sultan Ghazi）市援建了滿納海國際學校（El Menahil International School）。滿納海在阿拉伯語是「沙漠之泉」的意思。

不管寒暑，每個早晨，來自敘利亞難民家庭的學童都必須先在操場背誦一段《聖訓》再進教室。這是一種人格教育、也是一種精神信仰的養成。

胡光中很篤定的說：「滿納海的孩子並沒有因為慈濟的援助而受到成為佛教徒的壓力。相反的，他們成為更虔誠的穆斯林。不過，孩子們從來沒有忘記慈濟人給予的愛。」

二〇一九年四月，聯合國難民署（UNHCR）官員來到土耳其考察。在伊斯坦堡省，慈濟是他們第一個拜訪的NGO組織。當時，胡光中拿著竹筒介紹：「慈濟基金會並不是一個有很多錢的基金會，我們在全球有一千多萬個會員，但百分之九十五都不是有錢人。當初我們到工廠把（難民）孩子一個一個找來學校就讀，所有的後援善款都來自慈濟會員一點一滴、辛苦地投入竹筒而來。」

敘利亞難民學童則以《科學教育是通往天堂之路》這首阿拉伯文迎賓曲回應訪客。歌詞裡這樣描述夢想：

我們學習知識寫論文研究，為的是實現我們更好夢想。
我們知道了知識的價值。
為了阿拉，我們要追求更好的方向。

在臺灣發生地震水患、以及國際災難頻傳之際，胡光中也鼓勵孩子們捐出零錢。因為涓滴之水，當可匯成汪洋。小小孩的小小貢獻，回應的正是真主的教誨。

作為虔誠穆斯林，胡光中曾因為慈濟土耳其負責人的身分，引來不少匿名黑函與耳語攻擊。其中，教友與社區的敵視更是殘酷而直接。謠言霸凌猖狂之時，許多受過幫助的人或許因為弱勢，選擇噤聲不語。胡光中為了排解問題、解釋善行、尋找資源，常常說破嘴而疲於奔命。但是，他也因為信根堅定，慢慢讓更多穆斯林同胞理解慈濟所做來自普世價值與人道關懷、而非狹隘的傳教。私底下，胡光中直言，真的很累、累到無法形容。但公開場合裡，他依舊樂觀正向，奮勇向前。

肚皮舞孃、億萬富翁，以及炸彈客？

胡光中人高馬大，一臉福相。不過，他其實經歷過不少險阻。

二〇〇一年，紐約發生九一一恐怖攻擊事件。慈濟除了透過美國志工在倒塌的世貿大樓現場附近提供後勤支援，也在一個月後推動「愛灑人間」運動，希望用愛弭平仇恨。那個瞬間，大家都已預期戰爭必將爆發。以世界大格局來說，愛灑人間只是一個小小臺灣佛教團體盡己之力呼籲和平的汪洋水滴。但，這件事的意義其實相當深遠。

文明的基礎來自宗教。所謂的「兩興一衰」，指的就是基督宗教與伊斯蘭教的興盛、以及華人為主體的佛教人口產生衰退的跡象。(註2)但最讓人遺憾的是，宗教教導人類的愛、善與和平，一旦與政治產生關聯，教義就很容易被錯誤引用或扭曲。褻瀆的，正是宗教追求和平的本質。

美國前總統小布希在九一一事件後發表演說：「這場反恐十字軍戰爭是要花時間的。」可以猜想的是，小布希應非真想發動基督宗教對伊斯蘭教的戰爭。但他的演說內容卻在伊斯蘭信仰世界裡激起軒然大波。（註3）不管這句話是來自潛意識、或是幕僚精心設計的講稿，它除了暗示著以基督文明為主體的世界霸權對於穆斯林的敵視、也激起伊斯蘭信仰國度對於西方的反感。更關鍵的是，激進主義者如賓拉登（Osama biu Laden），很容易運用這些文字作為工具，繼續煽動仇恨。當仇恨激化出戰爭，最後受害的還是無數黎民。國際間，許多政治領袖並非不瞭解這個道理。但政治可以操弄意識形態，往往讓偏見成為扭曲正信宗教的一面哈哈鏡。

另外一個角度，如果引用「文化帝國主義」（Cultural Imperialism）的傳播理論，好萊塢電影堪稱傳遞西方價值觀最有效媒介之一。談及對伊斯蘭信仰世界的汙名化，它長期扮演著重要角色。有個研究是，自一八九六年電影問世到二〇〇〇年之間，以美國電影為主、一千多部涉及阿拉伯或伊斯蘭信仰世界的西方電影中，只有十二部的主題基調是正面的。對於阿拉伯裔美國人來說，他們最受不了的就是美國電影對於阿拉伯人的標籤化「3B症狀」——肚皮舞孃（belly dancer）、億萬富翁（billionaire）及炸彈客（bomber）。（註4）票房最高的娛樂動作片，有無數虛構的壞人被設定為阿拉伯裔或是恐怖分子。一般印象中，與上述的３Ｂ症狀，幾乎沒有多少出入。

研究種族刻板印象的美國知名學者傑克・沙伊漢（Jack G. Shaheen）在著作《*Reel Bad Arabs：How Hollywood Vilifies a People*》中告訴讀者，好萊塢最無恥（shameless）的「壞人速記」就是阿拉伯。他分析一千多部電影後將結論訴諸文字，以幾個章節如「壞人」、「部落長老」、「駱駝」、「攀岩者」做詮釋。從這些分析中，沙伊漢博士歸納出美國電影如何將穆斯林描繪成殘暴冷血、不文明的族群，並強化了伊斯蘭文明對於西方世界產生暴力威脅的扭曲思想（bent）。沙伊漢博士直言，好萊塢電影對於阿拉伯世界的誹謗（defamation）必須改變。（註5）

好萊塢諜報動作片，真實上演

故事回到胡光中。

九一一事件後，證嚴法師發起「愛灑人間」運動。他進一步解釋——之所以稱為「運動」，就是要長期不斷地推動下去。「愛灑人間」可說是人類的自覺運動，最重要的是，希望每個人可以從自身的行動開始。大愛電視還為此精心製作了「認識伊斯蘭」系列紀錄片，希望透過客觀報導、平衡刻板印象，並促進宗教間的相互理解。

二〇〇三年採訪臺北清真大寺前教長馬孝棋時，他費盡唇舌，為被扭曲的「聖戰」二字解釋《古蘭經》的真正精義。馬孝棋說，聖戰（Jihad），其實指的是穆斯林們內在的人性爭戰、是一種克服欲念的語彙，絕非極端主義者或自殺炸彈客傷害無辜百姓的恐怖行為。

結束採訪時，他深有所感說：「我覺得很感動，你們一個佛教基金會成立的電視台，居然願意如此理性地介紹伊斯蘭。穆斯林們，應該反省。」

當年擔任大愛電視研發部經理的知名音樂人李壽全，負責製作這個運動的主題曲——《愛灑人間》。這首歌除了中文，也錄製了英、日文與其他版本，傳頌全球。此外，因為證嚴法師希望中東世界也能聽到和平之聲，決定增製阿拉伯與土耳其語版本。於是，胡光中成了翻譯歌詞的不二人選。

一通電話從慈濟本部花蓮靜思精舍打到土耳其後，卻演變成一起祕密警察的綁架事件。過程之驚險，媲美好萊塢動作片。差別在於這是真人實事、並非編劇的虛構腳本。

九一一事件世貿大樓被攻擊而倒塌的真實影像震撼國際，地處歐亞大陸交界的土耳其亦然。土耳其國安單位在九一一事件後，就展開境內「可疑人士」的監聽與監控。為了翻譯歌詞，胡光中打了通電話與巴勒斯坦老同學討論，卻意外遭到鎖定。有一天在駕車途中，他突然被包圍。一群祕密警察蜂擁而上，持槍壓制身材魁梧的胡光中後戴上頭罩。當時，胡光中以為是搶劫、奮力抵抗。但他被痛毆一頓後蓋上棉被、押往祕密地點軟禁審訊。

胡光中回憶道：「我花了一個星期的時間，好不容易將阿拉伯文版的《愛灑人間》翻譯完成；後來才知道不是純粹翻譯歌詞的意思就好了，還要配合音律唱出來！這個難度太高。我只好搬出救兵，拜託大學時代一位同學幫忙。」於是，他決定打電話到巴勒斯坦，與同學透過電話逐字推敲，研究了大約四十五分鐘才定稿。

寓意深遠的國際版《愛灑人間》

在祕密警察的嚴厲審訊中，胡光中不知哪來的勇氣，時而幽默以對、時而介紹這首歌的淵源。最後，他開始介紹慈濟是個什麼樣的組織、做的事情有哪些。胡光中除了在軟禁處高唱《愛灑人間》，也告訴他們這個運動的起點是十月十三日，取的是「一人一善」之意。

聽完胡光中的話，一位祕密警察說：「十月十三日也是中東穆斯林的大日子，稱為『登霄日』。（註6）教徒每日五拜的規矩，就是從穆罕默德十月十三日升天那刻開始。我們每日五拜、祈求真主降福世界，這與慈濟推動的一人一善、愛灑人間是同樣道理麼！」（註7）

祕密警察們確認誤捕胡光中後，雙方愈聊愈投機，還有人表示要捐款給慈濟。「慈濟每一筆善款都很清楚，請你們把名字告訴我才能開收據。」胡光中說。不過祕密警察們卻回答：「我們怎麼能把名字告訴你？如果以後你發現家中信箱或門縫有塞錢，那就是我們捐的。」

被當成恐怖分子、歷劫歸來的胡光中，於二〇〇一年十二月中旬帶著妻兒回到花蓮向證嚴法師報平安。李壽全則邀約胡光中全家參與《愛灑人間》土耳其語、阿拉伯語綜合版的錄音，希望藉由音樂，讓飽受戰亂之苦的中東居民感受到愛的力量。錄音室配唱當天，李壽全為了替這首歌增添中東元素，特別穿插一段伊斯蘭祈禱文。胡光中五歲的兒子胡雲凱先以童稚嗓音清唱前奏，接著淡入伊斯蘭祈禱文。主旋律開始，胡光中妻子周如意以土耳其語歌聲導入，其嗓音純淨、空靈；後段，則由胡光中渾厚的阿拉伯語歌聲接續。尾聲，全家人以中文合唱作結。當年，《愛灑人間》音樂CD在全球發片量超過六十萬張。而這首由胡光中一家人以三種語言錄唱的《愛灑人間奇蹟版》，也同時發行了MV。李壽全說：「從我創作音樂以來，製作這張CD時的心情最特別。創作中跳脫狹窄的個人情緒抒發，而且是放眼全人類的關懷。」

宗教與愛的力量不可思議

宗教信仰對於個體，能產生多神奇的力量？

其實，胡光中的人生並非順遂平坦，尤其內心世界。二〇一三年，他在經歷多年低潮後，決定前往麥加朝聖。不過，因為自己患有幽閉恐懼症，出發前，他猶豫再三。想在「卡巴天房」（al-Ka'bah）外跟著幾百萬人一起朝聖，必須面對巨大的恐懼感。過程雖然相當掙扎，但最後他決定克服心理障礙，完成身為穆斯林畢生最重要的儀式。卡巴天房外，不同種族、教派的穆斯林同處一個空間、充滿宗教法喜。來自全球、即便因為內戰而對立的穆斯林們，都能在此共同體會信仰的神聖與偉大。

隔年，胡光中重拾力量，開始為土耳其境內的敘利亞難民投注更多使命與力量。

在成立滿納海國際學校的過程中，胡光中再次面對阻礙。二〇一六年七月，土耳其發生軍事政變，首都安卡拉與重要大城伊斯坦堡都被叛軍占領，情勢緊張。政變期間，胡光中夫妻恰巧人在臺灣。十月，他們收到敘利亞難民的一封聯名請求信。信中除了表達對於慈濟的感謝，也懇切說：「請求您們、拜託您們，不要丟棄我們！」胡光中每每重讀這封信，都會因為不捨而哽咽哭泣。所幸，政變很快被弭平，胡光中夫妻終於回到滿納海，與難民師生們團聚。（註8）

胡光中的太太周如意說明，滿納海國際學校目前共有近二百位教師及工作人員。五十多間教室分為上、下午班，並以土耳其文、英文、阿拉伯文對超過三千位難民學生授課。另外，滿納海還開辦了假日班。幼幼班學生約五百位，另外，成人班裡也有五百多位學生。「信，是阿拉給的機會。」胡光中的信仰，陪伴他成長、認識真神、也在憂鬱低潮之際，找回力量。訪談間，他更不斷解釋著，何謂「阿拉的九十九個名（Asma'Allah al-Husná）」。（註9）

在蘇丹加濟市推動滿納海國際學校的成立、並為孩子們取得學位認證機構的支持，這一路來挑戰不斷。胡光中再次私下感嘆，真的很累很累。但眼看幾千位學童可以安心長大、擺脫淪為童工的宿命，或許一切都值得了。

同樣來自敘利亞並在滿納海國際學校任職的主麻教授兼校長則強調，一般學科之外，品德、禮節、人格教育對下一代教育而言非常重要。「託靠真主（Inshallah），是所有敘利亞人共同的意念，也期待擁有更舒適美好的未來。」

這位離家去國的主麻教授曾於二〇一六年，前往花蓮拜訪證嚴法師。證嚴法師問他：「伊斯蘭教理中，有沒有什麼道理？像這樣子受到這麼多波折，壓力很大嗎？」

胡光中代為回答說：「伊斯蘭教的道理叫做『前定』，就是已經註定了；跟佛教的道理很接近，因果註定了。」

作為側寫者，我相信如果沒有信仰與堅持，這個學校不可能存在。

從名列黑名單、回不了家的方菊雄，談到歷險不驚、視為真主試煉的胡光中，回到宗教本質提問——跨宗教間，最大的包容是什麼？最大的共同目標是什麼？證嚴法師曾對胡光中講的那句話，或許就是一種答案：「宗教其實是大同小異，心大就同，心小就異。」

回顧一九六六年，證嚴法師因為三位天主教修女的啟發，決定成立慈濟功德會，也足以證明真正理解宗教意涵的智者，如何看待表象與內涵。證嚴法師曾提出「大海」的比喻：「宗教之間不應起分別心，要相互尊重、讚歎；要像大海，無論是江、河、溪、池的水流入大海，都能被包容，這才是正信的宗教。」他並不關心各宗教教義的差異，反而強調宗教之間的「同」多於「異」，在行動合作中，雙方可以如何交融。

為你們洗腳，代表我為你們服務

二〇一三年三月，梵蒂岡（Vatican）教廷傳來一則前所未見的消息。因為新任教宗的行止，震撼了全世界。

這年，方濟各（Pope Francis）接任教宗。他打破傳統，在羅馬（Rome）替十二位監獄少年犯洗腳祝福。這十二位少年犯中有男有女、來自不同種族、也各有不同的宗教背景。這除了是教宗首度在監獄中主持的洗腳儀式，也首次有女性參與。

教宗踏進監獄，以不同的濯足儀式重現傳統，希望努力讓天主教更為接近貧苦大眾。畫面中，被方濟各濯足的少年犯膚色有白、有黑。他以銀色酒壺將水倒在囚犯的腳上、用毛巾抹拭後再逐一親吻他們的腳。方濟各說：「為你們洗腳，代表我為你們服務。我全心為你們服務，這是我的責任。」完成濯足禮後，教宗贈送復活蛋，勉勵少年犯們不要輕言放棄。這一年，方濟各七十六歲。（註10）

在過去，教宗通常於大教堂內舉行彌撒，紀念耶穌死前一晚為十二門徒洗腳所展現的人性關懷。因為耶穌的十二門徒均為男性，所以歷年來，儀式多半只限男性參與。能夠榮獲教宗濯足恩典的，通常是神職人員。不過這次，方濟各濯足的對象除了兩名女孩，也有穆斯林和東正教徒。他不顧教廷保守派的不滿，做出打破教廷傳統的行動宣示。

五、六年後，教廷與方濟各剛繼任時的形象已經大為不同。從環境與貧窮的加倍關注、到提醒神職人員應該簡樸持重、以及對於全球議題的積極參與，方濟各以個人風格，重塑天主教的革新面貌。

回到浴佛日「禮佛足」這個古印度社會以額觸腳的崇高禮敬，回到慈濟多年來提倡的孝親觀念以及推動校園裡為父母洗腳的儀式，對比教宗低身濯足、親吻少年犯的腳，是否讓人感受到跨文化與宗教之間那份謙卑與愛的疊影之巧？

二十世紀，人類從兩次世界大戰、原爆，一直到冷戰、越戰、韓戰，以及世紀末區域動亂頻繁與恐怖主義橫行的時代，可說經歷了太多苦痛。這期間，天主教廷認為宗教之間必須對話，以增進世界的和平與福祉。於是，在一九六四年成立了「宗教對話委員會」。三年後，教廷首次發布《致穆斯林的文告》並成為傳統，希望基督徒與穆斯林們，一起愛惜共同的家園。（註11）

前教宗若望保祿二世（Pope John Paul II）在一九九一年將宗教對話的主題定為——「信仰的道路就是和平之道」。二〇一三年，教宗方濟各就職的第一年，主題是——「透過教育促進互相尊重」。

跨越宗教藩籬的交響曲

其實，如宗教對話學者潘尼卡（Raymond Panikar）所言，宗教對話可能靠「祈禱」、靠「沉默」來無言地理解對方。這是基於「諸宗教先驗統一」或一種「本質的和諧」。在臺灣宗教學者盧蕙馨的研究裡則提到——除先天條件外，後天的現實環境也會激發團結感，發現彼此間的差異並不大。一起行動過的宗教徒也必然想一起祈禱、默想和慶祝。行動之後坐在一起，與僅僅坐在一起明顯不同，會使祈禱和儀式更明確、更生動、更有方向。（註12）

時間再度回溯到二〇一三年十一月八日，超級颱風海燕襲擊菲律賓中部萊特省，造成史上最嚴重的災情。根據菲國官方統計，至少六千人喪生、兩萬人受傷，逾百萬人流離失所；但媒體普遍認為，這應該是最保守的傷亡評估。英國國家廣播公司 BBC 以「有如戰亂」形容災區。路透社的報導則描述風災過後一星期內，重災區獨魯萬市已經呈現無政府狀態。除了搶劫偷竊橫行，更有越獄囚犯趁亂姦淫擄掠，從逃離當地的居民口中證實，獨魯萬已經是個「死城」。

一位大學生坦承，死城的稱呼毫不誇張。因為耐不住飢餓，許多人被迫加入搶劫商店的行列。當警方無力制止，只能道德勸說：「想吃什麼就拿吧，但請不要再做其他壞事。」

在軍方保護下，菲律賓慈濟基金會志工群於災後迅速搶進災區，並執行「以工代賑」計畫。而遠高於菲國與聯合國標準（二百五十披索）的代賑金，來自證嚴法師的智慧與堅持。

如前章描述，時任慈濟菲律賓基金會執行長的李偉嵩在即將啟動以工代賑之際，接到證嚴法師越洋電話指示：「工資從每天四百披索，加到五百披索！」李偉嵩心底想的是：「太多了吧，我們有這麼多錢嗎？」對他來說，災區之亂、變數之多，已經忐忑不已。而慈濟代賑金（濟助金）的數字，已經讓聯合國組織在內的許多 NGO 出現微詞。

不過證嚴法師的堅持有其理由——本質上，以工代賑發放的現金屬於救濟而非工資。況且災後物價飆漲，不提高賑濟金額，如何能迅速活絡當地經濟？

災後的無政府狀態，沒人能夠保證安全。同時間，六十多歲的志工楊國英與年過七旬的蔡萬擂兩人，祕密搭乘小艇運送一億披索現金，從海路抵達奧莫克港口。行動過程，驚險萬分。

全球募集的善款陸續到位，加上超過三十萬人次的動員，在短短十九天內讓死城回生、市容經濟重現生機。激發災民的希望感與鬥志，應是最關鍵的力量。菲律賓扶輪社三八六〇區社長薩爾凡朵如此形容慈濟志工安定人心的智慧：「人們有壓力時，都會尋找解壓方式，還要設法生存。因為有了那筆錢，心念都改變了。他們開始忙碌起來，把暴力轉為努力生存的動力。這真的是奇蹟，很大的奇蹟！」（註13）

《華爾街日報》的報導則如此描述——慈濟是重災區獨魯萬市最大的以工代賑團體。災民透過勞動獲得報酬，不僅能鼓舞士氣、更能加速當地重返災前榮景。（註14）

除了海燕風災初期的以工代賑計畫，五年多以來，慈濟也在當地援建一千八百五十八戶大愛屋，感人故事無數。不過，菲律賓是個天主教國家，一個源自臺灣的慈善團體，如何能在短時間內讓災民願意接納、替瀕死的災區帶來生機？

重建的不只是教堂，而是信仰與希望

災民 Laurenz 說：「以工代賑就像是上帝在我們無助又絕望時伸出援手；我很難接受卻不得不承認的是，臺灣與慈濟為我們做的，確實比政府還要多。」

五十三年的慈善經驗，慈濟深知經濟與信仰的重建，才是安定人心的基礎。獨魯萬市最重要的信仰中心，是擁有一百五十年歷史的聖嬰教堂。慈濟趕在二〇一四年底，協助完成這座教堂的重建。耶誕節前一天，上千信徒湧入教堂，參加重建後首次彌撒，神聖氛圍下，眾人感動、紛紛落淚。萊特省大主教杜約翰（Archbishop John Du）特別製作兩面看板，感謝證嚴法師與慈濟志工的付出。而聖嬰教堂神父奧皮尼亞諾（Opiniano）則對李偉嵩坦言：「過去我們有災難，每個宗教只照顧自己的信徒，不會幫助其他宗教的信徒。但是你們打破了宗教的隔閡，宗教家都應該學習證嚴法師的肚量與平等觀。」

天主教教宗方濟各，則於二〇一五年年初來到獨魯萬舉行萬人彌撒撫慰災民。慈濟志工們受邀以貴賓身分與會，再次展現跨宗教的和諧之美。

另外一個場景，應該回到二〇一四年元月下旬。慈濟連續舉辦五場萬人規模的歲末祝福活動，從精神層面支持災民，祝願大家都能早日回到正軌。

活動時，大雨滂沱，但沒人離開場地。祈福會結束前，曾經的災民們一同默禱、祈求天下永遠無災無難；主持人則感性地鼓勵大家：「無論如何，絕對不要放棄自己的人生。」情境氛圍、幾句話，讓人不禁潸然淚下。

回到潘尼卡所說宗教「本質的和諧」，與盧蕙馨教授所言——「一起行動過的宗教徒也必然想一起祈禱、默想和慶祝。行動之後坐在一起，與僅僅坐在一起明顯不同，會使祈禱和儀式更明確、更生動、更有方向。」關於跨宗教與信仰的提問與答案，應該更為清晰而明確了。

起草《世界倫理宣言》的天主教自由思想神學家孔漢思（Hans Küng）認為：共通於世界宗教的基本概念並非是「神」。因為有些宗教如佛教屬無神論，而是真正的人性。世界上，沒有一個宗教不主張以人道互待。不只是基督教有「金律」，孔子也說過「己所不欲，勿施於人。」伊斯蘭教經典中，也有類似說法。每個傳統都可以找到「同一個原理的不同表達」。（註15）

叛教？或是真正的宗教真義？

另一個故事的主角，是信奉印度教的拉潔絲瓦麗（Rajeswari Raman）。她是慈濟基金會在馬來西亞中南馬與雪隆的第一位印度裔志工。

求學時期，拉潔絲瓦麗借住同學家，認識了同學的母親潘桂英。潘桂英因為擔任慈濟志工，必須長期訪貧。只要訪視印度族裔的時候，她就會帶著拉潔絲瓦麗充當翻譯。一開始，語言與宗教之間的隔閡，讓拉潔絲瓦麗很難適應。但隨著時間過去，她發現自己跟黃色臉孔的朋友們並無差異，反而接受到更真誠的關愛。

在這個異文化交融的空間裡，人類學家所謂充滿偏見、刻板印象化、異端化的「他者」（the others）絲毫不存在。

拉潔絲瓦麗回憶：「潘桂英並沒有因為我是印度人而看不起我，反而提供生活所需讓我安心兼職。最後，她成為我的乾媽。」

二○一三年，拉潔絲瓦麗正式成為慈濟委員，扮演馬來西亞慈濟基金會雪隆分會照顧印度族裔的關鍵角色。除了貧民社區、市井街巷，她也前往印度廟宇分享自己助人為善的經驗。在印度照顧戶的屠妖節（即印度新年 Deepavali）裡，拉潔絲瓦麗都會換上傳統沙麗，帶領同胞們一起禮敬象徵智慧的象神（Gaṇeśa）、一起發放物資、一起祈禱、一起互相祝福。

其實，拉潔絲瓦麗開始邀約朋友加入慈濟會員時，常得面對異樣與質問的眼光。長輩擔心她會出家，朋友則怕她叛離印度教。這一路，充滿考驗。

不過，拉潔絲瓦麗未予反駁。她只能以身作則，讓親戚朋友們安心。每年屠妖節發放，拉潔絲瓦麗都會邀約親友參與，讓他們深入認識佛教團體的包容與無私。慢慢地，耐心與誠意成為拉潔絲瓦麗的語言。最後，連印度廟宇的管理階層都開始支援她，甚或加入慈濟會員、成為志工。共通語言不只是印度話，愛與善的普世價值，或許更為傳神。

其實，拉潔絲瓦麗的成長背景正是傳統馬來社會中印裔族群的縮影。三大種族間，印度族裔多半身處中下階層，貧窮的比例很高。而印象中，只要談到搶偷拐騙賭，自然有許多眼光投向印裔族群。

拉潔絲瓦麗出生於彭亨州（Pahang Darul Makmur）的大農莊。一家人生活貧困，只能住在簡陋的木屋裡。媽媽割膠，工資微薄；父親開卡車維生、但常酗酒施暴。收入拮据、家暴陰影，日子過得困苦。也因此，拉潔絲瓦麗決心努力求學，希望透過教育，擺脫貧農後代的宿命。然而，這條求學之路必須翻越重重大山，除了申請獎學金、她還必須打工養活自己。

若以「比較宗教」的角度，印度教教義與原始佛教教義相去甚遠。不過，強調因果報應及生死輪迴似乎相近。因為印度教認為——每種生命都有靈魂，也都會再生或轉世，善惡終將得到報應。

生於男尊女卑的傳統印度家庭，拉潔絲瓦麗沒有選擇。但即便困苦生活中摻雜著宿命與悲情，她卻願意力爭上游、改變前定的命運。她說，閱讀證嚴法師的著作 *"Master of Love and Mercy"* 後，一字一句都觸動著自己的心弦。「因為這本書讓我覺得應該去做更多，度引更多的人。」

印度裔貧農之女，信仰宗教、但更信仰普世價值。

啟程．發現．回歸

回到方菊雄。他在決定是否為慈濟服務前向神請求啟示，上帝回應的是平安兩字。因為禱告後兩週內，他心中平安、沒有任何忐忑。充滿的，反而是喜樂。

胡光中從原本對佛教充滿偏見，至今，疑問與矛盾也已找到答案。蓮花與星月，同樣沒有界線。作為證嚴法師的第一個穆斯林弟子，他所做所為，沒有悖離《古蘭經》的教誨。甚或，更加彰顯了穆斯林的該為與應為。

本章所有的人物、事件與故事，都在指陳一個關乎宗教與信仰的最佳詮釋——也就是「求同」遠遠大於「存異」。

知名以色列學者哈拉瑞在《人類大歷史》書中如此描述宗教——「我們今天常認為宗教造成的是歧視、爭端、分裂。但在金錢與帝國之外，宗教正是第三種讓人類一統的力量。正因為所有的社會秩序和階級都只是想像的產物，所以它們也十分脆弱。歷史上，宗教的重要性就是讓這些脆弱的架構，有了超人類（Superhuman）的正當性。因此，宗教是一種人類的規範與價值觀的體系，建立在超人類的秩序之上。」（註16）

臺大學者花亦芬在書寫十字軍東征的完整歷史脈絡時，為文章下了這樣一個標題——「標籤化過去複雜的歷史，只會讓未來更複雜」。（註17）文中提到：「歷史上，從來就沒有信仰內涵一致、行動方向也完全相同的宗教。在一頂大帽子下，涵蓋著許許多多不同的教派與信仰個體。從單一化的角度去認知不同族群的遇合，而忽略地緣政治、利害競合、文化交融在歷史發展上真正走過的路，往往是讓簡化的片面認知，加深更多的誤解。這樣的做法，不但沒有讓歷史學走向引領獨立思考之路，反而讓未來葬身在過往層層布下的認知迷障裡。」

宗教與信仰的智慧穹蒼，其浩瀚有如宇宙星空。歷史上的宗教流變，本有其特定的因緣與變數。但人類進化到知性的二十一世紀，似乎不應侷限在個別信仰的保守框架裡。尤其，促進對話與互解，顯然是全球性宗教領袖與無數信徒們的最高道德責任。

潘尼卡也被稱為「宗教融合之父」，他在一篇重要論文〈信仰與信念：一種多宗教經驗〉（Faith and Belief: Multireligious Experience）中這樣說道：「我是怎麼生活的？雖然我的人生朝聖尚未結束，但我曾經給出一個直截了當（卻顯然還不完整）的回答——我作為一個基督徒『啟程』，我『發現』自己是一個印度教徒，而後，我作為一名佛教徒『回歸』，但我卻又一直未停止作基督徒。」（註18）在潘尼卡心裡，他擁有多重的身分，而且這多重的身分並未給他帶來任何的障礙和壓力。

從潘尼卡這段話，回想「人生的宗旨、生命的教育」這句證嚴法師對於宗教的詮釋、以及胡光中所說：「證嚴法師是個把愛極大化的人」時，本章已可作結。

當心可以極大到無我，任何界線就不會存在了。佛典所云「心包太虛、量周沙界」，或可作為融合主流宗教教義的最後註腳。

註1：民間俗語，指神明附身乩童、為信眾解答疑難雜症之意。

註2：馬曉霖，〈伊斯蘭世界與西方的恩怨情仇〉，中國中東研究網，二〇一五年一月二十一日，引自《華夏時報》（京）二〇一五年一二二期。網址：http://www.mesi.shisu.edu.cn/fc/2d/c3374a64557/page.htm。

註3：James Carroll, "The Bush Crusade: Sacred violence, again unleashed in 2001, could prove as destructive as in 1096." THE Nation., 2004-09-02. 網址：https://www.thenation.com/article/bush-crusade/。

註4：阿咖，〈為什麼電影裡的壞蛋都是俄國人？〉，地球圖輯隊網站，二〇一四年十一月六日。網址：https://dq.yam.com/post.php?id=2798。

註5：Jack G. Shaheen, "Reel Bad Arabs：How Hollywood Vilifies a People", Olive Branch Press, 2014-12-02。

註6：登霄日（節）為伊斯蘭曆七月二十七日。伊斯蘭曆逐年提前約十天（一年有三百五十四天又八小時四十八分），對應二〇〇一年的登霄日正是十月十三日。

註7：歐君萍，〈用愛化險為夷〉，《慈濟月刊》第四二三期，二〇〇二年二月。

註8：高玫、洪綺伶，〈星月下愛延續 心蓮朵朵綻放〉，慈濟全球社區網，二〇一六年十一月五日。網址：http://www.tzuchi.org.tw/community/index.php?option=com_content&view=article&id=E5253:4B794840B7131E68677C7EDC34638B84&catid=90:2009-12-21-02-51-46&Itemid=290。

註9：穆斯林從《古蘭經》與《聖訓》中歸納對於唯一真神的尊稱，以形容真主神性及不同屬性，經精選真主最優美的九十九個名字。參維基百科：https://zh.wikipedia.org/wiki/真主的九十九個尊名。及蔡源林、陳迪華，「阿拉」，見全國宗教資訊網：https://religion.moi.gov.tw/Knowledge/Content?ci=2&cid=619。

註10：丘其崇，〈紀念濯足節 教宗四度為囚犯洗腳〉，中央廣播電臺，二〇一八年三月三十日。網址：https://www.rti.org.tw/news/view/id/403032。

註11：參梵蒂岡中文廣播電台與主教團宗教交談與合作委員會恭譯，宗座宗教交談委員會〈基督徒和伊斯蘭教徒：愛惜我們共同的家園〉二〇一七年齋戒月和開齋節文告。網址：https://tainan.catholic.org.tw/4/RAMADAN%202017%20.pdf。

註12：盧蕙馨，〈慈濟的跨宗教合作經驗——「百川歸海」的譬喻和詮釋〉，刊《慈濟大學人文社會科學學刊》第十期，二〇一〇年十二月，頁四五—八七。網址：http://info.tcu.edu.tw/hot_news/attch/981009018/%A6%CA%A4t%C2k%AE%FC%A D%D7%ADq.pdf。

註13：〈重生 海燕四年回顧翻轉時〉，慈濟全球資訊網，二〇一七年十一月十一日。網址：http://www.tzuchi.org.tw/%E5%85%A8%E7%90%83%E5%BF%97%E6%A5%AD/%E4%BA%9E%E6%B4%B2/item/20665- 重生 - 海燕四年回顧翻轉時。

註14：Chun Han Wong, "Typhoon Cleanup Offers Economic Lifeline:U.N. Development Program Providing Temporary Cleanup Jobs for up to 200,000" ,THE WALL STREET JOURNAL. Nov. 27, 2013。網址：https://www.wsj.com/articles/in-philippines-typhoonhit-city-eyes-economic-boost-in-cleanup-1385470239?tesla=y。

註15：同註11。

註16：前引書，哈拉瑞，《人類大歷史：從野獸到扮演上帝》，頁二三六。

註17：花亦芬，〈錯譯的「十字軍東征」（crusades），被標籤化的歷史〉，歷史學柑仔店（kám-á-tiàm）網站，二〇一五年一月三十日。網址：https://kam-a-tiam.typepad.com/blog/2015/01/ 錯譯的十字軍東征被標籤化的歷史 .html /。

註18：雷蒙．潘尼卡著，王志成、思竹譯，《宗教內對話》，北京：宗教文化出版社，二〇〇一年三月初版，頁五五。

第四章　物質時代的救贖——宗教復興新使命

二〇一九年五月，馬來西亞繼四月間將五個塑膠廢料貨櫃退回西班牙後，再度將十個總重四百五十公噸的塑膠廢料貨櫃「遣返」包含中國在內的六個來源國。馬來西亞跟泰國、印尼一樣，不希望淪為世界垃圾場。（註一）

這則新聞，由馬來西亞能源科技環境部長楊美盈召開記者會，抗議先進國家非法將廢棄物運往東南亞的舉動。

一批批貨櫃運來的，大都是受過汙染、劣質與不可循環利用的塑膠廢料。楊美盈形容，這些廢料被以回收作為藉口進行交易，讓馬來西亞人民忍受焚燒塑膠所造成的空氣汙染。除了危害健康，也造成河流汙染、非法垃圾掩埋等問題。從官方數據看來，短短三年，進口到馬來西亞的塑膠廢料暴增三倍，已經高達每年八十七萬公噸。

二〇一八年元旦，中國停止進口廢塑料、未分類廢紙等二十四種所謂的「洋垃圾」。這個政策，引發全球回收業的巨大反應。不送去中國處理，能去哪裡呢？馬來西亞政府拒絕來自西方、甚至中國的塑料廢棄物貨櫃或許就是答案。

這則新聞，讓我聯想到曾經採訪過的　個「傻子」。

如果吉膽島有精神病院，我第一個捉你去

二〇一六年，我為大愛電視拍攝專案紀錄片《華人本事》，並擔任製作人一職。這是一部透過華人移民史觀，替馬來西亞慈濟基金會詮釋時代意義的系列紀錄片。在一個草根人物的拍攝過程中，我靜靜旁觀、旁觀這個曾經捕魚維生，並且被島上鄰居戲稱為「傻子」的中年男。

傻子叫做蔡福汶，大半輩子當漁夫；二十多年，他在海上漂、在海上打拚、也在海上思索人生的意義。採訪當天，蔡福汶借了表弟的漁船，載著攝影團隊到近海紅樹林區取景。船首的籃子裡，放了幾本深奧的哲學書。這類書，是他過去捕魚空檔，浮在湛藍海水上刺激腦袋思辨的讀物。

傻子，成為家鄉人看蔡福汶的角度。最近他發來一則短訊說：「尼采到後來是被送去精神病院。我印象很深，以前捕魚賣給我的老闆對著我說，你講的都是最高境界。如果吉膽島有精神病院，我第一個捉你去。」

蔡福汶的家鄉，位於雪蘭莪州巴生港（Port Klang, Selangor）外海、一個以海鮮與觀光而聞名的吉膽島。離島交通、人員與物資的運輸，全靠漁船與客輪。而提到垃圾問題，或許不算問題。因為，島民與觀光客早已習慣將廢棄物往海裡扔，自然不成問題。漸漸地，「垃圾島」、「天然垃圾桶」成了它的別名。吉膽島，越來越髒。

吉膽島的清晨與夕陽，像極了臺灣的澎湖。條條孤舟駛過，在深藍畫布上繪出白白浪

尾。大海雖納百川，但潮水與海流也絲毫不客氣地將垃圾「加倍奉還」給居民們。

島上九座橋底部，全都卡著累積多年、清都清不完的垃圾與爛泥。近海紅樹林，掛著無數塑膠袋與寶特瓶。

對海，蔡福汶有著很深的眷戀。因為，大海養活了他們一家四代。

這漁夫像個庶民哲人，他說：「在海上，我看到天地自然形成的變化。它教育我的是生命，不是生活。」海上愚公，想移的是座浮動的垃圾大山。每趟出船，他總會把看到的漂流垃圾撈上岸。二〇一一年，在慈濟志工陳秀蘭帶動下，吉膽島第一個環保站啟用。這個情景感動了蔡福汶，他心想，終於有伴了。

一群傻子，還原海島原貌

傻子蔡福汶，專注做傻事。但人生的矛盾，常常在腦海浮現。一邊捕魚、一邊撈垃圾，他開始覺得自己的工作很殘忍。跟蔡福汶聊天，感受到他天性的厚道：「我沒有說捕魚不好，每個行業都有它的存在價值。但人吃魚，已經吃到離譜了，我只是選擇自己想要的生活。」

這句話描述的，是他賣掉漁船的決定。「要放掉不容易，畢竟很有感情。但你總不能一邊埋怨，一邊繼續同樣的生活。」蔡福汶淡淡地說。

中學只讀了兩年，但蔡福汶彷彿是個對生命充滿提問的好奇者。他話不多，但一出口，都是佳句；他大老遠跑到都市捐血，目標百次、已達六三。詮釋何謂環保，蔡福汶說：「一個人對抗一個大環境是辛苦的。但君子有所為、有所不為。不自由裡的自由，才是真正的自由。」他的終極希望，是將吉膽島的環保文化轉化成人文精神。這個目標，彷若是座扭轉骯髒現實與居民習慣的巨大風車。站在風車前的愚公，你可稱他唐吉軻德。

談起過去，蔡福汶還是免不了會哽咽。

漁夫回收資源變成撿垃圾，島民笑他傻，媽媽常常因此承受鄰居的酸言酸語。不過，蔡福汶腳步始終沒停下來。浪漫性格中，該做的事絕不放棄。旁觀者的閒話，是身為環保志工必須面對的修煉。

傻子成標籤，一貼撕不掉。垃圾清得完嗎？對蔡福汶來說，把垃圾丟進海裡才是傻。「環境倫理學」這類學術名詞他未必懂，不過所謂理想，總得先從一個人的力量開始。能夠造成影響，才算實現理想。

八年多以來，吉膽島變得乾淨許多。九座橋，最後只剩蔡福汶老家附近那一座還沒清乾淨。他很掙扎，不希望在家附近做回收，怕的是又影響到鄰居家人。堅持當傻子，寫成文章很有張力。但其實，蔡福汶不是不會累。只是他心想，如果自己放棄、環保站歇業，大家只會更不相信環保的意義。傻子希望，即便有一天蔡福汶不在了，也會有人傳承下去。一個小島，每個月回收超過一千公斤的各類資源。志工們運用巧思、以舊漁網打包後，選擇滿潮日把回收物裝上漁船、再運到本島的巴生港處理。多年過去，現在的吉膽島環保站，成為許多大學生見習的模範點。政府官員，也常組團前來拜訪取經。知名的海鮮文化是一回事，但是當環保傻子越來越多，似乎也越來越為吉膽島形塑出新的色彩。

蔡福汶靦腆、話不多。但一出口，言語間不脫思想者性格：「世界上不同的地方，有不同的人默默在做著一些微小但有意義的事。小小的光，聚集起來就是耀眼的光芒。你覺得沒有，可能只是你還沒看到。」

哥不衝浪，哥衝的是淨灘

回到臺灣，二〇一九年，許多年輕 Youtuber 的淨灘影片被瘋狂分享與推播。想想，淨灘這件事，曾幾何時變成年輕人願意熱情參與的運動？環境教育，真的落實了嗎？

有個例子，或許可資借鏡——那就是從網路粉絲團發跡的非營利組織 RE-THINK，關鍵人物是美國籍的 Daniel Gruber 與替代役男黃之揚。Daniel Gruber 因為旅遊愛上臺灣，某次造訪小琉球時，興起淨灘的想法。二〇一三年開始，Daniel Gruber 與 RE-THINK 發起淨灘運動。第一個三年，就累積超過百場活動、清出海灘垃圾高達三十二公噸。二〇一九年十二月，RE-THINK 臉書粉絲團已有十六萬餘人加入，累積清除垃圾超過七十公噸。在監測數字中，海灘垃圾比例以寶特瓶、塑膠瓶蓋、吸管與垃圾袋最多。（註2）

年輕人有其溝通方式跟傳播語言。能夠改變多少？未知。但至少社會上開始看到過去少有的年輕自發性運動，而非官方的宣傳影片與一日體驗。這個趨勢，值得期待。

回顧本書前段提過的。一九七〇年代，美國海洋生物學家瑞秋・卡森成為全球環保運動啟蒙的指標性人物。五十年後，環保與生態教育逐漸普及，年輕人主動參與的動機也更高。如果造訪過夠多的開發中國家、甚或已開發國家，臺灣人應能自豪於資源回收與環保意識的領先性。海邊垃圾多，怪不了人。有的是自己造業，也有無數透過洋流、來自鄰國的不受歡迎禮物。這些垃圾，套句證嚴法師說過的，只是「放錯地方的資源」。

物質時代，不只塑膠災難成浩劫，電子產品的汰換速度更為可怕。其實，一般人往往看不到廢棄手機與筆電的去處。這是個3C產品光速更迭的時代。當全球中產階級人口比例急速攀升，未來手機、電腦、資訊商品的需求量與廢棄量，可能遠超乎人類想像。這些廢棄物，該如何處理？埋起來？燒掉？或是往海裡丟？如果預期得到嚴重性，人類該如何行動？

無法想像嗎？那，或許該到中國廣東省汕頭市的貴嶼看看，因為這裡曾是全球最大的「電子垃圾村」。

電子零件堆起的黑色礦山

根據統計，每年進入貴嶼處理的電子垃圾高達千萬公噸。其中，以手機的比例最高。驚悚的電子垃圾堆色調暗黑油亮，活像一座座的零件礦山。來自全球的電子垃圾進口至此拆解分類，進而提煉出黃金、黃銅等貴金屬。產業既成、利益巨大。只是，貴嶼的環境與河水，已經跟暗黑的零件礦山染成同一個顏色。有個說法是，貴嶼的河流不管經過幾次整治，依然泛出光亮的黑，「如同拆解工人的雙手，折射著這個時代的色調。」（註3）

全新手機、筆電絢麗無比。但簡短的生命週期一到，絢麗就會褪色成黝黑與劇毒。

《經典》在二〇〇九年一篇關於貴嶼的深度報導中，如此描述一對夫妻的故事：

劉為（化名）夫婦用鼻子和眼睛鑑別史上最複雜的有機化合物。劉為的老婆坐在低矮的小凳上用打火機點燃手中的塑膠碎片，往鼻子下一過、然後扔進不同的編織袋裡。她動作飛快，每個碎片經由她的手不超過兩秒。有時候，她不用聞，過一下火就知道該往哪個袋子裡扔。

這些名字是她們的約定俗成。其中有丙烯、丁二烯、苯乙烯的共聚物；還有聚氯乙烯、聚苯乙烯、酚醛樹脂、聚苯醚、聚丙烯、聚碳酸脂、聚苯琉醚等等；自有電子工業以來所使用過的塑膠，劉為夫婦幾乎都見識過。

劉為夫婦，靠著眼睛鼻子為世界上最複雜的有機化合物分類。他們在貴嶼鎮租屋，八十多坪的面積，從門外到屋裡到處堆滿了電腦、電視、印表機、掃描器、影印機、電話機外殼。

劉為的老婆每兩秒鐘打一次火，一天最少要點個上萬次。屋子空氣不對流，只有臨街的一面通風。旁邊，他們兩歲的孩子玩耍著。（註4）

有人估算過貴嶼的礦山產值。以黃金為例，每公噸廢棄手機可以提取二百公克黃金。如果屬實，那貴嶼每年可以生產出高達四公噸的黃金。這個數字，接近中國總產量百分之一。（註5）甚至，還有媒體以「足以影響國際金價」的語法形容。（註6）

早在二〇〇五年，貴嶼就被大陸列為第一批「循環經濟」示範點。但真正開始全力復健生態環境，應從二〇一二年開始。兩年後，俗稱「五百畝」的貴嶼循環經濟園區啟用。由無數「分解小作坊」合併而成的中小企業進駐，接受統一監督與管制。

其實，五百畝園區規畫的面積高達二千五百畝。不過，建設第一期工程的五百畝園區時，這個名字就被貴嶼人廣泛使用了。曾經，超過十萬人在此投入拆解業淘金。光二〇一〇年，全鎮處理的廢棄電子電器、五金、塑膠回收加工，就高達二百二十萬公噸，產值直逼五十億人民幣。

城市裡有礦山，果真名不虛傳。

其實，「城市礦產」並非全新概念。早在一九八八年，日本東北大學選礦製煉研究所的南條教授，就提出「Urban Mining」的概念。（註7）他認為，電子廢棄物就是城市中的礦產。人們不需要再去向大自然汲取新資源，應該善用廢棄物、從中回收或提煉稀有金屬。另外，根據日本「物質材料研究機構」（NIMS）的研究，日本國內的城市礦山中，各類金屬的儲藏量在世界都名列前茅。數據中，黃金含量高達六千八百公噸，銀則高達六萬公噸。而運用在半導體的稀有金屬「銦」（Indium），更占了全世界儲量的六成。（註8）

物質時代，光靠反省不夠。智慧手機的生命週期（或說，各大品牌推陳出新、強迫換機的週期），讓消費者在不知不覺中，被動進入頻繁換機的生態圈裡而無法自拔。

城市礦產，關鍵在源頭

「少欲簡樸」的宗教倡議的確可以教育群眾，但城市礦產觀念的推廣是解決眼前問題的最快方法。只是，要構成具有影響力的綠色產業規模需要技術與資金。想要真正垃圾變黃金，並非貴嶼小作坊模式就可以達成目的。

回溯一九九〇年，慈濟基金會在證嚴法師的號召下開啟環保志業。這個鼓勵庶民參與資源回收與建立社區環保站的模式分布全球，的確稱得上臺灣環保特色之一。美國《華爾街日報》專題報導臺灣資源回收的全球先進性時，即以慈濟環保作為民間的代表案例。

透過政府與國家教育制度推動觀念變革，相對需要較長的時間。但宗教力量往往可以扮演驅動器，加速各年齡層價值觀的養成。物質時代，不管精神面或是環境保護面，宗教都應該發揮更深遠的影響力。

慈濟作為佛教基金會，加上證嚴法師的人格特質，讓推動環保的運動，更具說服力、也能實踐出成果。從「用鼓掌的雙手做垃圾分類」，一直到鼓勵清洗回收物及減少欲望的「清淨在源頭」，證嚴法師的社會觀察與遠見是前瞻的。隨著近三十年來各種回收物數字與類型比例的起伏，他與弟子們也看到更先進的可能性。是否，科技可以扮演轉化的角色，真正讓垃圾變成黃金？甚或，將垃圾轉化為救災物資？

慈濟志工群中，有一批分屬不同領域的實業家。在民間，他們各有專長。從食品、建築、紡織、航運等行業，分別成為社會運轉的推手之一。

二〇〇三年，這群實業家為了救災考量，成立了慈濟國際人道援助會 Tzu Chi International Humanitarian Aid Association（TIHAA），從環境保護以及全方位救災後勤支援的角度，自主研發各項技術與產品。因為，任何天災一來，最緊迫的就是時間。如果擁有獨立營運的技術與流程，就能爭取分秒。人援會系統下，從緊急救援物資的採購、產製、研發、儲存、倉儲物流，一直到行政後勤等項目，都能應付即時的需求。以臺灣本土佛教慈善組織的角度，應屬先進。

二〇〇八年底，延續以科技結合環保、慈善的理想，一家社會企業「大愛感恩科技公司」誕生了。故事，從紡織業實業家黃華德與世界杯足球賽談起。

二〇一〇年六月，世足賽開打。一則「世足球員環保球衣來自臺灣」的新聞，讓大愛感恩科技公司董事長黃華德紅遍各大商業媒體。（註9）臺灣產業界或許還不知道，這家公司已經成功串起保特瓶回收、塑化、抽紗、紡織、銷售等流程的完整供應鏈。而證嚴法師多年前呼籲的「清淨在源頭」，正是最關鍵的五個字。

其實，寶特瓶回收、經過處理後製成纖維布料，並非臺灣獨創的新技術。能夠在國際紡織業舞台上受到矚目，不是材料與技術的創新，而是「製程的改良」。一般來說，寶特瓶回收需要大量人力進行分類與清洗。如果雇工作業，成本高昂。慈濟在臺灣將近九萬環保志工，成為大愛感恩科技的後盾。如果九萬志工人力換算成勞務成本，讀者們應該能夠知道關鍵了。

良率不會從天而降

品質上來說，從回收保特瓶轉化的原料如果處理不當，只能製成短纖的次級品，頂多做為填充棉材等低價原料，無法提升為更有價值的成衣。但證嚴法師的「清淨在源頭」理念，一則鼓勵社區民眾回收前先洗淨瓶身、二是回收品到了環保站，還會經過志工們的仔細分類、並分解瓶蓋與標籤。兩個關卡，讓處理後的寶特瓶雜質變少。製成酯粒後，原料純度大幅提升。

簡而言之，如果沒有慈濟環保志工群的前端清淨，就不可能有高良率的終端產品。

時間回到一九九一年，這是慈濟前往大陸賑災的第一年，黃華德的身影開始出現在許多受災省分。當年，賑災發放的人力多由臺灣派遣志工承擔。但冬衣棉被等物資，必須在當地採購與製作。黃華德身為紡織品牌德式馬（TEXMA）公司董事長與慈濟志工，因此負責督導賑災衣被的發包規格、品質與進度。

黃華德回憶，一九九一年投入大陸賑災後碰到諸多困難。曾經，他打電話向證嚴法師報告說：「這裡的幹部太難溝通了，我們不要做了吧。」但證嚴法師回答：「是誰教我們去的？是我們自己要去的吧！你幾天就受不了，那麼那些災民怎麼辦？要他們一輩子都待在這樣的環境下嗎？」黃華德當下很慚愧，心中不斷反思著這句話：「的確，是我們自己要去的，我們不救，災民怎麼辦？」

一九九三年，湘西發生大水患。黃華德必須統籌在一個月內完成十六萬八千件棉衣、四萬多床棉被的製作任務。但湖南本地製衣廠因為時間緊迫、利潤低，都拒絕了這筆訂單。於是，黃華德回頭尋求慈濟第一個賑災點安徽全椒縣的協助。全椒縣因為感受過慈濟雪中送炭的情，決定由縣轄第二輕工業局直屬的「全椒縣服裝廠」全力趕工支援。棉被，則由湖南一家老舊的「長沙被服廠」承製。

最後，在五十輛軍卡與民車運送下，花了五天五夜時間、駛過一千八百公里，終於及時將發放所需的衣被全數交到災民手上。

既然都是石油做的，能不能研究出環保衣物？

黃華德的志工生涯中，幾乎都跟衣被與紡織有關。人援會成立數年後，他進一步發想，有無可能再生創意。二〇〇八年成立的大愛感恩科技公司，讓創想發芽結果。

黃華德說：「這需要美好的緣分。」寶特瓶與紡織品恰巧都以石油為原料，這是第一個機會；證嚴法師倡導「利他的幸福」，則是最大的精神助力。

談起過去，黃華德細數自己的故事：「以前，我什麼都不缺，卻常覺得空虛。」「我是富有的窮人，懂得回饋後才找回滿足。」

德式馬公司內湖總部，不管是裝潢擺飾，都充滿濃濃的慈濟與佛教元素。管理文化，引用的也是證嚴法師的理念。跟一九九一年大陸賑災時代相比，黃華德頭髮已經灰白許多。他有感而發說：「工業革命後，實業家主導能源消耗以滿足人類欲望。因此，證嚴法師希望實業家應該帶頭回饋。」

二〇〇四年年底，南亞發生大海嘯。人援會志工也前進印尼重災區亞齊省參與救災。傷亡如此慘重的浩劫，讓惡劣的氣候變遷與全球暖化議題逐漸在全球升溫。人援會除了研發災難物資與工具，有無機會進階、讓志工實業家們的資源與技術，朝向更高格局的目標發展？

志工們回到臺灣後，密集召開會議。經過共商與共識，決定將人援會轉型為以節能環保為核心的「大愛感恩科技公司」。此刻，慈濟環保志業，從鼓勵志工資源回收，跨越到新的境界。不過，點出商品概念與經營模式的證嚴法師，其實才是精神上的執行長與研發長。（註10）

二〇〇六年，證嚴法師第一次提出環保衣物的創想：「既然都是石油做的，能不能研究一下原料來自塑膠的環保衣物？」黃華德一聽，認為絕對可行。其實，從保特瓶抽紗，在產業界並非沒人做。但因為市場太小，研發成本相對墊高。加上抽紗品質難以提升，因此商業價值並不高。

如同黃華德解釋過的，品質的關鍵在於乾淨的保特瓶。因此，大愛感恩科技公司成立後，定出保特瓶回收的SOP（標準作業程序）、並派員到全臺四千五百多個慈濟環保點（按：二〇一八年底，全臺慈濟環保點總數八五三六個），一一向志工與幹部們解釋原因。十多年來，大愛感恩科技公司的產品，從最陽春的Polo衫、圍巾，創新研發到太陽能帽、行李箱、家居用品、以及多功能背包等等。外觀上，這些產品不因來自環保原料而失去設計感。極簡東方風，讓系列產品充滿美感而不失活潑。

從工業汙泥掘出金塊

從石油到寶特瓶，從回收寶特瓶到紡織，從紡織到賑災與R2R（recycle to recycle）商品，可稱一種石油礦產的再循環。但隨著電子時代的演進，更多回收物，蘊藏著更為珍貴的價值。

擔任過環保署長與臺大地質系教授的學者魏國彥，曾經發表過自己對於城市礦產的看法。

魏國彥認為，傳統定義上，臺灣不算是個擁有礦產的小島。但執世界牛耳的高科技產業和電鍍業製程中產生的廢汙泥，其實都是城市礦產。美國「世界資源」公司（WRCP）在高雄岡山投資的資源回收廠，專門收購各大半導體封裝廠、印刷電路板廠的工業汙泥。岡山廠做完初步的烘乾研磨後，處理成金屬富集物，再以貨櫃封裝運回美國。接著，經過

大型冶煉廠，就可以熔煉出金、銀、銅、鎳等貴金屬。（註11）

臺灣會成為世界資源公司在亞洲唯一的設廠地，原因其來有自。在魏國彥眼中，從廢棄的3C產品到老舊建築物裡，都是「礦」。電腦主機板有銅有金，老房子裡有鉛管、銅線與鋼筋。從礦物學的角度，都是品位很高的金屬礦。幾百年來，人類從深山老林裡開採的礦產，早就集中到城市來了。臺灣雖小，但可說遍地黃金。連環境中讓人聞之色變的「重金屬」，都可化身成戰略資源。

這些重金屬汙泥與廢棄物，都算人造礦砂。如果經過高科技處理，就能點「汙」成金。髒臭汙泥，當可化身為蘭茝蓀蕙。

價值轉化．慈善資源從垃圾裡找

將廢棄物變成資源，再將資源變成慈善基金，這是慈濟「價值轉化」的智慧，也是國際間少見的慈善資源自籌模式。

場景轉到大陸四川省。汶川大地震後，慈濟基金會發動「安心、安身與安生」長期援助方案。除了即時賑災，援建十三所學校，也結合環保教育與活絡災區經濟的概念，在什邡與成都成立另外兩家大愛感恩科技公司。與臺灣的差異是，二〇一〇年成立的什邡市大愛感恩科技公司，除了塑膠寶特瓶，處理最多的是電子廢棄物，另外還有電視、冰箱、洗衣機等廢家電。這也是汶川地震後的第三階段，屬於推動災區產業的重振計畫。

不管從復興災區產業、或是社會環保教育的角度，甚或從大陸所謂循環經濟基地、城市礦產基地的觀點來看，這個建置案都難以從商業利益角度著眼。放眼未來五十年產生的環保、教育、以及公益綜合效益，都將影響深遠。

回到臺灣大愛感恩科技，其產品線已經從賑災毛毯、衣帽，往更高成本的公益性產品延伸。二〇一五年，新北市八仙樂園發生粉塵爆燃意外，近五百人受傷，創下臺灣史上最嚴重的燒傷事故。傷者多半年紀很輕，在度過清創、植皮、感染的危險期後，痛苦並未遠去。下個階段，必須開始穿著壓力衣復建。癢、不遜於痛，開始成為折磨傷者的夢魇。新生皮膚需要壓力衣防護並抑制傷疤攣縮，任何抓癢的力道都得審慎拿捏，只要破皮流血，又會徒增感染風險。但每天將近二十二小時、肢體包覆在防護衣裡，傷者往往同時承受著悶熱痛癢的煎熬。

同年九月，證嚴法師與志工、傷者、家屬談話時，眼見年輕人騷癢難耐、用力拍打肢體。法師不忍心，隨即詢問大愛感恩科技公司是否可以研究如何改善壓力衣材質。他希望新的材質能夠具備冰涼、透氣、舒爽等特性。

大愛感恩科技總經理李鼎銘接獲研發涼感壓力布料的任務後，帶著同仁來到靜思精舍。其實，這一行人原本已經打算跟證嚴法師報告：「這個任務真的做不到。」當時，李鼎銘等人很單純從公司的布料生產專業思考。因為壓力衣多為尼龍材質、屬於醫療輔具；大愛感恩科技的專長，則是將寶特瓶回收再製為紡織品，兩者全然不同。

如果受傷的是自己的家人，你們是否會盡最大的努力？

「這件事要站在孩子們的角度來看。如果受傷的是自己的家人，你們是否會盡最大的努力？」靜思精舍裡，證嚴法師如此殷殷叮囑著原本以為做不到的李鼎銘等人。其實，研發與生產，是否可以分開思考？如何往下做？考驗著大家。

這段故事，由大愛感恩科技研發部高專林正雄博士代言。

林正雄擔任過中央研究院研究員，長年在生物醫學與腦神經醫學領域鑽研。一直到因緣際會，進入紡織界從事各種原物料的研發。這份工作，與他原來的學術專業幾乎完全沒有交集。接到證嚴法師的研發任務後，林正雄首先請益陽光基金會，開始研究壓力衣的材質以及特性。

壓力衣過於「悶熱」，來自傳統材質的限制。只要可以研發出細緻冰涼的紗線，就可踏出改善的第一步。不過，大愛感恩科技的環保布料產品使用的方法是「圓編」和「針織」。但壓力衣的布料，通常使用「經編」的織法。於是，林正雄前往位於桃園龍潭的國智經編公司，親自拜訪董事長吳中庸誠懇請益。吳董事長知道這個研發創想來自證嚴法師對於燒燙傷患者的悲心後，也應允全力配合。

回到證嚴法師那句話：「如果受傷的是自己的家人，你們是否會盡最大的努力？」這最大的努力，包含向外尋求任何可能性與合作。

於是，大愛感恩科技與國智經編分工。前者研究壓力布織法、功能與規格；國智經編則以紗線開始試作。而由國智經編委託台灣化纖公司製作的布料，確實在冰涼度和透氣度表現都相當優異。不過，林正雄在查閱文獻資料時，卻看到一段與紡織專業未必相關的關鍵句——「壓力值要達二十五毫米汞柱，抑制傷疤才有效。」為了達到這個壓力值，研發人員從布料到打版縮度，必須不斷調整、不斷測試。

在紡織界，這或許是一件不太起眼的研發案。但若以造福燒燙傷患者的角度來說，意義可謂深重。短短七個月間，一種布料可以改良到第九代，為的是「盡最大努力」緩解傷者漫長煎熬的復健之痛。值得多加書寫的是，為了涼感，台化還在布料裡添加了奈米化的玉石粉體。

林正雄說：「江湖一點訣，懂的人就很好用。」

研發至此，理應大功告成。但考慮到塵爆傷者多數都是年輕人，為了更完美、讓壓力衣也能帶有設計感，大愛感恩科技決定再與國智經編開發淺黑色壓力布。不過，追求時尚之外，染料也不能傷害到皮膚。為此，國智經編特地篩選無毒、不含偶氮色料、游離甲醇等染料布材，再次進行皮膚敏感測試。

最後階段，透過陽光基金會與燒燙傷患者的實際人體實驗，終於讓證嚴法師的心願得以落實、也讓無數傷者因此受惠。

二〇一七年六月，「新型高性能壓力衣」在紡織產業綜合研究所舉辦發表會。不到兩年內，完成十代布料研發。如果沒有大愛感恩科技、國智經編與陽光基金會三方合作，很可能無法開發出以傷者角度思考的醫療布料、設計標準規格、科學打版與人體實驗。

隨後，國智經編、紡織所及大愛感恩科技共同捐贈一千碼新型布料給陽光基金會。這些布料，可以製成一千件壓力衣褲、供五百位傷友每人兩套輪替使用。

又一段故事講完，不知讀者閱讀至此，是否有所感想？

高遠口號，成功轉化為實體成果

宗教，已經不全然是深山廟宇、或者佛院讀經的境界。它扮演的是當代世界裡，重新認識人類、環境與物質之間的關係、與一種驅動思考加實踐的力量。換句話說，「人生的宗旨、生活的教育」，不只引導焦慮的現代人心靈內省、也創想出更多利益社會的行動。

坊間流傳的批評中，有一種沒來由與實證的說法是——慈濟吸納太多社會慈善資源、產生排擠效應。但事實上，除了募集社會認同慈濟理念的善款，慈濟也努力透過理念與創意，轉化廢棄物成為慈善資源。在國際間，這樣的「轉化創意」並非來自模仿或是抄襲，而是臺灣本土佛教基金會數十年順應時代變化的理念演化。但根，依舊得回到證嚴法師理解趨勢、前瞻思考、以及悲天憫人的心。

宗教結合科學，譜出一段美麗樂章。暗黑油亮的電子廢棄物、百年不化的塑膠垃圾，從高聳成堆的城市礦山中被拆解挖掘，轉換了價值。

二〇一〇年，黃華德曾經如此形容大愛感恩科技：「這個品牌有慈濟二十年的回收歷史、七萬環保志工的心血、慈濟人無私奉獻，還有證嚴法師的祝福。」他很希望，這個充滿故事的品牌終能打動消費者，讓這場「愛的接力」，一棒一棒傳下去。（註12）

想到傻子，豈止只有吉膽島的蔡福汶一人？全球十萬多慈濟環保志工，都在默默做著偉大的小事。他們傻嗎？當然不。因為，「相信就是力量」。從第一雙由鼓掌轉化成環保的雙手，一直到具備產業規模的大愛感恩科技公司，小徑，終能走成大道。

物質世界裡，能夠救贖人類自己的，只有行動。

註1：綜合報導，〈杨美盈：政府将遣返3000吨洋垃圾回原产国〉，《馬來西亞東方日報》網站，二〇一九年五月二十八日。網址：https://www.orientaldaily.com.my/news/nation/2019/05/28/292247。

註2：RE-THINK網站。網址：http://rethinktw.org。

註3：Agia攝影，王絮穎編輯，〈不死的電子垃圾〉，「網易新聞」網站，二〇一六年七月二十六日。網址：http://news.163.com/photoview/3R710001/2186922.html#&from=tj_review&p=BPHSC4V63R710001。

註4：孫敏，〈電子廢棄物的世界墳場：中國廣東貴嶼〉，《經典》雜誌第一三三期，二〇〇九年八月，頁五十。

註5：綜合報導，〈「全球最毒地」廣東貴嶼鎮　「廢棄手機拆解」年提煉4噸黃金〉，「ETtoday新聞雲」網站，二〇一七年五月二日。網址：https://www.ettoday.net/news/20170502/913088.htm。

註6：陳冀、李舒、孔祥鑫，〈廣東貴嶼從電子垃圾提煉黃金量佔國內產量1／20〉，「人民網」網站，二〇一四年七月二十三日。網址：http://finance.people.com.cn/BIG5/n/2014/0723/c1004-25324069.html。

註7：時時，〈廢鐵也能煉成金　「都市礦山」是什麼?〉，「地球圖輯隊」網站，二〇一八年十二月二十七日。網址：https://dq.yam.com/post.php?id=10487。

註8：林翠儀編譯，〈藻類回收黃金 日商成功了〉，《自由時報》網站，二〇一四年一月二十二日。網址：https://news.ltn.com.tw/news/world/paper/748837。

註9：陳芳毓採訪．撰文，侯俊偉攝影，〈寶特瓶回收製衣，台灣第一家環保公益企業〉，《經理人月刊》網站，二〇一〇年十二月二十四日。網址：https://www.managertoday.com.tw/articles/view/2684。

註10：同註9。

註11：魏國彥，〈名家觀點－台灣遍地城市礦產〉，《中時電子報》，二〇一五年三月二十二日。網址：https://www.chinatimes.com/newspapers/20150322000658-260109?chdtv。

註12：同註9。

第五章

馬斯洛的穹頂之上——生命價值的永恆追求

二〇〇三年，香港電影《無間道II》裡有句成為網路流行語的經典對白——「出來混，遲早要還的。」

在網路世界裡，有許多關於這句話的文章分析與品評。有一說，這句電影經典對白其實是中國三百年幫會第一人、人稱上海灘三大亨之一「杜月笙」的名言。甚或，還以佛典《大般涅槃經》裡的「善惡之報」四個字來呼應。混江湖，「花無百日好」，這句話印證在林孝式身上，或許頗為貼切。

「出來混，遲早要還的。」但是，還什麼？

林孝式是馬來西亞首都吉隆坡傳說的「四大天王」之一，以經營娛樂業如夜店、撞球場、電子遊戲場等出名。說得好聽叫做娛樂業，但賺的錢，想必不會太正派。天一黑，他的夜店裡開始湧進大批紙醉金迷的男女。狂歡的身體線條在絢麗效果燈光掃射下，成為慢動作與流影。搖頭丸、大麻在檯面下交易、重低音的頻率震動著舞客們的神經。這個暗黑空間裡，眾人靈魂出竅、只剩軀殼與藥物交互作用，帶領大家登上虛迷宇宙。

最後，全馬最大的歌舞廳，就是林孝式開的店。

行走江湖，恩怨難免。道上傳出，有個老大要請他吃子彈。而這個老大，卻曾經是他幫助過的人。於是，林孝式必須帶著兩位武裝保鑣隨身，以防萬一。冷酷表情下，過的是心驚膽顫的日子。今天過了，明天很難講。

林孝式是長子，也是家裡唯一的男孩。底下，還有七個妹妹。他從小就充滿生意頭腦。小學五、六年級時，爸爸在家門口搭了個小木棚。林孝式用父親給的馬幣五十元，做起批貨買賣的生意。不過，這個男孩不愛讀書。除了逃學、挨鞭子，從小就似乎注定是個問題人物。流連娛樂場所是日常，因此，讀到初中三年級就乾脆輟學。

林孝式的第一份工作是修車廠學徒，但才洗了一天螺絲，老闆就因為聽說這小伙子混黑社會，直接請他不用來了。二十歲出頭，換過不同工作後，他最後去到一間家具店，兩根手指卻意外被工具切斷。

林孝式是個很低調的人。訪談之際他伸出左手、展示剩下的三指，青年時代留下的傷疤依舊清晰。林孝式回憶，自己從小住在甲洞區（Kepong），爸爸是個慣用打罵方式教育兒女的傳統父親。因為不愛讀書，他選擇疏遠逃家，並開始與黑道兄弟相處。十多歲時，林孝式跟著朋友的車開進一間木板廠。木板廠老闆的弟弟卻亮槍把他們趕出去，警告這夥人別再出現。幾十年後，林孝式回到這裡，碰巧看到老闆缺錢想賣地。他不計條件、二話不說，最後將這塊地變成自己的。這是一種巧合？還是因果？很難講。關於這塊地，後續還有故事。

林孝式不笑的時候表情十分嚴肅，讓人有種隱隱的距離感。他個子雖然不算高，但身材卻有著練家子般的精實。這個因為娛樂生意而大成功的富豪，人生曲線的沉浮，充滿戲劇張力。

一個愛燙鈔票、把錢往空中灑的男人

在社會學、管理學或是教育心理學中，有個廣為人知的金字塔圖形——那就是所謂的「馬斯洛需求層次理論」（Maslow's hierarchy of needs）。這是美國心理學家馬斯洛（Abraham Harold Maslow）在一九四三年論文《人類動機理論》（*A Theory of Human Motivation*）中所提出的觀點。

馬斯洛使用了生理、安全、社會需求（歸屬感）、愛、自尊、自我實現與自我超越等語彙，描述人類心理需求演進的七個階段。

不過，馬斯洛在晚年為自己的階層理論略作修正，增加了最高層的「超自我實現」（Over Actualization）。意思是，當一個人心理狀態充分滿足了自我實現的需求時，將會出現短暫的「高峰經驗」。通常，在完成某件事情時才能深刻體驗到這種感覺。例如，藝術家與音樂家就很容易出現這樣的高峰經驗。在這個階段，個人除了追求超越自我，也希望幫助他人實現自我。

借用馬斯洛金字塔理論，或可約略形容林孝式曾經缺憾過的心理需求、以及最後的心靈追求。

年輕時的林孝式很愛錢。他有個癖好，只要賺到五百、一千馬幣，就會把一張張鈔票用熨斗燙平後，夾在書中珍藏。累積到上萬元，才願意存到銀行。他也常常躺在床上把錢往空中灑、看著它們緩慢飄落而下，有如電影鏡頭裡的大仰角慢動作畫面。當然，這畫面必須配上煙霧繚繞的氣光。

年少鬼混娛樂場所的興趣，最後變成生意。林孝式開始在甲洞區經營撞球場與卡拉OK店。地下賭場裡，則讓他嗅到更多錢的味道。一九九六年前後，搖頭丸盛行亞洲，光這短短一年，他一口氣連開四家夜店。

林孝式的娛樂生意，從此一帆風順。除了呼朋引伴、吃香喝辣。野味山珍，無所不吃。他說：「想吃象鼻的話必須四天前訂餐，因為象皮很厚啊，所以得滷很久。」當然，對於娛樂大亨來說，夜夜笙歌、燈紅酒綠的日子很平常。十多年放浪形骸與暴富的代價，是賠上自己的家庭與健康。他對朋友充滿江湖義氣，卻冷落了家裡的年邁雙親與妻兒。有段時間，孩子與自己漸行漸遠。親情的淡泊，正如他年少時的翻版。此時的鈔票，早已不需一張張燙平欣賞，因為滾滾金流全都直接進到帳戶裡。但這些數字，彌補不了作為長子與父親的責任。家庭與親情，是他人生最大的遺憾。

混江湖，有許多潛規則。夜闌人靜，失眠成為林孝式最清醒的夢魘。煩惱，不曾間斷；電話，不敢關機。他曾經在凌晨接到某位警長來電說，想要吃榴槤。做娛樂業的，都知道衙門惹不起。即便不是產季、即便要求再荒謬，他都得在深夜設法找到幾顆正宗「貓山王」（按：馬來西亞知名榴槤品種）送過去。而除了官，道上的恩恩怨怨，也讓他無法安心入眠。

林孝式有著馬來西亞華人傳統，忠於求神拜佛。但目的只為三件事——自己平安、父母健康、生意興隆。稱他是人生上半場的勝利者不為過，但一直到四十多歲，林孝式心裡從沒快樂過。

因緣不可思議，娛樂天王奉獻還債

二〇一六年，吉隆坡新古毛（KKB）殘智障院裡，林孝式跟著一群實業家與夫人，替院友洗澡、擦身、理髮、刮鬍子。此刻的他，已經完全變了個人。慈濟志工，成為林孝式徹悟後的新身分。茹素，成為他全新的飲食習慣。提到滷象鼻，他直說想不通當年為何這麼殘忍。從旁透過攝影機記錄觀察，林孝式為院友服務後，常常會往後站幾步、雙手合十、欠身鞠躬，向這些稍早還糞尿沾身的可憐人祝福。鏡頭很遠，林孝式並非刻意配合演出才做出這些動作。問他原因，林孝式說，打心裡把這些院友們當作菩薩。

菩薩？祝福？這些語彙，跟他娛樂界「四大天王」與愛錢人生勝利組的過去，究竟如何產生關聯？

慈濟是個國際非政府組織，在全球擁有超過千萬會員與全心奉獻的志工群。林孝式，只是被這個慈善社群連結在一起的其中一人。選擇這位人物書寫，也僅是代表性地將無數人生改變的故事呈現於讀者之前。無形的信仰力量有多大？能夠如何改變一個富有貪婪卻心靈孤寂之人？他，就是個例證。

傳統嚴肅的宗教傳法，在證嚴法師的人生實踐與志工的努力下，成為一種相互影響的模式。一般人對於慈濟的印象可能止於「組織很大、錢很多、救災速度很快」，或是流言蜚語中所謂的「慈善帝國」。但如果願意深入理解慈濟，就可以找到它為何大（影響力）、以及為何能夠讓馬斯洛理論中不同階層的人找到需求依歸的根本答案。

佛法講因緣，改變林孝式的觸媒，來自他自己的妹妹。

林孝式的娛樂業財富累積很快，也在吉隆坡黃金地段買下許多房產。某天，妹妹建議他將一間租不出去的店鋪捐給慈濟作為共修處。當時的林孝式雖然不了解慈濟，但也一口就答應了。隨後，透過東馬慈濟志工鄭月芳引薦，慈濟雪隆分會執行長簡慈露邀請，他到巴生慈濟會所與馬六甲靜思堂參訪。二〇〇四年，他與家人再度被邀請到花蓮參加「新馬實業家生活營」。在這裡的每一天，從不同志工的真情分享、感人的紀錄影片，一直到與證嚴法師的面對面座談，所有見聞瞬間從狂歡夜店跨越到另一個宇宙。四大天王之林孝式沒來由地，無法止住汩汩而出的眼淚。

「原本，吉隆坡靜思書軒這個空間是我想要發展娛樂事業的好地點，只要在這裡開卡拉OK、電動遊戲場，財源肯定滾滾而來。但是，簡慈露師姊希望這裡可以成為靜思書軒與社教中心。想想，也是好事，就把這地方捐給慈濟了。」回憶這些轉折，林孝式的表情反而充滿歡喜。

其實，林孝式心裡一直很想轉換人生跑道。但沒有方向的引導，他不知如何做。二〇〇五年林孝式再度來到臺灣，證嚴法師一句叮嚀：「不要讓青少年太先進，他們會跟不上。」這句話有點抽象，並且充滿想像空間。但對林孝式來說，這句話卻是個清晰答案。從此，他決定漸漸放棄娛樂王國的事業。

社群二字的哲學思考

事業結束後，萬般皆放下。他不計代價買下的木板廠那塊地，原本想要為自己蓋棟大樓。但林孝式最後決定將它捐給馬來西亞慈濟基金會雪隆分會，作為建設靜思堂之用。故事至此，充滿意外、巧合與轉折。

林孝式說：「雖然很想賺錢，但我知道這個社會還有很多三教九流的人。如果能讓這些人改變人生，那該多好。」其實，改變更多人即是一個「共好社群」的想法。但這個社群中，必須有核心理念、方向、方法、以及實踐型人物的互相激勵與經驗複製。

一直到現在，道上還是流傳著對於林天王的疑惑。兄弟們議論紛紛，他為什麼有這麼大的轉變？改變林孝式的，究竟只是宗教與信仰的力量？或是印證馬斯洛需求理論的最高層、甚或尚未被開發與研究的更高層？金字塔的穹頂之上，還有沒有世界？洗心革面的娛樂大亨捐出一塊昂貴的地建成靜思堂只是儀式？或是真有意義？

往下寫之前，聯想到當代最熱門的「社群」二字。

人類從遠古的部落時代小社群、已經進化到全球化無國界的數位社群。相同的是，社群可以創造良善力量、也可以製造仇恨與對立。相異的是，數位社群透過科技的線上連結，創造出無數大大小小的跨國社群。當然，利益社會與建設性的社群不少。但更多社群裡，充滿著八卦謠言、或是碎片化而不知所云的資訊與價值觀。

當代，全世界最大的社群帝國應該就是「臉書Facebook」了。短短十來年，規模擴張至此，或許連創辦人之一馬克．祖克柏（Mark Zuckerberg）自己都難以想像。不過，線上社群的匿名性、無組織性、與假訊息無可控制的病毒式傳染性，也讓臉書成為飽受抨擊的跨國企業。祖克柏深知臉書的影響力巨大無比，商業利益之外，必須承擔社會責任。二○一七年，他在哈佛大學發表了一場演講，鼓勵畢業生創造一個人人都有使命感的世界。祖克柏提出的三種方法是——一起做有意義的計畫；透過重新定義平等，使每個人都有追求目標的自由；在全世界建立社群。除了這場演講，他也發表了一篇「建立全球社群」（Building Global Community）的宣言。（註1）

宣言中，描述了他的願景——協助打造傳統機構的支持社群、可避免傷害的安全社群、擁有充分資訊的社群、全民參與的社群、以及包容性的社群。

祖克柏不斷思考著，我們正在形塑的世界是所有人都想要的嗎？

祖克柏所謂的「支持社群」涵蓋了人類在情緒與精神上需要的各種小型社群與親密社會架構。宣言中也提到，從教會、運動隊伍到各種地方上的小團體，成員日益減少。調查顯示，其中一個原因是人們失去了「對未來的期望」。而臉書的目標即是強化這些既有的社群，且同時從網路與實體著手，超越地點的限制，建立全新的社群。

不過，數位線上社群與實體線下社群的確有所差異。傳統的實體線下社群凝聚力來自面對面的互動，加上成員間的彼此激勵與支持，信任度往往相對堅實。臺灣網路世界有句流行語叫做「萬人響應、一人到場」。這句話雖然幽默酸辣，但指陳的關鍵意義是——光認同、按讚、留言，並不代表行動力。

善良社群的實體空間

回到林孝式的故事，也回到一座靜思堂能夠扮演的社區功能。前者是生命價值昇華、並想要影響更多人的大亨；後者是可望凝聚良善力量的實體社群空間。林孝式說，自己就是一個見證。如果沒有進入到慈濟這個社群，他無法活得如此自在快樂，也無可避免會陷進貪婪的無底洞而不斷造業、不斷煩惱、不知人生意義為何。

即便人生故事充滿張力，但一直以來，林孝式都認為自己並不是個好典範。說到站在大眾前面分享，他沒資格。但證嚴法師一句話再次點醒了林孝式：「不是典範，也是一種典範。」從此，他終於願意在公開場合懺悔自己的過去與分享生命價值改變的歷程。

以規模而言，慈濟基金會從靜思堂到大小會所、聯絡處這些分布在全球各地的社群活動空間，都屬於慈善與信仰理念的場所。這裡，是慈濟志工與社區會眾集會共修的地方。無論濟貧發放、社會教育課程、募款音樂會、經藏演繹活動，都在這樣的空間裡進行著。

雪隆靜思堂是筆者經常造訪的空間。二〇一九年底，在協助錄製本地影視節目的空檔，我看到幾個畫面——一位年輕的志工，緩緩、安靜、溫柔地陪著癱瘓的年輕女孩練習復健；華人老者虔誠禮佛祈禱；另一個空間，則舉辦著慈濟與政府救災部門、不同NGO的會議與演習；角落的靜思書軒裡，則坐滿了閱讀、沉思、以及細聲聊天的人們。國際會議廳成為專題演講的多機錄影場地，只要願意，所有市民都能走進這個空間、吸收新知、體會感動。

除了靜思堂與聯絡處會所，全球近萬個慈濟環保點，也或許是一種與馬斯洛需求理論、以及社群理論遙相呼應的場域。尤其對於無數退休銀髮長者來說，這個空間，提高了他們剩餘生命分秒的價值。不管年紀多大，都可以利益社會、並在這個場域裡得到安全感、溫暖感以及心靈的平靜。

超脫傳統宗教追求功德的時代性信仰

大愛電視台長青節目之一的《草根菩提》，記錄的是環保志工的故事。這個節目旁白甚少，大多透過影像、主角人物的訪問與現場自然音交錯剪輯而成。不加綴飾的風格，讓環保志工的故事得以流傳、感動社會。其中，從百歲人瑞以下，九十多歲、八十多歲的志工相當多。每個人的故事，也讓人看盡不同的人生樣態。所謂草根，代表這群人心念單純，也代表環保志工與大小地方的連結。

講述他們的故事，以大陸東北黑龍江省哈爾濱市的王金華為例。

二〇一五年，王金華受邀參加中秋晚會，被慈濟大陸慈善二十年歷史紀錄片《真情之路》所感動。隨後，她常常收看大愛電視台的各種節目。證嚴法師的說法與環保理念點滴，開始滲入內心。於是，王金華說服兒子，將家裡閒置的房子變成慈濟位於亞洲最北端的環保點。此時，王金華的年紀，已經八十五歲。

「我現在是鐵了心，要當大地的志工。」老奶奶北方鄉音裡，道出心中的堅定。

對於老人家來說，暖化、溫室效應、塑膠汙染、環境賀爾蒙等等，此類關乎環保與地球生態的理論不容易懂。但他們可以因為證嚴法師將當代現象結合佛法的宣說，進而學習到科普知識、並產生堅定的信念。北國的紛飛雪花中，矮小的老奶奶彎腰撿起零落的寶特瓶與回收物。簡單的影像，已經足以把這樣的信念詮釋清楚。

王金華老太太自認學佛二十多年，卻未找到真正的方向。「現在我看到了、聽到了、也學到了。」這句話，等同透過證嚴法師與慈濟社群讓她在年過八旬後，發現一處新的心靈世界。

志工培訓必須從哈爾濱搭三小時長途巴士到長春市上課，但王金華老太太從未缺席。

這個年紀，她與公園廣場上跳舞、或是相約遊山玩水的同輩不一樣。王金華選擇一個讓自己心安、也能對社會更有貢獻的方向。歲月雖然讓她腰了彎，但一條路卻能走得直。面對鏡頭訪談，王金華習慣盤腿而坐、雙手莊嚴放掌，希望以最端正的佛弟子形象分享心情。

王金華居住的前宏村社區裡，紅磚矮牆塗上了灰底漆。牆上寫著大大的白字——文明與和諧。沿街撿拾廢棄資源時，她得一一彎腰。牆邊兩位抽著紙菸、剛喝完瓶裝水的老鄉直問她：「這瓶子妳也要啊？」隨即往地上一丟，王金華喃喃自語，再彎一次腰，將視為珍寶的塑膠瓶放進袋子裡。電線桿旁的草叢角落裡，她也不放過。而環保點旁邊的牆上，則掛著分析回收物用途的數據看板。

慈濟分布全球的十萬餘環保志工，或許足以形成一種特殊的「人類學」。在國家圖書館的學術資料庫裡，就可查到許多以慈濟環保志工為題的碩博士論文。

在每個訪談與採訪之間，這些被證嚴法師稱為「老菩薩」的志工們，話語誠摯不虛偽；不怕辛苦的肢體動作來自堅定的信仰。老菩薩們常常簡單一句話、一個口氣、一個眼神與一個可愛天真的微笑，就可以感動紀錄者。

地球平安，人就平安了

夏天，在王金華的環保回收點裡，家族兒孫與本地環保志工常常坐成一圈、有說有笑，將垃圾分類成資源。社區裡還有很多土路，路而上，都留過她的腳印。

秋冬一到，隨著寒風飄落的鵝毛細雪覆蓋了社區的破落處。老奶奶的身影，點綴著這張乾淨的純白畫布。積雪露出個瓶蓋，就是王金華眼中的寶。媳婦孝順，常常勸婆婆是否天冷雪大就別出門了。但王金華的回應通常是：「多做一天，就賺到一天。」屋外攝氏零下二十度，但戴上毛線帽、穿上棉衣、套上保暖毛靴，王金華一雙小腳繼續在白色畫布上踩出一個個象徵生命意義的印痕。陪伴一旁的媳婦個子高，王金華的頭還到不了她的肩膀。大手牽小手，形成一幅溫馨的冬日孝親圖。

做環保，老奶奶喜歡自言自語：「上人（證嚴法師）一天都不閒著的。能做一天就做一天，這都是寶啊！這都是寶啊！」「我們沒有了地球，還能有人嗎？地球平安，人就平安了，上人說的。」

二〇一七年王金華來到臺灣，趁機參訪臺北市的八德環保站，看到每位志工各司其職、看到了寶特瓶壓縮機，她與自己的細聲對話又出現：「那壓縮機就是我們沒有。有經費的話，就慢慢地、慢慢地買。」

現任玄奘大學宗教與文化學系主任、也是佛教弘誓學院創辦人的釋昭慧法師曾經在一篇論文中，提出對於慈濟環保站的學術性分析：（註2）

環保站同時也是心靈療癒和提供相互勉勵的地方。藉由參與環保回收，慢性疾病和心理疾病的患者可以因此得到心靈撫慰，進而改善自我狀態。（註3）而某些有憂鬱症、心理障礙、吸毒、賭博、酗酒傾向的受訪者，更以自身經驗證明，藉由參與慈濟環保回收活動，他們得以戒除所有不良症狀。而慈濟環保站成為一種新形式的佛教寺廟，提供宗教性的功能，提倡利他主義、合作、團結、謙讓，以及簡單生活的美德。

在「佛心」與「師志」的體念之中，護念眾生、惜福愛物乃至「怕地會疼」的價值信念油然而生。這牽動出慈濟人集體強大的慈悲能量，讓志工們在資源回收的工作場域中，對於自己的所做所為，產生了無與倫比的價值感。有此價值信念作為前導，因此志工們在工作時，所思所念不是「拾荒者」的無耐與悲情、不是「社會邊緣人」的屈辱與絕望，而是「愛惜物命，守護地球」的無比尊榮與無限柔情。這使得他們逐漸體會到身心靈、家庭、社會、眾生乃至土地綿密共生、相互依存的自然法則。於是，自然而然地產生了「無緣大慈」的生命能量，融入了「同體大悲」的生命海洋。這一連串的運作機轉，具體呈現出身心靈、家庭、社會乃至土地的療癒成果。

資源回收的場域，建構出環保志工的支持社群。提升的，是每個人物的自我實現以及更高的心靈滿足。沒有信念、凝聚核心以及成員之間的相互扶持，建構不出這樣的社群。

從富商林孝式寫到哈爾濱的庶民奶奶王金華有其脈絡。從中年到老、當人生終點一到，是否就算圓滿？人死後，入土為安就結束了嗎？對於證嚴法師與慈濟推動的社會觀，顯然每個生命的價值都是永無止境的。誠如前文提過，慈濟醫療志業在臺灣推動大體與器官捐贈、骨髓移植超過二十年時間。全球數十億人口的每個個體際遇不同，但每個個人能夠追求到怎樣的地步？更高的境界，是否能夠超脫個人的自我實現而轉化為利他的行為與心靈昇華？以下的例子，或許值得參考。

生命價值的終極意義

慈濟醫療志業中，關於大體老師與器官捐贈的感人案例多不勝數。但有個故事，反映的是一個自我不斷精神提升的過程。主角，是罹患小兒痲痺的牙科醫師蔡宗賢，往生時，年方五十四。

如果用數字量化蔡宗賢走過的義行之路，八年義診，他旅行了二百一十七萬公里、時間三千二百小時、交通花費超過五十萬。而醫師的專業人力成本，則難以計算。

文字，可以概略描述蔡宗賢內心的人醫境界。多年前曾經採訪過他，蔡宗賢對於偏鄉與開發中國家的窮困族群說過這樣一句話：「能夠拯救他們一顆牙、就讓他們多留一顆牙可以進食。」

職涯中，我曾經採訪過不同的國際醫療團，有時得到的是這樣的答案：「蛀牙不管大小，只能拔。現在不拔掉，後患無窮。」兩種情境與醫療專業考量當然不能過度簡化類比。不過以內心深處的出發點而言，蔡宗賢似乎更多了一層對於病患的真心祝福。

二〇一二年，蔡宗賢不幸因為肝硬化而往生。在花蓮的追思會中，遺孀王緯華將他的遺物——小兒麻痺拐杖、後背包、一個保溫水杯帶到現場，代表著蔡宗賢的精神永在。生前，他的診所每週只開四天。因為禮拜五與六、日，是蔡宗賢與花東偏鄉百姓相約的日子。八年間，除了參與海外義診，他從未間斷過。與蔡宗賢有八年革命情感的玉里慈濟醫院院長張玉麟說：「蔡宗賢以價值為中心，是仁醫、人生的典範。」

蔡宗賢的生命價值，一直到往生後依舊延續不斷。身後，他成為慈濟第二百七十位大體老師。

「蔡宗賢一生奉獻給醫療，我們全家人以他為榮。」妻子王緯華用這句話，致敬最親愛的牽手。

回溯故事。年輕蔡宗賢從陽明大學牙醫系畢業後，就在臺北松山舊街區開了一家診所，收入如同一般醫師優渥。不過有段時間，他對臺灣社會卻是充滿失望感，也興起移民新加坡的念頭。但一九九九年發生在南投集集的九二一大地震，瞬間打住了他的計畫。電視新聞傳來的災區慘狀，讓他百感交集、重新思考人生。同時間，蔡宗賢被全臺大動員的慈濟志工身影感動，隨即加入慈濟人醫會，開始搭火車到後山行醫義診的人生旅程。曾經與蔡宗賢同團到國外義診的醫師謝金龍回憶：「他雖然行動不便，但為了幫助更多患者，義診時都不敢上廁所，往往一坐就是好幾個鐘頭。」有一回義診，蔡宗賢在出發前不慎被熱水燙傷，但仍然堅持不退，讓同行醫師們都相當感動。

蔡宗賢曾說，自己是被「資源回收」送入慈濟的，所以更要身體力行「分秒不空過、步步踏實做」。一個小兒麻痺的牙科醫師行誼，讓生命價值提升到超越個體的境界。同樣，這個人物故事，或許唯有回到慈濟這個社群，方能加倍彰顯醫者的意義可以有多高、多深。五十四歲的壽命不算長，但創造出來的人生價值，無垠無限。

全球性的心靈成長道場

以組織結構來說，全球慈濟等於一個母社群。在這個最大的母社群之下，分別成立了各地分支會、社區組隊、人醫會、慈警會、慈誠隊等等功能團體。母社群下的子社群分類分工明確，讓組織凝聚力、團體精進力與支持力，成為母體最重要的動員力。

本章陳述的是，慈濟志工中有知識分子、企業領袖、社會菁英、普羅大眾、社會底層邊緣人、甚或犯過罪的更生人。但這群人不管心理、生理、安全需求是否已經得到完全滿足，卻仍然願意往更高的心靈境界努力。其實在順序上，證嚴法師並非先透過傳統宗教模式讓所有慈濟志工與會員產生信仰，而是透過所謂的從「善門入佛門」，循序漸進、讓大家從個體所做開始省思，進而產生信仰。重點是，佛教慈善團體中，不同宗教信仰與社會階級的人，都被平等對待。

環保站裡，可以看到不同年齡與階層的民眾，從小兒到人瑞，從博士班學生、實業家、警察、計程車司機、家庭主婦到外交官皆有。然而，更多無法估量的貢獻，值得關注。

在昭慧法師的論文裡，更點出這群致力環保的群體，能夠創出多大的隱性效益——

在資源回收與處理作業的在地環保志業中，我們看到慈濟人落實「社區實踐倫理」的成功典範。這些療癒成果，到底節約了多少全民健保的國家成本？到底促成了多少生命活力、生活品質、健全家庭、幸福社會與清淨國土？這些總體效益，實在很難作精準的量化表述。（註4）

行文至此，再度想起一個曾經採訪過的環保志工，他是雙眼幾乎全盲的李源興，住在馬來西亞檳島（Penang）對岸的威省北海區（Butterworth）。二〇一六年年中完成採訪紀錄後，年底，李源興往生。

李源興的人生，同樣充滿戲劇性起伏。年少輕狂，在突然罹患腎病後引起視網膜病變。眼睛血管一度爆裂，流出紅色淚滴。視力，開始嚴重衰退。妻兒、工作，一夕之間全部遠去。幸運地是，慈濟檳城洗腎中心的免費醫療，讓李源興保住生存的契機。視力微弱、最感無助之際，他曾經半夜騎著摩托車往檳威大橋駛去。一度，想直接往橋下跳、來個一了百了。但年邁老母猶在，李源興只能忍下這股絕望中的衝動。在洗腎中心，他慢慢感受到心理療癒的力量。不管是醫護人員的細心，或是電視機銀幕裡的大愛電視節目，都逐漸轉變了李源興的心境。這些看似杜撰的勵志故事，其實都是真人真事，但過程之苦、情境之難，只有當事人能夠體會。

不斷成長的心靈培力

記錄李源興，的確讓側寫者深覺不可思議。幾近全盲，他雙眼緊貼著電視銀幕、硬是要收看大愛電視的內容。環保站裡，他透過微弱光線，判別寶特瓶的顏色。拿起寶特瓶，瓶蓋是硬的、瓶身是軟的，他靠的是觸覺。分類鐵鋁罐，他用敲的，靠的是聽覺。從不同音色中，就可以知道手中拿的是鐵罐或是鋁罐。

回到鄉間的家，門楣掛著「隴西」二字。在門口，李源興跟媽媽繼續做著手工。訪談之間，李源興突然哽咽、紅了眼眶。他說，覺得自己是一個很幸福的人。雖然是被慈濟長期照顧的腎友，但李源興並沒有失去更為積極的人生動力。從前，他必須到附近廟宇領取每個月幾百塊的救助金。隨後，因為免除洗腎的鉅額負擔，他除了生活所需之外，也養成每天儲存零錢當作善款的習慣。終於，一個受助者開始擁有助人的能力。以前的李源興，從未想到會有這麼一天。

為了成為正式的慈濟受證委員、存一張機票錢到台灣，李源興透過朋友介紹去做通馬桶的臨時工。這種臨時工作必須忍受惡臭與髒汙，但工錢很高。服務了四十三個家庭後，李源興終於完成多年來的心願。除了環保，他也是腎友小組志工。孝順的李源興透過言行，讓母親放心。照顧戶訪視、環保站動動手腳，他也常常帶著媽媽一起，讓老人家有機會離開蝸居環境、與人群接觸。

「眼盲、心不盲」，或許是形容李源興最簡單、也最貼切的字眼了。

四個故事、四個不同的人生轉折。社會學裡的專業詞彙「培力」（empowerment），在慈濟這個特殊場域裡不斷被複製與實踐。但最大的差異是，慈濟這種社群的方法與核心精神，不只培養生存能力、更積極激勵所有人追求心靈的昇華與平靜、以及把自己身心照顧好後，願意利益社會的動力。

「出來混，遲早要還的。」每個人，終將對自己畢生所做有所償還。但林孝式還的方法不同、結局自然也就不同。

脫離娛樂四大天王名號的林孝式說：「自己可以省，可以少買、可以少享受，但捐錢為善，我捨得。我還是愛錢，但現在愛的錢，是可以幫助更多人的錢。」

往九十歲高齡邁進的奶奶王金華：「地球好好的，人就好了。」

想起二〇一六年的採訪，雙眼幾乎全盲的腎友李源興說：「見苦，知福。跟比我苦的人相較，我真的很幸福了。」

而微笑與身影永留人間的蔡宗賢醫師則說過：「如果每一個人，都能隨時試著去當別人貴人的話，對，這就是我想要的！」

馬斯洛的穹頂之上，境界無限。

註1：Mark Zuckerberg, "Building Global Community", facebook, 2017-2-17。網址：https://www.facebook.com/notes/mark-zuckerberg/building-global-community/10154544292806634/。

註2：釋昭慧，〈「行入」慈濟大藏經——以慈濟落實「社區倫理」的環保志業為例〉，刊《法印學報》第二期，二〇一二年十月，頁七一—八六。網址：https://www.hongshi.org.tw/userfiles/file/faryin2-3.pdf。

註3：此類真實個案不少，但多以當事人訪談歸納出結論。雖邏輯上應深具關聯性，但暫無「嚴格定義下的醫學研究」佐證。現有學術性研究舉例如下：http://www.tzuchi.org.tw/featured/ 慈濟人文 / 第五屆慈濟論壇 / 議程與學者論述 / 慈濟環保活動對年長者之慈悲心、生理及心理健康之影響；環境永續與公益模式之縱貫性研究。

註4：同註2。

第四部

未來現在

佛陀起點

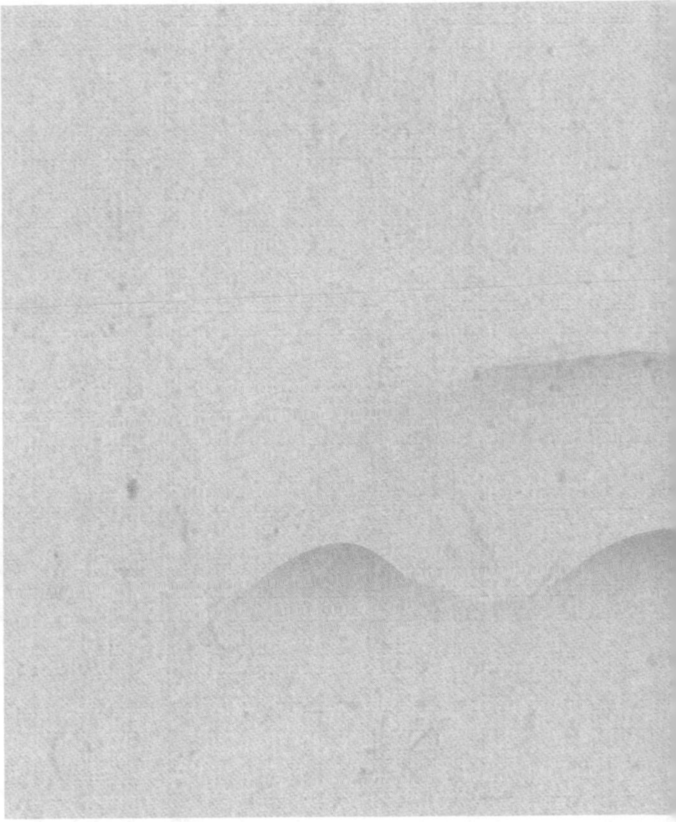

第一章／人生、怨懟與幸福

二〇〇八年，一場大災難從美國華爾街往全球蔓延。這場災難，在史上被稱為「金融海嘯」。摩根士丹利（中國）銀行（註1）董事長一夕之間失去工作。這位董事長來自臺灣，他的名字是羅綸有。二〇一九年的羅綸有，已經重回金融圈多年，並以星展銀行董事總經理、以及永續委員會主席之職位，繼續活躍於本業。

羅綸有的職涯充滿戲劇性。商業媒體常以銀行家稱呼他，卸下董事長頭銜之際，仿若從雲端跌落凡塵。但是，失落感很快被希望感取代。羅綸有不是個執著頭銜的人，他在盤整心情與思緒後決定轉換跑道創業，從金融界轉戰電影圈。電影，是他的興趣。從學生時代，羅綸有就喜歡電影。一年看上百部電影，更是常有的事。

跌落人生谷底的銀行董事長

對羅綸有來說，經歷二〇〇八年的低谷之後，自覺已經回不了金融圈。他擔任過花旗銀行「南中國區總經理」及「商業銀行中國區總經理」等職，移居大陸許多年。對大陸產業市場，具備相當的了解。思緒重新盤整後，他相信大陸電影將會隨著經濟發展而蓬勃成長。但，銀行界的金律之一就是「不從事冒險的行業。」羅綸有的重新出發，究竟是一場充滿熱血的冒險？抑或嚴謹評估後的自信之旅？在這個時刻，一切未知。

答案暫且保留，但創辦一家電影公司成為這位銀行家的願景。羅綸有分析趨勢，相信投資電影製作應該有可為，未來更有機會在大陸電影市場占有一席之地。不過隨著兩岸政策的擺盪、以及對岸電影實力的急速飆升，羅綸有的商業電影理想，在政治與大陸電影生態的重組中，暫時畫下休止符。這的確是一場大膽的冒險、也來自趨勢分析後的自信，但以商業結果而論，仍算是場失敗。如果人生如戲，這位金融菁英可說短時間內，連續兩次遭遇挫折。

不過，羅綸有具備正向思考的人格特質。即便實質上這場冒險並未成功，但欣慰的是，原本著眼商業市場的他，卻因為「緣」這個字，意外資助了以知名攝影師李屏賓為主角的紀錄片——《乘著光影旅行》。

羅綸有認識姜秀瓊和關本良兩位導演後，聽到他們花了許多心力，一個強迫孩子斷奶、一個婉拒多部商業片的攝影邀約，只為拍出李屏賓這位攝影大師的紀錄片。不過這部片子收錄了李屏賓十八部電影作品片段，光是版權，就所費不貲。導演除了期待資金協助外，也需要商業與藝術間的平衡思考，便邀請羅綸有加入團隊。回憶這段因緣，羅綸有對記者說：「我本來只想拍商業電影，拍紀錄片不可能賺錢。但我想讓他們把事情做完。」出於對電影行業的尊敬、對李屏賓過去作品的肯定、以及對兩位導演才華的欣賞，羅綸有決定把投資該有的商業考量丟在一邊，並擔任這部紀錄片出品人及發行人的角色。

在羅綸有的支持下，這部作品終於得以完成。二〇〇九年，它入圍金馬獎最佳紀錄片，並在二〇一〇年的台北電影節大放異彩。除了榮獲百萬首獎，更奪下最佳紀錄片與最佳剪輯獎。同年的臺灣國際紀錄片雙年展，亦獲好評。

專業與良善的多元斜槓

其實，羅綸有是個同時具備金融專業與慈善內涵的人。任職中國花旗銀行期間，他就帶頭邀約同仁參加志工行列。透過資源、結合廣州中山大學管理學院的學生創意，花旗銀行在大陸資助創立了兩所偏鄉圖書館，也大幅提升了品牌形象。

二〇一三年，羅綸有多了一個身分——慈濟委員。嚴格來說，論及加入慈濟的時間長度，他還不算資深。但透過委員培訓過程、以及有緣參與證嚴法師行腳會客的場合，對慈濟的基礎認識已算完整。

選擇邀約羅綸有一席訪談的動機，是希望從另一個相對客觀的角度詮釋慈濟之於社會的意義、以及未來永續的思考觀點。首先，羅綸有具有全球趨勢的觀察分析力；二則，他並不是一個在尚未完整理解慈濟、就依著主觀好惡分析評論的社會菁英。最後，他的分析評論基礎，來自本心的善良與希望世界更好的期許。相信這樣的討論會是中肯理性、並帶有希望感的。

從山頂跌落谷底、從谷底再起，卻還是「帶著微笑」收場；最後，他重回自己擅長的領域，並繼續利益社會。書寫金融家的人生起伏，往往是商業媒體的最佳取材與賣點。但羅綸有的故事、人格特質、對於臺灣與慈濟未來發展的永續觀點，其實是少為人知的一面。

一九九九年的南投九二一大地震，羅綸有第一次注意到慈濟這個團體、並且敬佩不已。在二十年前，慈濟的救災效率與後續的大規模援建、諾言實踐，讓它獲得極高的社會信任度。二〇一五年，羅綸有對於慈濟已有相當理解與認同。這一年的輿論風暴中，他努力在自己的好友群組中懇切釐清謠言。不過，依舊有些摯友無法理解這位理性溫和的人，為何選擇在浪頭上替慈濟辯護。

金融家的緣分與良能觀

與羅綸有的一席交談，常常聽到兩個字——「緣分」。早年，他對佛法有著濃厚的興趣。雖然謙稱談不上是個佛教徒，但羅綸有很相信佛法中蘊藏的智慧。與這位金融家相談，內容圍繞在社會現象、生命哲學與未來性。關於善良二字，羅綸有有著來自證嚴法師的教導以及自己的體悟：「良就是良能，是個人本能的問題。上人（證嚴法師）也講善與惡之間的拔河。世界上，有很多個人對善與惡的看法都不同。但每個人的內在一樣會有善跟惡，這都是人心本就具有的東西。良，就是內在好的東西。自己思考過、想通、也認同了，這就是內在良能。」

不過羅綸有對於良能的解釋遠不止於此。他說，良能也包含了戒：「人的惡，如何透過內在良能去反思？最簡單的，就是不要傷害別人；最高深的，就是不要傷害別的物種、不要傷害別的生物、不要傷害任何東西。良能就是找到自己作為人那好的一面。自己去思考、去認同、去鞏固。再搭配戒，這就是內在。」

談到善，羅綸有的解釋比較外顯。

他說：「去關心、去同理、怎樣去讓別人更好？如何體諒別人的不足、軟弱、與惡。當你知道善惡同時存在於每個人心中的時候，對別人的惡要體諒。」

羅綸有相信，所謂善，不見得限於參與賑災或其他慈善行動，而是透過連結、幫助所有人提升。他說：「我認為這些都是善。也許是言語上、或是隨手的一個行動。每個善念，就是無我。把自我的成分降低一點、讓別人更好，這就是善。」

二〇〇八金融海嘯過後十年，羅綸有對世界與臺灣的觀察，透過經濟語言闡述。

莫名的怨懟，究竟從何而來？

羅綸有條理清晰，他分析金融海嘯到現在的十餘年當中，全球社會產生了怎樣的根本變化：「全世界過度通貨供給氾濫，但卻沒有引發大規模的物價波動。通貨沒膨脹、物價也算平穩，真的堪稱是奇蹟。過去，鈔票印太多的話就導致通貨膨漲。但後來真正膨脹的卻是資產價值，如房地產、股票、以及貴重金屬這類。」

「這十餘年間，所有國家的工資水平都沒有太大的成長。但是房價墊高、善用財務投資的人變有錢了。所以，相對剝奪感跟中產階級的弱化成為關鍵的社會問題。早年的大學生一畢業，就可算進入中產階級了，但現在的感覺是買不起房子、也生不了小孩。中產階級開始成為社會的弱勢，失去自我認同。於是，相對剝奪感與怨懟就會變大。」

「怨懟」在這段話中，似乎被反白與放大了。因為，這或許就是當代社會最不缺乏的一種氛圍。

整個世界、人間問題，多半難解。政治能做的，到底有其極限。但社會整體、包含商業與第三部門一起努力找到解方，會不會才是正面積極的態度？慢慢地，羅綸有從一個慈濟委員與志工的身分，更為細膩觀察這個團體。他去過菲律賓遭到海燕風災重創的獨魯萬市協助賑災發放、到醫院擔任志工、積極參與靜思書軒舉辦的人文講座、在社區包場放映優質紀錄片與志工會眾們分享。而回到自己的專業領域，羅綸有對於社會公益活動，依舊熱血不減。

羅綸有說：「講到緣分，其實每個崗位都有資源，包括我現在的銀行也是。但要怎樣才可以把善的人跟好的緣分結合起來？幫助我認識的人把這些事做好？我覺得很多事不用等到退休，因為緣分一直在發生。有些緣分是我在這個崗位上才有的，有的話就試試看。其實大部分的銀行都在做這些事（社會公益），可是多半由公關部門負責，不見得有人願意帶頭。這種事除了很花時間、也未必保證成功。但是當你願意真正付出，並帶來周遭正向改變的時候，大家都會很有滿足感，這跟慈濟理念非常接近。在我工作的銀行裡，經常性參與志工活動的人，離職率都非常低。」

關於幸福的科學對話

前往獨魯萬賑災時，羅綸有與曾經受災的民眾互動，發現他們已經變得非常樂觀。有家人往生的民眾比例很高，但透過慈濟志工的關心，他們的心境變得更為正向。雖然生活條件普遍不是太好，但當其他地方發生災難，這些民眾也願意捐錢助人。坦白說，真的不容易。

羅綸有一席話，帶著親身體驗與細膩觀察後的融合：「人存在價值的認知在於有沒有能力幫助別人。當你開始實踐付出布施的時候，相對剝奪感就會減少。因為，你知道自己是個有能力的人。」

從銀行裡樂於擔任志工的員工離職率低談到獨魯萬的受災民眾，羅綸有的話語並非沒有科學理論佐證。人心深處的存在感與昇華感，未必來自物質與金錢，而是「我可以」。

「我可以」這三個字，或許就是一種最珍貴的幸福感與希望感。

二〇一九年中，證嚴法師行腳至新竹時，與美國約翰霍普金斯大學（The Johns Hopkins University）施益民教授相談。當時，對於佛法有深刻研究的施教授分享了一個科學理論：「大腦有個區塊，會在見聞人間苦難時浮現悲憫心，可稱之為『慈悲利他』的區域。」施教授所屬的生命科學團隊，正在研究相關議題。

施教授從人類談到貓狗，他相信連動物都有「慈悲利他」的大腦區域。教授並引述達爾文（Charles Darwin）的《進化論》（註2），強調具備同情心的生物才能長久生存。這場會談，堪稱宗教、科學與醫學對於慈悲心、幸福與利他的跨界交流。

在場的臺中慈濟醫院院長簡守信院長也回應：「達賴喇嘛（Dalai Lama）曾與美國的神經醫學團隊合作，進行功能性的核磁共振實驗。實驗結果顯示，人在思考某些事情的時候，大腦某個區域的活性就會增加。達賴喇嘛的大腦活性反應，與一般民眾存在著明顯的差異。如果透過科學研究，讓慈濟志工觀看賑災的相片、回想自己參與的過程，或許可以找出大腦中特別活躍的區域、以及哪個部分的神經迴路在作用，可讓人變得更為慈悲。」

簡守信院長就此論點延伸分享。他認為，如果以生物演化的角度，當一個族群的動物都需要互動或互助才能生存，慈悲與同情心的基因就會存在。人類也是群居動物，要生存就必須互助。因此，慈悲利他的基因也會隨著演化保留下來、並且變成很重要的一部分。不過，如果生活在複雜的環境，面對的都是爾虞我詐的局面，這個部分就會被抑制，所謂的慈悲心與善念都將啟動不了。

另一種科學演化的觀點與反思

過去十餘年間，世界變化得很快。社群文化與科技，可以讓一群素不相識的人，在對爭議性話題還無法全知的前提下就起心動念、發酵情緒。本段文字無意針砭任何透過社群發起的活動，但有個故事，或許值得大家思考。

二〇一一年，Google 中東及北非地區行銷經理威爾・戈寧（Wael Ghonim）透過網路發起中東「阿拉伯茉莉花」革命。這個埃及史上罕見的群眾運動，成功推翻當時的總統。威爾・戈寧，也名列當年美國《時代》雜誌評選「全球最具影響力的一百人」之一。（註3）

但遺憾的是，埃及民主化並未真正實現。因為新總統很快就被軍方推翻，而族群對立狀況，也並未真正因為這場運動獲得改善。茉莉花革命很快在中東世界蔓延起來，並間接引發敘利亞的內戰。若論因果，敘利亞難民問題，成為另一種蝴蝶效應的因產生的果。

多年後，威爾・戈寧在 TED Talk 的一場演講中，表達了自己的體悟與懺悔：「我曾說過，想要解放社會的話，需要的其實只是網路。但我錯了。因為網路讓我們團結在一起。但最終，它也撕裂了我們。」（註4）

一位對於改變國家充滿理想性的科技菁英，見證到群眾集體反撲政權的成功與狂喜。但最後的結果，其實是帶了點悲劇性的。

從國際政治呼應羅綸有分析的全球性現象，不管是中產階級的弱化與相對剝奪感、或是貧富不均、族群對立，都很容易造成社會動盪。對治來自人心深處的不滿，政治手段無法解決根本問題。全球性的正信宗教，或許更該扮演積極入世的角色。不過，除了信仰與儀式，如何透過方法引導不同社會階級的人們，在一個共同信念下自我淨心、對外利他？

很多事情，你得要很有修為才行

雖然是個大哉問，也是實踐困難之處，但羅綸有認為，慈濟在過去五十多年間，對於根源於人心的許多問題，其實已經找到方法：「慈濟最大的貢獻在於透過八大志業，讓所有參與的人得到醒悟。它把很多人教得很好，是一股讓臺灣社會更為祥和的巨大力量。想想看，這麼多年來，參與者是以幾十萬、甚至百萬計。救災扶貧雖然未必能夠幫助到所有人，但起碼幫助到所有參與的人。參與者得以因此思考良善的意義與如何自我實踐。在臺灣，淨化人心這件事沒有人做得比慈濟更好，這點我敢打包票。淨化人心不是口號，慈濟讓參與者透過縮小自己（學習謙卑），進而提升自己；透過對善的實踐與認知，確立自己的目標、了解自己能做什麼，最後獲得印證。關於這個角度，慈濟的成就是無法衡量的。」

羅綸有分享了一個自己的感受。

兩年的委員培訓過程中，他曾在花蓮慈濟醫院當了一個禮拜的志工。期間，看到社會上形形色色的人。這些人的教育程度落差極大，志工群裡有碩博士、有小學畢業、甚或沒讀過什麼書的；職業上，從總經理到做工的、教書的都有。

羅綸有回憶：「志工們的心，真的放在如何把事做好、怎麼縮小自己。一有事，就自動有人出來承擔。他們無私、考慮到別人的感受。這要修心修得很好，才能做到。我在我的行業裡可看到很多精采人物，但是去到那邊真的讓我很震撼。不管從年齡層、教育層、行業各方面，每個志工都是很好的榜樣人物（Role Model）。隨機的聊天中，處處可以體會到佛法。有人即便教育程度不高，但講出來的故事都很動人。」

有次，交通車司機遲到半小時，也沒解釋原因。但是站著等待了半個多小時的志工群裡，沒有任何人顯露負面情緒。

羅綸有說：「指責這件事，好像沒有發生過。反而大家都在想，這司機會不會出了什麼意外？志工會體諒，上車後全部感恩司機，沒有絲毫怨懟。我不覺得這只是禮貌或是情緒上的平和。很多事情，你得要很有修為才行。」

修為，是宗教與哲學語彙。但如何讓自己的心境不隨著社會動盪而不安起伏，其實才是真正對每個個體有益。心不隨境轉，容易嗎？重複前述簡守信院長說過那句話：「如果生活在複雜的環境，面對的都是爾虞我詐的局面，所謂的慈悲心與善念都將啟動不了。」

真正的幸福來自主觀感受、而非統計數字

當代社會不比過去，環境的複雜度只會更高、不會更單純。尤其資訊的獲得快速便利，但卻也充滿錯誤、仇恨與矛盾無知的價值觀。很多衝突，往往來自一個小小的事件與導火線。很多怨懟，來自比較心、或是來自「期望值未達」的失落。

其實，因為網路普及而造成的社會負面現象，證嚴法師感觸良深。作為一位年過八旬的佛教法師，他對科技並不陌生。羅綸有舉例，他的一位科技界好友十多年前造訪證嚴法師談及網路之時，法師的第一個問題，用的竟然是「IP Network」這樣的字眼。對於科技，

證嚴法師善用其正向優點，但也擔心所謂的「末法」就在每個人指尖的行動裝置裡：「現在都Google，沒完沒了的法在裡面。但也會影響人變得不尊師、不重道。不像古人，必須千里求師、求法。」

科技越先進、世界越複雜，人們更該追求的或許不是向外，而是往內。其實，人類一輩子的總體追求，無非就是幸福二字。而真正的幸福來自主觀感受、而非統計數字或是學術指標。

在聯合國的研究報告裡，全球最幸福的國家幾乎都在北歐。而不丹（Bhutan）這個位於喜馬拉雅山下的小國，更曾於一九七四年提出「國民幸福指數（Gross National Happiness）」的概念，以追求幸福度取代經濟發展。它，一度被稱為全球最幸福的國家。然而，以數字衡量幸福，終究離不開社會與時代變遷的波瀾。隨著社會結構更形複雜，不丹除了自殺率飆升，憂鬱症等文明病也更為嚴重。幸福國的形象，在近年來開始幻滅重整。（註5）

羅綸有在自己的慈濟筆記裡，回憶二〇一四年參加菲律賓獨魯萬海燕風災第九梯次賑災團的感受。

筆記裡如此寫著：「當我們在災後進入以工代賑的社區訪視，受到英雄式的歡迎。雖然是個下著小雨的清早，但街邊的商家住戶都以開朗的笑容、甚至唱歌跳舞的熱情來歡迎我們。半山上的住戶，也都探頭從窗戶向我們招手。連路上三輪車的乘客與車夫、騎著腳踏車經過的大人小孩，都親切地向我們道感恩。沿路許多斷垣殘壁上掛了感謝慈濟的標語。其中一個牌子上寫著——『謝謝慈濟，我們沒有屋頂、我們沒有房子，但是我們沒有放棄希望，因為有你的幫助。』以前看見苦難時，我多半會感覺到自己的渺小與無能為力。但這天的步行途中，我感覺到無比的信心，也感覺到無比的幸福。」

這個幸福感，來自內心深處的希望感。或許也回應了羅綸有先前說過的：「因為透過參與，知道我可以。」

除了對於全球性經濟局勢演變可以侃侃而談，羅綸有對於臺灣社會變遷與現象亦有其洞見。對於成立超過半世紀的慈濟基金會，更有著深遠期待。

一個依舊良善的小島

臺灣擁有華人世界最自由與最民主的政治體制，其移民性已經從原住民、來自大陸各省的族群，進化到東南亞移民匯入的多元融合時代。關乎平權、關乎政治、關乎經濟、關乎永續的論述，可說百花齊放。往好處看，這樣的自由度可以引領臺灣更與西方主流思想接軌；但前進的同時，不可諱言地也造成了族群與意識型態的分裂動盪。這五十多年間，前來向證嚴法師求教的政治人物無數。除了不分黨派、更不分階級。從總統到中央部會、地方首長與官員，請益者可說年年絡繹於途。這也顯見，政治人物，依舊渴望獲得宗教領袖的哲學指引、以及慈濟基金會的社會影響力。

談到臺灣社會的本質，羅綸有如此看待：「臺灣是一個很特殊的文化結構體。雖然受到美、日文化的強勢影響，但底蘊上還是中華文化。海島本身，就有一種開放的屬性存在。但這幾年，臺灣的社會氛圍更為開放。以前三強鼎立，現在連歐洲與其他不同的文化都有成長的空間。不過受限於二千三百萬人的小市場，在極端多元、而且對不同文化保持尊重的環境中，結果就會是比較淺薄，變成速成文化。」

多元、速成、貧富差距、社會問題、族群差異與預期心理充滿落差的交疊，造成的結果可能就會是怨懟大於幸福感。從媒體關心的話題不離政治、充斥浮濫膚淺的低成本內容與小確幸價值觀，或許就反映出羅綸有的觀察。不過，萬事皆有正反兩面，端看世人用什麼角度去解讀。

作為一個正向思考型人物，羅綸有分析：「臺灣對多元文化將會更包容、更尊重。尤其我們的信仰自由度是華人社會裡面少見的，不同宗教都可以變成滋潤社會的養分。宗教除了多元發展，其社會投入度也算是非常足夠的。另外，臺灣的慈善NGO、社會企業，以及訴求兼容經濟，創造共益的B型企業（B Corporation，簡稱B Corp）（註6）都發展蓬勃。有些年輕族群開始選擇投身這個領域，他們知道這不是個可以賺大錢的地方，但卻可讓自己安身立命。總歸來說，臺灣還是一個很善良、一個充滿善意的地方。」

怨懟的反面，一股追求幸福的良善力量依舊存在。只是這股潮流的強弱，終將影響著這個小島的未來。

「剛講的社會現象與制約還是存在的，但要相信我們的正能量是需要開發的。」羅綸有補充。

創意．內涵．有效溝通

對於慈濟，羅綸有的認同是肯定的。而對於證嚴法師，他透過商管語言如此形容：「第一點，上人是個CEO（執行長），真的是做決定的人、管得很Hands On（躬親與實際）。如果以企業比喻，他算第一代創業家。不僅有想法、有願景，執行力又強。比較檯面上成功的企業家，對每個企業的控制都很嚴謹。分析成功要素，第一個，組織內部必須有精神與道德上的認同。認同之下，照著這樣的方式做事，把事情做好的執行力就很高。這是慈濟過去多年來會如此成功的模式。」

其實，羅綸有相當理解慈濟是使命與志業，絕非企業。商管語言，只是個讓人更容易理解的解釋。但他對於這個高度認同的組織，也深有期許。因為成功模式建立後，面對下一階段的發展與永續性，往往更為艱難。

羅綸有自稱不是個批判型的人，但他提供了唯一的觀點：「第二個就是怎樣去激發組織內部的創造力。我覺得可能慈濟執行力太強了，創造力難免就會比較不易發展。第一點很強，得到的成功是直接、立即、明顯的。但是要創造，難就難在過程中必須允許犯錯。慈濟因為事情做得很對、做得很好，所以犯錯空間變得很小。但要有創造力的話，除了所有人在同一個大框架裡的認識與認同以外，哪怕多做一些發想，都會是創造力的來源。」

「如果上人還可以繼續住世五十年的話，都不用考慮這點。因為他想得比任何人都周到、更遠、更慈悲。以這樣的心胸，範圍變大、讓大家去嘗試，可能會更具創造力。」

羅綸有援引的是西方觀點——自由思想是創意的根源。這個觀點如何與東方型組織文化兼容並蓄，成為新的課題。尤其是如何與更新的世代對話？應該透過什麼形式與內涵達成？

「年輕人希望的是一個他們能夠接受的形式。這類形式已經更快速、更碎片化、以及必須更精準行銷的。並且，跟他們的喜好與價值是要能連結的。這東西必須要做到，才能連結到他們正面的能量。媒體，就是溝通。什麼是有效的溝通？什麼是長期有效甚至加上有趣的溝通？這是慈濟未來必須繼續努力與最大的挑戰。」羅綸有說。

嚴峻挑戰與新門檻——超越既有的成功

慈濟基金會已經可說是人間佛教分支下，在精神復古中同時具備創新性的宗教慈善團體。過去能夠獲得社會認同、並且將志業與使命從小島往國際延伸而去，實踐方法亦來自無數的創新。不過在鞏固慈濟宗門與靜思法脈的當下，能否以佛陀、印順法師與證嚴法師的思想為根，並隨著時代的變遷對治各種問題？對於大型國際非政府組織來說，局面是越來越艱鉅的。

「慈濟這麼成功，到最後就要面臨如何超越自己的成功。或是應該說，縮小過去的成功因素。成功因素太強大之後，也可能因此侷限了內部的創新與發展。」這句話，來自羅綸有的企業管理觀。

現任星展銀行永續委員會主席，從全球各個面向研究永續。羅綸有認為永續二字談的不僅僅是政治、經濟或是生態。

「所謂永續，就是現在的發展方式要顧及將來發展的可能性。最重要的是，找到平衡點。社會上，如果只講永續不講發展，就會落入基本教義派。不發展，怎可能滿足人類需求？但發展跟永續，永遠都在Trade Off（交換）之間找到最好的平衡點。慈濟的永續，當然又是個大哉問。在上人時代做得很好、未來也要做得更好。但在發展跟未來之間，除了能夠掌握上人的方向之外，也得在更大範圍以及上人希望我們完成的未來之間，找到平衡點。」

綜合羅綸有觀察過去十餘年與未來的所有看法，想解決問題、消弭怨懟、讓多數人獲得幸福，答案莫非就是淨心與利他如此簡單。但如此簡單的答案，卻又必須有人可以透過方法與智慧指出幸福之道、宣洩無窮的怨懟。

善念、祥雲與幸福

對於一個本心良善、人生棋局輸贏兼具的銀行家來說，宗教的引導，能夠提升自己的根性。對話至此，主題逐漸回到佛典。言談中從世界、社會、金融、電影到慈濟，每段話都體會得到他的人文氣質。

羅綸有從「緣起性空」講起。他說自己很早就有背《心經》、讀佛典的習慣，最喜歡的五個字是「隨處結祥雲」。這五個字，其實是《爐香讚》裡的一小句話。而《爐香讚》，則是許多佛教儀式前表達敬意的頌詞。

羅綸有相信：「每個人只要心存善念、所到之處就會結成祥雲。」把握緣分行善而不猶豫，是最重要的關鍵。

從羅綸有的故事談到社會脈動、怨懟與幸福，回想到請教過慈濟慈善基金會執行長顏博文的一個問題——如何看待幸福兩字？其答案，似乎與本文有異曲同工之妙。

當時，顏博文執行長的回答是：「幸福與快樂是有區別的。快樂來自感官，幸福來自精神。如果人生疑惑得以解開，從根深柢固帶來的心的沉澱、新的人生、目標清楚。那種平靜跟法喜是源源不斷的。每個人都有不同的障礙，一定有煩惱。當你想通、體會到、解開了，這就是最幸福的事。此刻，雜事只是過程。路上的小障礙，就會很容易化解。」

最後，始終帶著微笑的羅綸有分享了自己慈濟筆記裡的另一段體悟——

剛到慈濟的時候總會想，我要替慈濟貢獻心力、好好做些事情。慢慢見的慈濟人多了、聽的故事多了，就開始心虛了。也自然，會懂得縮小自己。做，當然要做，但真的沒什麼了不起。我才剛到山腳下呢，山這麼高，我得先學學如何爬山。

許多人第一次到慈濟都會問同樣的問題——上人不會永遠住世。那，之後的慈濟會如何呢？我聽到最棒的答案是——「人生無常。上人住世的時間可能比你還久呢。與其擔心這事，還不如想想自己應該如何利用剩餘的時光吧。」

有緣與金融家一席相談，獲益甚多。能夠長遠住世的，或許正是證嚴法師一生的佛法實踐與思想。但，消除怨懟、獲得幸福的真正方法，回歸到每個個人。或者，就像羅綸有體悟過的「參與者」三個字吧。

註1：由曜稱「大摩」的摩根史坦利 Morgan Stanley 銀行所併購的商業銀行。

註2：演化論（Theory of Evolution），Evolution 字義有演變和進化兩種概念，達爾文的演化論使用演化概念，是用來解釋生物在世代與世代之間具有發展變異現象的一套理論，從原始簡單生物進化成為複雜有智慧的物種。從古希臘時期直到十九世紀的這段時間，曾經出現一些零星的思想，認為一個物種可能是從其他物種演變而來，而不是從地球誕生以來就是今日的樣貌。當今演化學絕大部分以達爾文的演化論思想為主軸，是當代生物學的核心思想之一。參維基百科：https://zh.wikipedia.org/wiki/ 演化論。

註3：Mohamed ElBaradei, "Wael Ghonim:Spokesman for a Revolution", The 2011 TIME 100, 2011-04-21. 網址：http://content.time.com/time/specials/packages/article/0,28804,2066367_2066369_2066437,00.html。

註4：Wael Ghonim, "Let's design social media that drives real change.", TED. 網址：https://www.ted.com/talks/wael_ghonim_let_s_design_social_media_that_drives_real_change。

註5："Suicide Cases, Still A Concern", Business Bhutan, January 8, 2019. 網址：https://www.businessbhutan.bt/2019/01/08/suicide-cases-still-a-concern/。

註6：由美國非營利組織B型實驗室（B Lab）發起的B型企業認證，致力推動「『對』世界最好的企業」之重新定義企業成功全球運動。針對認證企業的公司治理、員工照顧、環境友善、社區照顧和客戶影響力等五大面向，依產業類別、員工人數規模進行客製化的量化評估，通過一定標準的企業，方能獲得B型企業認證。B型企業正在重新定義企業的成功，並且建立一個更包容、更永續的經濟。參B Lab Taiwan 網站：http://blab.tw/what-is-b-corp。

第二章／深透人心的力量

特色書店，可說已經是臺灣對外的人文形象之一。暢銷書排行榜上除了理財投資，名人成功故事，最反映讀者需求的，可能就是心靈類的作品了。從書店談起，談的是一九八九年的一本暢銷書——《證嚴法師靜思語》。（註1）

一九八九年，《證嚴法師靜思語》出版問世。

二〇〇九年，《證嚴法師靜思語》出版二十週年。協助本書出版的資深報人高信疆先生，因病辭世。

二〇一九年，《證嚴法師靜思語》發行三十年。

二〇一九年，在一場對話中，證嚴法師說：「何居士（何國慶）很發心，他到了加拿大，將靜思語帶了過去，也被接受、融入了當地學校教材，之後還推動到國際；我講的話如一陣風，但被集結整理後就有不同。」

一陣風，如何成為智慧語錄？故事，必須回到一九八九年。

我講的話如一陣風，但集結整理後就不同

一九八九年，我為了重考大學傳播系，在南陽街度過整整一年。課餘，也常常流連於

重慶南路那條書街。舊年代，閱讀風氣極盛。印象中，重慶南路大小書店的醒目展示架上，幾乎都看得到《證嚴法師靜思語》這本著作。

年輕時，對於慈濟與證嚴法師一無所知。翻閱書頁間除了感覺文辭簡單優雅，只能從九歌版本的封底框框裡稍稍理解這些話語出自於誰。對於一個「高四英雄」（按：從新浪潮電影《國四英雄傳》引申而來）而言，文字間偶然的一句話，可能就會轉化重考的苦悶與煩憂。在我租屋蝸居處的書架裡除了講義與參考書，還有一堆心靈雞湯類的文學作品，除了紀伯倫（Kahlil Gibran）與泰戈爾（Rabindranath Tagore）的書，《證嚴法師靜思語》也在其中。

人生的價值與心境，取決於是否願意思考、並從智慧話語中汲取養分。《證嚴法師靜思語》，或許就是這樣一本書。對於生命遭逢困境的人來說，它並不難。靜靜讀完，很容易充滿療癒感與激勵感。而每段話中，似乎也蘊含著多樣的視角。不過，這本心靈書並非大量引用名人智慧語的著作。話語字詞本身，都有嚴謹的意義安排。除了文學上的韻腳、也看得出簡明易讀的排版風格。當某段字句與某位讀者的生命經驗產生呼應，即生餘韻不斷之感。

回到第一版靜思語編纂的年代，臺灣社會正面臨快速變遷與各種體制的衝撞。九〇年代後出生的人，對於「臺灣錢淹腳目」、「亞洲四小龍」這些名詞，已經相對遙遠、甚或無從想像。但，八〇年代的臺灣社會，正處於一個價值觀混亂的時代。

變遷激烈的大時代

如本書前述，八〇年代中期，政治戒嚴令解除，開啟了民主化和本土化的大門。這個時期，經濟蓬勃發展。社會上不分階級，進入全民搶錢的時代。一夕致富的歪風籠罩小島，亂象叢生。當時，投資證券、基金、期貨等理財管道並不普遍。民間資金尋找投資標的時，紛紛往地下經濟蜂擁而去。

「大家樂」簽賭風，放大了社會的浮躁感與拜金潮。一九八五年，大家樂一推出，短短半年內紅遍全臺。其魅力，遠勝早年的愛國獎券。這股簽賭風裡，不分士農工商。從企業家、政治人物、公務員、販夫走卒，都可能期期瘋狂下注。不過，中獎幸運者少、傾家蕩產者眾。歪風持續散逸，簽賭者到陰廟、墳場「求明牌」，更是怪事頻傳。社會怎麼了？沒人知道問題。繼大家樂而起的，是來自香港的六合彩。也因為傾家蕩產者眾，挺而走險的犯罪新聞逐漸變多。當社會基礎價值觀變成是撈金與賭，不安與罪惡感，在社會底層隱隱醞釀著。

當時，慈濟在臺灣已經耕耘了二十多年。不過，多數民眾所知依然有限。聽過慈濟，知道是個行善團體，僅此而已。證嚴法師在花蓮靜思精舍裡修行、並為慈善與醫療志業的發展到處奔波宣說。這樣的社會氛圍，他心中自然有數。法師不發言批評、腳踏實地實踐著自己的理念。有緣理解參與的人，莫不感動萬分。證嚴法師與慈濟的名聲透過口耳，相傳到了西部。而法師的宣說傳法，則被記錄在錄音磁帶與無數的筆記裡。

這些話語，需要更有系統地整理、並且考慮出版成書，透過文字傳達正確的價值觀。

從磁帶與文字筆記中淘寶

足以影響社會的《證嚴法師靜思語》得以成書，有兩位人物值得一提。除了已經往生的報界文人高信疆，另一位則是地產實業家何國慶。其實，這本書得以付梓有其因緣，並非理所當然。

身為實業家，何國慶常常透過大額捐款支持慈濟。私下場合，也積極帶動產業界朋友的愛心捐輸。他與文化界，更是淵源深厚。

一九八六年，何國慶在公司同仁介紹下初次接觸慈濟，約略知道有位佛教法師發願在花蓮蓋醫院。他願意捐錢，但活動參與度不高。

當時，何國慶的事業相當成功。不過從商業角度思考，他認為這位師父雖然富有愛心，但實在沒有市場概念。第一，花蓮人口不多；再者，當地已經有軍方醫院、基督教醫院、省立醫院，再蓋醫院肯定虧本。不過，行善利他本來就是何國慶回饋社會的心意。既然是好事，也就值得繼續支持下去。

何國慶一筆一筆捐款。每筆善款，幾乎都可買上信義區的一棟房子。一九八六年，花蓮慈濟醫院正式啟用，他和太太受邀參與典禮。不過，和慈濟的「緣分」，依舊還停留在捐款階段。

更深的緣分很快到來，何國慶開始有機會與證嚴法師深度接觸與對談。他逐漸理解，原來真正的行善不單單是蓋醫院、建學校。只有宗教家的情懷，才足以感動醫護與教育者願意跟隨與投入。在這個轉折點，何國慶改變自己原本想辦教育、做慈善的個人想法，轉而大力支持慈濟。

一代報人高信疆受邀主編

何國慶是個實業家，也是個文人。他喜歡歷史與閱讀，富有文思。每次回到靜思精舍，看到簡陋書架上堆滿結緣書，內容多是謄錄自證嚴法師的開示文稿。一翻開，編年體式地記載著日期，天氣等等細微訊息。以珍惜師父字字句句的角度而言，這種書體並沒有錯。但如果以一般讀者的立場，何國慶認為：「哪有人出書這種寫法？像錄音帶聽打一字不漏。」面對這些厚重書籍，他覺得萬分可惜。如果智慧警世之語被隱沒在複雜文字中，將失去其珠璣般的價值。何國慶發現，證嚴法師最精闢的智慧語常常隱藏於接待各界訪客的對答之中，應該要想個辦法推廣。如果可以將法師的處世思維推向文化出版界，肯定能夠因應時代需求、並經得起考驗。對此，他深具信心。不過，集結編纂成書的想法，必須找到能人相助。

於是，何國慶積極行動，誠懇禮請《中時晚報》社長高信疆參與。當年，高信疆在媒體界名望甚高。三十歲不到，已經擔任中國時報《人間副刊》主編。戒嚴時代，他不畏強權，多次突破禁忌、勇於開闢版面，為重要議題提供發聲空間。一九七〇年代，他的報人文采已經鋒芒畢露。

高信疆相信「理想決定命運」。那一代的報人並非不會受挫，但卻相對堅持傲骨與正氣。他時常為人作嫁，被文化界譽為「編輯界超級戰將」。已故的文化大學教授、新聞界大老鄭貞銘對這位學生給予高度評價，認為他是「深具使命感的儒編」。一九八九年夏天，他突然離開報社主管位置，為慈濟服務。高信疆夫妻倆開始協助《證嚴法師靜思語》的編輯，這盤棋局，下得文壇人士難以置信。究竟，這一切為何發生？

《證嚴法師靜思語》從此風行

一九八九年，慈濟護專創校開學在即。何國慶身為開校典禮召集人，很想出版一本《證嚴法師語錄》和大眾結緣。於是，他多次拜訪好友高信疆，希望借助其才華，完成這本書的出版。其實，高信疆雖然與臺灣宗教界有不少接觸，但本身並無信仰。何國慶的初步邀約，他給了個軟釘子。不過，該來的因緣總會出現。

稍後，高信疆參加了一場在臺北市延平南路「實踐堂」舉辦的慈濟榮董聯誼會時。當下，他被志工的熱情與證嚴法師的話語感動了。實踐堂是不少音樂會或藝文表演的場所，連高信疆本人都曾在此舉辦過不少場演講。同樣一個空間，卻因為慈濟志工的愛心滿溢，多了些許溫暖。參加這場聯誼會，是他下班後的時間。高信疆低調，以普通會眾的身分進場。滿場中，有人開始挪動身子、讓座的讓座，還有志工奉上熱騰騰的包子。這些細微的舉動，讓他印象深刻。

幾天後，高信疆正式與證嚴法師對話，並深受感動。自己的職業是編輯，終生未留下個人著作。但高信疆透過品味、鑑賞力與編輯專業，把證嚴法師質樸的日常對話，從留存性的資料精煉萃取成智慧甘露。不到半年，《證嚴法師靜思語》成為暢銷書。最後，更被翻譯成十多種語言發行至全世界。二〇一九年，緬甸文版本的靜思語也在當地問世。

同時，高信疆也廣邀媒體人和文化界朋友到慈濟參訪。大陸旅美知名作家劉賓雁、旅美作家聶華苓、李歐梵夫婦、電視紀錄片《河殤》撰稿蘇曉康，以及名作家柏楊、紐約大學唐德剛教授、新新聞周刊社長周天瑞、林白出版社發行人林佛兒等，都成為有緣與法師當面對話的人。另外，中央、中時、聯合、自由等報社，也都在相近時間，紛紛派遣記者到花蓮做大篇幅的報導。

一九八九這年，媒體似乎真正看見慈濟了。

想發行五十萬冊？出版界的人都笑了

出版《證嚴法師靜思語》，何國慶認真以對。除了邀約專業出版人才協助，他也與資深慈濟志工們腦力激盪。言語間，分享著證嚴法師說過的話、最令自己受用的話。其實，證嚴法師日常的話語不僅充滿哲思與智慧，更常常隱藏著一種草根與徹悟生命的幽默。透過高信疆，時於中央日報服務的洪素貞（洪靜原）加入團隊。除了協助紀錄，也細細整理出文字資料。不過，在資料彙整後，高信疆卻覺得似乎少了些什麼？

為了找尋答案，一九八九年八月，高信疆造訪靜思精舍。短暫停留三天之中，貼身採訪證嚴法師。《證嚴法師靜思語》裡的〈答人間問〉，補足了法師的人間形象，讓這本著作更加圓滿。

同年九月，慈濟護專開學。被當作結緣品的《靜思語紀念版》竟然發行了四萬冊之多。何國慶看到成品後相當滿意，開始考慮是否對社會公開發行。於是，他再度邀約高信疆與九歌出版社創辦人蔡文甫，於住家巷口咖啡廳商談出版事宜。當何國慶喊出五十萬本的銷售目標時，大家都笑了。這根本就是痴人說夢話吧？不過到現在，這個五十萬冊的目標早已實現。

二〇一九年，何國慶回憶過去：「時間真快，三十年了。當年上人智慧，邀請榮董聯誼會一起主辦。我也沒做過總召，便邀集大家一起幫忙。大家紛紛協助回憶上人講過的法語，剛辭去中央日報副刊編輯職務的洪靜原也來幫忙。《天下雜誌》還帶了一組團隊來靜思精舍住了一陣子。他們說，因為出版《證嚴法師靜思語》，讓臺灣發現了慈濟。當年我跟九歌出版社談，希望能賣出五十萬本。出版界的人都在笑，說能賣個一萬冊就不錯了。後來，我們都同意版稅歸給上人。而教聯會（慈濟教師聯誼會）又推動到各校，讓更多人受益。」

九歌出版社獲得授權後，正式發行《證嚴法師靜思語》。慈濟基金會第一本對外發表的書居然造成轟動，並於隔年榮登「年度十大暢銷書排行榜」。歷年來，已經累積出四百萬冊的銷售量。而這本書的版稅，證嚴法師則回饋給慈濟志工，成了年終歲末，慈濟人與會眾手中的福慧紅包。

從此，《證嚴法師靜思語》的影響力透過各種方式呈現並深入民間。臺灣的大街巷弄間，不少店家的牆上都貼著靜思好話。究竟，這些極簡的智慧法語，如何成就出深透人心的文字力量？

智慧法語落實到文字載體

如果回到八〇、九〇年代的時空以及出版市場蓬勃的年代，從媒體的排名中，就約略可以知道一本智慧書的影響力有多大了。（註2）

在一九九四年三月十七日《民生報》報導中，《證嚴法師靜思語》自一九八九年十一月出版後，是近年臺灣發行量最高的一本書。

一九九八年，《講義》雜誌列出四十二本經典書籍進行讀者票選。《論語》與《證嚴法師靜思語》分居前兩名。

《論語》長期落實在官方教育系統中，若非文盲，多少都能背誦幾句。不過，孔子是一位生於二千五百多年前的古聖賢，讀者難以親近其個人特質。有一說則是，《論語》因為過於片段，構不成知識體系、無法反映孔子真實的理念。不過，如果只以知識論看待《論語》，或許儒家思想就無法如此根深柢固地植入中華文化的基因中了。因為儒家思想建構的，正是一門關乎生命的價值觀。

《證嚴法師靜思語》可說透過一種仿《論語》的書寫風格，將簡練的文字集結成冊。現任慈濟人文志業基金會執行長王端正認為，書中的字字句句，融合的都是古聖賢的智慧以及證嚴法師所提倡的慈濟人文。

這本書能被八〇年代末的臺灣社會接受與廣泛流傳，有其時代因緣。原本，「靜思語」只出現在慈濟內部刊物——《慈濟道侶》半月刊裡。每期頭版，主編都會刊登一則靜思語。簡短好話，吸引不少讀者。各級學校教育工作者紛紛引用內容，當作品格教育的素材。

品格教育的另一選擇

九〇年代開始，臺灣越發重視品格教育。透過慈濟教聯會的推廣，《證嚴法師靜思語》裡的句句好話，吸引許多學校老師投入研究。除了以身作則，也成為引導學生思考的教材。

這個十年間，臺灣街頭與騎樓被「魔術方塊」、「快打旋風」、「野球拳」之類的大型電玩遊戲機台攻占。「小瑪莉」，則是另一種廣受歡迎的小額賭博機。當時，這些電子娛樂，讓許多學生流連駐足，而忘掉學習的本分。

從全民追金到學生沉迷電玩影響品格，教育難題一一浮現。

打罵教育仍是主流，愛的教育方才逐漸萌芽。不過，如果老師們對於教育心理學涉獵不夠，很難掌握要領。而《證嚴法師靜思語》，成了教育工作者容易運用的教材。在慈濟文宣刊物上，《證嚴法師靜思語》常被形容為「淨化人心」的力量。但從另一個觀點而言，它或許為傳統的威權教育體系提供了另外一種選擇。

《證嚴法師靜思語》的深度意涵並非教條，而是對應人生心境的觸媒。生命順遂時，某句話可以提醒造福的意義；生命挫折時，某句話可以激勵再起的勇氣；生命失去目標時，也許某一句話就會指出新的方向。

何國慶、高信疆、洪靜原等人，從證嚴法師的日常話語中淬鍊出精華。經過專業編輯後，給了讀者一個可以沉澱心境、反思的機會，並從這些智慧語中，發展出一幕幕生命轉折的故事。《證嚴法師靜思語》能夠廣為大眾接受，或許間接證明了文字與思想的力量如何清楚洞悉、並精準對治人生煩惱。

立志當子貢，加國慈善展創意

何國慶成功促成《證嚴法師靜思語》的出版後，深獲證嚴法師讚歎。一席訪談中，他笑著說，自己很早就立志要扮演證嚴法師弟子中「子貢」的角色。（註3）對於何國慶來說，事業有成後，開始嚮往提早退休的恬靜悠哉。於是，他舉家移民至加拿大。何國慶說，加拿大這個楓葉之國風景秀麗、人民友善。再加上社會富足，其福利制度世界聞名。即便最貧窮的人，也能擁有基本的生活保障，過著有尊嚴的生活。

何國慶舉例——只要發生災難，加拿大受災居民的吃住全由政府提供，連三天之內的旅館住宿費用也可給付。就算受災者搬遷他處，只要有單據，都可向政府請領補助。加拿大國民賦稅很高，但社會福利與健保制度，也相對健全。

移居加拿大前，證嚴法師一再叮嚀何國慶：「腳踩別人的地，頭頂別人的天，要懂得回饋，才能贏得他人尊重。」

何國慶長期研究明朝歷史，很能體會當年傳教士利瑪竇（Matteo Ricci）初到中國的心情。抵達加拿大之初，眼前一片美好。不過，何國慶開始思考如何在社福體系健全的國度推動慈濟志業。想起利瑪竇之所以能夠受到明朝皇帝到士大夫以降各階層的敬重，不外乎來自他的人格、以及對於異國文化的尊重態度。

在加拿大做慈善，何國慶有兩個原則：一是創意，二是建立合作夥伴。二〇一九年，何國慶邀約世界大學排名第三十七的UBC（英屬哥倫比亞大學）第四任校長來到花蓮拜會證嚴法師。前三任校長，也都與法師有過對話之緣。

UBC與慈濟的緣分並非來自捐款，而是來自慈濟的人文素養。

何國慶擔任慈濟加拿大分會執行長多年。與UBC這所世界名校接觸時，並非透過獎學金的捐贈，而是助學金（Entrance Bursary Fund），也就是新生入學的第一筆費用。

不只捐助金錢，還有細膩的人情與同理心

何國慶說：「一個學生能申請進入一流大學，機會難得。先進去讀了，才有機會申請學生貸款。否則，哪來的資格？如果沒有第一筆助學金，許多優秀學生就會被迫進入社會工作。終其一生，或許就是高中學歷。我並不是鼓勵追求高學歷，但是，當一個年輕人有能力靠自己翻轉未來，就應該給予最真切的幫助。一年五萬加幣（約合新臺幣一百一十五萬），幫助二十到二十五位左右的新生，這筆錢至關重要。」

何國慶有次應邀參加 UBC 學校活動。一位學生代表說，他因為慈濟的助學金，才有機會讀下去。一段話，讓何國慶很感欣慰。因為，這就是改變的開始。接下來，就靠孩子自己的努力、創造出屬於他們的一片天了。

何國慶說：「這也是為何 UBC 英屬哥倫比亞大學歷任校長們願意來參加慈濟活動的原因。因為慈濟加拿大分會的捐助不只是金錢，還有細膩的人情與同理心。」贊助世界級大學的名流富商很多。但慈濟做的一切，不是靠錢堆出來的名聲，而是獨特的人文素養。

除了資助入學的第一筆費用，清貧學生也在加拿大慈濟志工的關懷之列。在加拿大念書不用錢，但參加課外活動或是營隊必須自費。學生家裡如果供不起這些費用，孩子自然失去多元的學習機會。某些學生的家庭背景不只經濟條件差，甚至面臨家暴的壓力。

何國慶說：「我們不斷思索，如果能讓孩子短暫脫離家庭、出外多方學習，可能是個轉變的機會。所以，慈濟請教育局評估需要重點協助的孩子，訂定學習計畫。不過想鼓勵

學生參加，得先幫他們解決經濟上第一道關卡。」

何國慶談笑風生說，他有時跟慈濟的傳統援助原則稍微有點差異。或許不能說是直接、尊重，而是間接與合作。何國慶很少冀望蓋出宏偉的硬體，他希望有限的資源下，能與其他機構合作，相互壯大力量。

證嚴法師說過：「慈悲要有智慧。」不過，體會在個人。何國慶開玩笑說：「早年移民加拿大的華人，多半是準備來享清福的。比方說，其他國家的志工開會人手一台電腦。不過在加拿大，志工開會可能是人手一個保溫瓶。」

這個幽默裡蘊藏著玄機。早期移民到加拿大的華人，多數沒在當地工作過。何國慶自嘲，這些都是臺大英文系畢業——就是臺灣長大、聽到英文就死（臺語 sí）。也正因為國情不同、困難處處，更須發揮創意，才能為志業的推動增加力量。

深奧的人文，融會貫通在慈善

人文思想的力量，不僅僅是出版《靜思語》。何國慶知道如何融會貫通，落實在各項援助方案裡。

何國慶以「早餐計畫」說明。在加拿大，還是有許多孩子無法好好吃早餐。例如難民、新移民、或是經濟弱勢之類的家庭。雖然不少慈善機構也會提供「愛心早餐」，但慈濟志工作法就是不同。週間五天，志工八點準備好早餐送到孩子面前。此刻，孩子看到的不只是麵包與牛奶，他們還看到來自慈濟的叔叔、阿姨。關心與互動是實在的、具體的。當早餐可以吃飽，學習精神佳，吸收能力自然能提升。

二〇一六年五月加拿大麥克默里堡（Fort McMurray）發生森林大火，燒毀超過二千四百棟建築。並觸發亞伯達（Alberta）省史上最大規模的居民撤離行動。這場野火，是造成加拿大史上經濟損失最慘重的天災。

災難過後，慈濟志工聯繫當地教育局，希望提供學童援助。教育局當時提出三項需求，但何國慶選擇了建置"Leader in Me"（註4）軟體。孩子們經歷巨大災難，一夕之間家沒了，驚懼惶恐需要平復。於是，慈濟加拿大分會決定為亞伯達省麥克默里堡市公立學校校區、天主教學校校區提供三年心理復健計畫，贊助七十萬加幣（約合新臺幣一千六百萬），前後總共幫助了四千四百八十八位學生。

慈濟人蒞校拜訪之際，師生們熱烈歡迎。何國慶說，外國人不搞排場、也動員不來。但學生不僅主動安排表演節目給志工們看，還拉著志工的手認真解說學到什麼？慈濟人毫不居功的謙遜，感動了麥堡市長。他決定致贈「市鑰」（City Key）給慈濟加拿大分會，而距離上次市鑰致贈場合，已經有五年之久。

回看臺灣，政治對立和意識形態的拔河，讓社會處處裂痕。何國慶即便身處自由民主的加拿大，態度依舊謹慎、廣結善緣。他喜歡透過機構合作、給予支持。不只出錢，也透過志工群體，展現細膩的人文精神。

不墨守成規，但敢於創新

訪談間，何國慶自嘲：「自己在慈濟團體裡不太一樣，也聽過有人誇他很有 Guts（膽識）。」但這所謂有膽識，或許指的是「不墨守成規，但敢於創新。」

何國慶從八〇年代接觸慈濟後，看著它經歷大小風波。自己的師父，往往選擇最艱難的路走。連救災救苦，都有人口出酸言：「出家人不好好清修，為何踏入滾滾紅塵？」種種指責，從沒少過。但證嚴法師，也從未因此停止過善行；說出口的每句話，都蘊含著深思與前瞻的意義。

或許，每個人都該學習證嚴法師靜思後，話才出口的哲學吧。

關於話語的力量，何國慶再舉一例。有一年，印尼慈濟志工回臺向證嚴法師報告伊斯蘭教習經院掛著上人法像以表敬意、習經院長老也認為證嚴法師的話語與伊斯蘭先知並無二致。但證嚴法師卻短短一句話輕輕帶過，他希望習經院可以就地學習慈濟精神、自力更生。

「自力更生」，何其簡單的四個字。但這也再次顯現慈善精神中的培力理論。急難階段過後，讓受助者自立，才是真正的幫助。

何國慶回憶，二〇〇一年，印尼雅加達紅溪河水患嚴重。隔年他到當地，接待者是金光集團第二代的黃榮年。對談中，何國慶了解到一九九八年暴動後，印尼幣值大貶，經過四年仍然無法恢復水平。不動產大跌、股票慘賠，整個社會對投資失去信心。許多企業集團資產大幅縮水，情勢緊張。

當時，證嚴法師只給了印尼志工一段話——「只有愛，可以消除仇恨。」這句話，簡單到你我都能寫出來。但是，能寫出來，就代表理解真義嗎？

最極簡的話，最深奧的哲理

多年後，印尼實業家志工們終於理解這句話的深度意涵了。惟有國家與社會安定，企業才能永續經營。

二〇〇八年，金融海嘯重創全球經濟市場。何國慶擔心印尼華人實業家們在暴動後體質大傷，能否撐得過危機。沒想到，實業家們捐款回饋、參與社會公益毫不吝嗇。對何國慶來說，這簡直不可思議。全球性的金融危機，印尼實業家們終究挺住了。證嚴法師所謂的「安邦定國」，早已跳脫成語的片面意義。原來，法師的這四個字裡，講的是一個國家、社會、企業與人民必須共同努力的和諧利益共同體。

撰寫至文末之際，手邊正好翻閱著一本書——《台灣史新聞》。很巧合地，看到一個標題——「月集千元起家，慈濟功德會成立」。其中的「編按」寫著——慈濟功德會，被譽為臺灣的良心。（註5）超過五十年了，證嚴法師的志業，在弟子身上化為積極入世的力量。他說的話即便嚴厲，卻總是輕輕柔柔。但這些極簡無比的文字話語，卻常常能在關鍵時刻創造出無形的轉機。

好話也罷、靜思語也好，只要「對機」了，每段文字都是方向的指引。

「將挫折視為逆增上緣，生命中寶貴的經驗與資產，就能鍛鍊出健康積極的人生觀。」這句話，來自《證嚴法師靜思語》；「甘願做，歡喜受」這句話，也來自《證嚴法師靜思語》。

除了證嚴法師的弟子與《證嚴法師靜思語》的讀者們，「逆增上緣」、「甘願做、歡喜受」這些語彙，近年來已經常常被政治人物所引用，並成為新聞標題了。此刻，或許我們終能理解為何如此簡單的文字，卻擁有深透人心的力量了。

註1：靜思語最初見於《慈濟道侶》等慈濟刊物，首度結集成書，是九歌出版社印行之《證嚴法師靜思語》，後有天下文化出版《靜思語的智慧人生》、《靜思語的富足人生》及靜思人文出版《靜思語三十周年紀念（典藏版）》及《靜思語》數集、《兒童靜思語》等多種靜思語錄、言論集等書系版本。

註2：田德財，〈靜思語 簡單字句安定人心〉，《更生日報》，二〇一九年十二月七日。網址：http://www.ksnews.com.tw/index.php/news/contents_page/C00132539。

註3：子貢為孔子門生十哲之一，以「受業身通」與「言語辯才」聞名。成語「端木遺風」指的就是子貢遺留下來「誠信經商」的風氣。

註4：Leader in Me自我領導力教育國際數位教程，是根據美國管理學專家史蒂芬·柯維（Stephen Covey）的《與成功有約：高效能人士的七個習慣》（*The 7 Habits of Highly Effective People*）所發展出的一套品格及生活技能教育系統，用以引導學生學習二十一世紀生活技能、以及成為領導人才的內容。網址：https://www.leaderinme.org/leader-in-me-online/。

註5：曹銘宗，《台灣史新聞》，臺北：貓頭鷹出版，二〇一六年四月二版，頁一九七。

第三章／路，挑難的走

在一張大體老師的影像紀錄中，有隻乾皺的右手仿若活體，軟軟地靠在醫學院學生的肩上。這隻纖細的手從腕部被一刀往下劃到肘部，醫學生們練習解剖與研究肌理後、為其縫上數十針。自然法則的終點與奉獻軀體的精神轉化，在無聲中娓娓說法。

世人的母親

十六年間，筆者因為工作關係，常有機會與證嚴法師分享採訪故事、個人心得以及進行業務報告。但坦白說，始終還是保持著一定的距離。視覺記憶中，他有著領袖的威儀，但這威儀不是來自權力、而是來自難以形容的細膩認真與最重要的——德行。他也像個跨國企業執行長，大小會議中不管凝視投影片、或是低頭端詳平板電腦上的資料，在思索與決策中，往往給人穩重安定與前瞻遠見之感。當然，他更像是位慈祥母親，看透座前每個弟子、會眾與訪客的內心，不管話語中是真、是假；他能同理每個人的心結，不管易解與否；隨機開示的智慧話語，也總能帶來引導、啟發與激勵。

最後一次與證嚴法師的會面是二〇一八年五月底，距離很近、近到就在身邊。那一刻，頓生快速影像時間流之感。他靜靜傾聽、最後微微屈身在筆者肩上輕拍數下說：「我了解你，把心顧好。你講的，我都聽得懂。」

其實，對於這位領導慈濟五十餘年的法師，從未試著以視覺語言描寫。一是自認不具長期近身觀察的資格、足以描繪這位為世界奉獻終生的宗教家。二是，他的形象與精神數十年未變。變的，只是自然法則在肉體上的刻痕。在幾次製作歷史紀錄片的過程中，搜索到許多年輕證嚴法師的畫面。二、三十年前，證嚴法師皮膚光滑細緻、說話充滿殷切與希望感。氛圍中充滿熱血，彷彿好多事該做、也因為無數慈濟志工的加入而深信可以做得更多。君子不孤，他也似乎因為對於人性善念的深信、與預示到島嶼善潮的全球性開展而充滿動力。如果以聲音波形來說，年輕證嚴法師說話時的中高頻相對飽滿，字句間，充滿說服力與穿透力。穿透、並直懾聆聽者內心的善根與惡根。

點滴人生 人生點滴

撰寫本書最終章的此時，是證嚴法師身體狀況因為自然法則而漸趨虛弱的一年。這一年，法師動了眼部手術、行動更為不便、體力也大不如前。

二〇一九年年底，證嚴法師調侃自己過的是點滴人生。因為，病痛與承擔，讓他必須長時間吊著點滴工作、開會、思考與決策。

證嚴法師的話語，充滿文學性與影像感。對於自己的健康與眼力衰退，他散文般如此形容：「有人是眼睛慢慢看不見，也要感恩。感恩過去看過人間的色彩，現在聽到別人形容東西是紅色的，腦海中的色彩就浮現了；聽到貓、狗的叫聲，也會浮現貓、狗的形象，種種事物都印記在腦海中。其實，人身五根——眼、耳、鼻、舌、身，要保持一輩子都健康無缺實屬困難；就如我現在也看不清楚，但是我歡喜接受，因為感恩過去眼力還不錯，什麼都看得到，現在自然老化了，就歡喜接受。」

攝影技術中有個特殊名詞叫做 Time Lapse。有人翻譯成「曠時」、也有譯成「縮時」。不管哪種譯法，都是一種把長時間拍攝的影像縮短的方式。

Time Lapse 的視覺時間流，開始一格一格快速進入腦海裡，最後停格在他的童年與少年時期。那一格畫面，是個髮綁雙辮的清秀女孩、帶著獨特氣質與名門閨秀的樣貌。舊照片不似數位時代相機鏡頭智慧對焦的精準，人像輪廓邊緣帶有極其細微的模糊。其實，這模糊感，正是化學反應讓一個極小銳利曝光點逐漸柔焦的過程。逐漸柔焦，隱喻是時間；實際上，造成變化的也是時間。

時間、空間、人與生命，是人類文明史上，諸多智者的三個思考象限。清澈夜空，繁星點點，間歇閃爍的微小亮點，竟是數十億光年前的一股能量穿越時空後來到仰望者的視網膜裡。這視網膜，則是另一個小宇宙裡無數細胞與神經元的綜合體。

年少的證嚴法師跟同齡孩子不一樣，她對生命始終充滿疑惑。「為什麼？」是心中最常浮現的疑問。

為什麼？

證嚴法師俗名為王錦雲，年少時，她常常仰望星空、自問自答「為什麼？」在二次世界大戰後期，美國空軍轟炸臺灣頻率大增。少女王錦雲看盡兵災戰禍的瘋狂、黎民傷亡的悲劇，讓自己對於人生產生極大的問號。慈愛的父親猝逝，更增添她未盡足孝道的自責、以及對於生命奧義的更深層思索。

在豐原經營多家戲院的養父王天送，提供了女兒富裕的生活條件。這樣的環境，在戰後的年代是令人欣羨的。不過，證嚴法師最後卻選擇從優渥門庭、以及養父母為她打理的漂亮衣裳與項鍊首飾中毅然出走離家、追尋永恆答案。最後，王錦雲成為一介寒衲，法號「證嚴」。這一介寒衲，用自己的生命與思想創造出華人世界最具規模的慈善與修行團體。

法師對佛法與生命的探索起點，挑的，是一條最難走的路。

證嚴法師的出家之路，充滿戲劇張力。她前後離家兩次，最後在豐原慈雲寺住持修道法師的陪同下，隨機選擇一班南下火車，往臺東遠馳而去。芳齡二三之際，浪跡鹿野、隱居王母娘娘廟、深入都蘭山探險尋仙人，成為證嚴法師第一次的遠行探索之旅。在正式按照佛教儀軌皈依印順法師、剃度出家前，證嚴法師將自己的俗家姓名王錦雲改為「靜思」。這兩個字，也成為慈濟基金會最重要的精神根源。

對於證嚴法師而言，「靜思」是人文精神的思想中心，「慈濟」則是根基於靜思精神而發揮的功能組織。他曾說：「每個人都有不同的因與緣，師父的因緣是在那個時空背景中啟動了一念心——我很想要跳脫家庭，將只為一個家庭提菜籃的力量，變成挑天下米籮的力量。為什麼會起這一念，接著有動作？或許是與生俱來的基因。看不到、摸不著，卻有這樣的精神理念。」

「『禪』的意思就是『靜思惟』，心靜下來，好好地思考道理；法脈名稱『靜思』，就是要人人靜心思考。」

當靜思成為一種生活哲學與美學

現任「靜思人文」營運長的蔡青兒對於這兩個簡單、卻充滿哲理的字，有著深刻理解。她解釋，證嚴法師以花蓮靜思精舍為修行處，但從一九六六年佛教克難慈濟功德會成立之始，就堅持不受供養。皈依門下的出家眾，全部都得自力更生，數十年如一日。不只二百餘人僧團用度、連全球慈濟志工回到精舍、絡繹不絕的各國名流政要來訪，亦須接待與贈禮。早年的自力更生，靠著精舍常住師父手做嬰兒鞋、蠟燭換來微薄金錢。而出坡（勞動）農作，更是磨練心志毅力的一環。

一九九三年，靜思文化成立；二〇〇五年，更名靜思人文志業，成為證嚴法師精神與美學具象化產品的流通單位。版稅與收入，也全用於精舍的支出。不過，靜思人文並非單純販賣宗教文創商品，從推廣書香、茶香、以及健康飲食，莫非都是為了創造一種結合佛法、人文、東方禪以及利他思想的生活風格與社會文化。生活風格（Life Style），是西方世界重視的時尚，但與充滿哲學意涵的靜思美學風格相比，相對僅止於食衣住行與樂趣。靜思產品除了生活上的實用性，也讓風格二字昇華至美學、靈性與信仰。

靜思人文的流通產品中，最讓人印象深刻的應該就是「宇宙大覺者」了。曾經爭議不斷，甚有無端放矢者言，證嚴法師自稱是宇宙大覺者；但事實上，那純然是對於佛陀的尊稱。蔡青兒特別以曾經備受輿論攻擊的這尊現代佛像為例，談及產品的哲學性。這尊琉璃佛，是藝術無價、美學無價、佛法現代化表徵無價，加上高科技研發的精工藝術品。若以俗世貨幣而言，當然亦須等值。有能力購買並表達護持意願者，同時得到相應的價值感。

「宇宙」二字涵蓋的是時間、空間與人間；「覺者」來自成佛（覺悟）之意。涵蓋時空人、輕撫地球的現代佛像以宇宙大覺者稱之，有其佛法對應時代的創新涵義。但遺憾的是，這尊由北京中央美術學院博士與壁畫系教授唐暉設計、委由法藍瓷（Franz）公司精研的琉璃佛像，其具備的藝術與精神價值，卻淪為二〇一五年慈濟風波的失焦點。壓克力，樹脂，成為網民們不明就裡的攻擊語彙。

佛法、藝術加上科技與工藝的現代佛像

唐暉是來自大陸的知名藝術家。他為了參悟證嚴法師多層次佛法、哲學與美學的現代佛像概念，屢屢向法師請益、經歷無數次往復討論與修正，前後花了七年時間，終於完成「佛陀灑淨圖」的巨幅馬賽克壁畫。但是平面壁畫，依舊不易呈現「十方諸佛、佛佛道同、

生生不息、後有來者」的三度空間意涵。若想做成立體佛像、呈現清澈無染的靈性氛圍，更是難上加難。最後，這尊立體佛像的設計，由法藍瓷公司獲得證嚴法師的認可。

法藍瓷創辦人陳立恆，其實是一位虔誠基督徒。他將證嚴法師《證嚴法師靜思語》送給孩子與員工，認為這並無宗教色彩，反而發人深省。當「宇宙大覺者」被指控昂貴、斂財，陳立恆不得不公開自己的工業機密以昭公信。法藍瓷公司曾以數千萬元買下一家美國公司的創新科技，並投資航太工業等級的設備，才能產出類水晶（後被陳立恆重新命名為晶雕）的材質。這種材質的原料則來自知名的杜邦（DuPont）公司，擁有長久保存不變質的物理特性。

陳立恆在媒體上如此說明：「當然，價錢曾經是一個問題。但『晶雕』從專利、原料、設備、製作的過程就是這麼『高貴』。直到今天，我們的『晶雕』部門還在虧損中。只是憑著那一股為工藝產業所堅持的憨勁，希望苦撐到依舊遙遙無期的損益平衡那一天。所謂『一器之所成，百工斯為備』，這不只是一尊雕像。它是從材質、創意、生產、市場到信仰所串起的一條價值鏈。藝術價值本身見仁見智，也無法以金錢衡量。或許，遇見這些來自不同主觀的誤解與錯議，即是古今中外文創產業界必經的試煉艱辛。而創作者面對著伐異之聲，只能獨自承擔下許多難以言傳、不可負擔之沉重，這也正是文化與藝術往往難以開展成就，更需要你我珍惜尊重的原因。」（註1）

這篇誠懇但沉痛的說明，或許是對於「宇宙大覺者」最為簡短、但卻最為精要的解釋了。一直到二〇一九年，證嚴法師透過慈濟基金會編纂處主任洪靜原對於宇宙大覺者的回顧，說了這段話：「昨天聽靜原提起『宇宙大覺者』佛像的由來，我覺得自己確實很堅持，我沒有什麼獨創的見解，只有孤獨；這五十多年走過來的，無人理解我為什麼凡事都要跟人不一樣，凡事那麼執著。」

這深沉的孤獨感，只有法師本人能夠體會。

回到靜思人文，其營運的收入，正是靜思精舍自給自足的證明。因為證嚴法師堅持公私分明，精舍財務需求絕不動用到任何一分善款基金。雖然當年風波中輿論壓力極大，但法師堅信這是透澈佛陀精神後，抽象理念的具象呈現。這適配當代世界的時代佛像，何錯之有？

入世與「難」同行，早有心理準備

二〇一五年五月，因為擔心發生不理性的衝突，負責中正紀念堂（自由廣場）佛誕日浴佛大典的志工與轉播團隊無奈變更計畫，現場供市民信眾禮佛的宇宙大覺者數量也隨之減少。多年來的佛誕盛典與吉祥道氣，深受影響。事後，證嚴法師自嘆，這件事他應該堅持到底。不過，面對難以抵擋的撻伐風暴，法師考量到志工與同仁面對的沉重壓力，除了再度闡述理念，並未多做苛責。

因為經典精神的創新表現，一尊現代佛像被政論節目上的來賓與不解慈濟理念的名嘴們大肆批判。其實，如果安於傳統，也就不需要思考佛法的時代意義與創新性了。對證嚴法師而言，佛法或許可以單純落於文字或者形上縹緲的電視講道即可。為何在許多精神的具體呈現上，他會堅持做出如此的嘗試、並承受攻擊而不退縮？

對普通人來說，人生之路很多。選一條簡單平坦的走最容易，但挑一條崎嶇卻正確的「道」前行，卻時時得面對批評與挑戰。對證嚴法師來說，入世必定與「難」同行，早有心理準備。慈濟功德會全銜前的「克難」二字，已經預知走入人間即將面對的萬般困難。但如何準確呈現人間佛法的精髓與時代意義，或許才是法師心中最為執著的一條路。

從宇宙大覺者回到「靜思」。一般人或許很難想像，極簡的兩個字除了曾經是證嚴法師自取的名字，竟然成為慈濟這個國際性基金會的精神源頭。而這個源頭，已經歷經五十餘年絲毫無所動搖。從靜思始，時間成就一切，但也再度展現自然法則的無可迴避。一年一年過，法師的身體，逐漸不敵這自然法則的考驗。靠的，只有把握每一秒還能夠呼吸與傳法的意志力。

把每天當成最後一天，天天都在做「遺教」

證嚴法師自我要求嚴格，或可說幾近嚴苛。早年，慈濟基金會每年舉辦的歲末祝福活動中，他都堅持挺著背，一一替培訓志工發放委員證、或是為會眾發放福慧紅包。對於一位身形瘦弱的法師來說，挺背站立鎮日絕非易事。佛教儀軌講求「坐如鐘、行如風、立如松」，證嚴法師正是如此自律。不管什麼時候、從哪個角度看，背脊幾乎都是筆直挺立的。

二〇一九年四月，昭慧法師拜訪證嚴法師。當天，他寫下這樣一段話：「證嚴法師已高齡八十三歲，不久前才動青光眼手術。體力未全恢復，但仍日理萬機、並且戴著眼鏡、接見川流不息的來賓與全球各地回來的慈濟人。今天，我對他的如下自白，萬分感動。他（證嚴法師）說：『大家也勸我多休息，但我何忍休息！睜開眼睛，我看到了人間；閉上眼睛，我看到的是地獄。苦難眾生宛如活在地獄，救拔苦難是一刻都不能等待的，我何忍休息？』」

堪忍，是證嚴法師自認可以撐過每一天的關鍵。自己的孤獨感、對於佛法與人間的信念，一個挫折忍不過，就難以延續。不過，法師身體確實已經不比三十多歲的狀態。近年來，他開始以自己為例，分享病苦的心情：「師父現在也要堪忍老病的痛苦。但是只要還可以站起來走路，我就要強迫自己一直走，否則會走不動。自己要有這樣的覺悟，力量是從自己的身體發出來的，沒辦法靠別人。」

二〇一九年七月，證嚴法師再度離開靜思精舍全臺行腳。他對著弟子們說：「這次行腳在外三十一天，對眾講話、座談一百五十多場，也是盡了自己最大的努力，甚至在白天說話，晚上還要打點滴。因為把每天都當成最後一天，天天都在做『遺教』，希望人人『莫忘那一年』，『莫忘那一人』，更重要的是『莫忘那一念』。」

返回花蓮後，法師認真遵照醫囑復健、練習行走。因為他希望生命中每一秒，都能有所為、無所漏，更希望所有弟子的慧命，都要日日增長。

在證嚴法師的「生命縮時」裡，從年輕的清秀臉龐、到慈祥的長者，或許還會浮現幾個關乎個人情境的關鍵字——如孤獨、沒有自由、搶秒關、心絞痛、悲極無言、來不及、法髓……每天，法師的空間常常只有書房、正殿與齋堂。他曾對記者說過：「我真沒自由，人家都說精舍極美，我卻一點也不知道，只在照片上欣賞。我也很想看看外面的青青綠綠，看精舍的春天是怎樣的。可是我門一開，這麼多人那麼多雙眼睛，我的腳又縮回來了。」

這輩子，法師未曾出過國、未曾趁著行腳的機會到各地攬勝探幽。但其心之懸念，卻是摯愛的臺灣與全球災黎、以及人類的地球母親。

二十三歲離家、至今八十三歲（二〇二〇年）。六十年時間，這位比丘尼法師以一己之力，凝聚著從臺灣延伸至全球的那股善潮。

每天凌晨三點，夜色正濃，但法師已經打板而起。做完早課後，主講「靜思晨語」、主持志工早會。早餐後，開始一整天的會議與訪客接待行程。這種修行生活對常人來說是苦，但對證嚴法師，他會說這是「福」。

偶有空檔，證嚴法師才能離開會議室到精舍戶外稍微走動。

沒尾不要緊，好好修行也是一樣啦

靜思精舍裡，曾經走進一隻全身髒汙、皮膚病處處的大型流浪狗（英國古代牧羊犬）。

經過德偌師父細心照顧，流浪狗成為備受訪客歡迎的「大寶」。關於大寶，流傳著一個故事——初到時，牠有次跟著德偌師父外出，被一戶烤肉中的人家吸引過去。大寶回來時，咬了根雞腿。德偌師父見狀後嚴厲說：「大寶，你來精舍是要修行的，怎麼可以吃葷食呢？」大寶似乎聽懂，乖乖將雞腿放下，從此不碰葷食。

大寶生前常常跟在證嚴法師身邊。法師有次問：「奇怪，這隻狗怎麼沒有尾巴？」大寶頓時顏面盡失，自卑地悻悻然走開。法師見狀不忍，呼喚牠回來說：「沒尾不要緊啦，好好修行也是一樣的啦。」結果，大寶立刻回頭，繼續跟著法師繞園。這些軼事，述說著證嚴法師難得的輕鬆一刻。不過即便是輕鬆一刻，法師不分人與動物，口語間依舊不離度化與修行的期待。

回顧證嚴法師選擇的路，沒有一條是坦途。

從下定決心離開俗家那一刻、到三十位家庭主婦跟隨並日存五毛錢助人、募款興建慈濟花蓮醫院被質疑能力、大陸賑災被揚言燒掉精舍、呼籲大體捐贈被佛教界長老批評漠視中陰身的存在、九二一大地震後在經費無著下勾選五十一所學校援建希望工程，一直到二○一五年的風波、惡意造謠與攻擊，「難」與「堪忍」，成為唯二的形容詞。

當證嚴法師因為年邁與病痛而自覺氣虛與無力，海外分支會延伸靜思與慈濟精神後所為，反而成為為他補氣的精神心藥。每每看到志工能夠於本國發展出成效顯著的慈善方案，法師就會頓覺動力回溫。二○一八年，馬來西亞慈濟志工報告「斗湖變亮區」的會務內容與感人故事，讓證嚴法師頓覺信心大增。法師行腳之際，遇見環保站更為年長的志工，也興起相互勉勵的精進心。

我有使命，所以我不能停

佛陀是人、歷代法師高僧也是人，證嚴法師當然也是人——一位自稱凡夫的人。

他曾講過：「我常常跟大家說，不要忘掉我也是凡夫，我內心也會交戰，身體也有病痛的時候。但我只是感覺到，我有使命，所以我不能停。我不為什麼，只是為苦難人，盡此一報身，就算是下輩子，也還是要回來，這個娑婆世界。」

證嚴法師正式進入佛門前，曾經獲得一套《法華經》古籍。經典封面襯著經名《大乘妙法蓮華經》的白底已經褪色，時名靜思的證嚴法師將鹿野王母娘娘廟旁的廢棄涼亭當作自己的讀書亭，反覆研讀法華。入夜後，他點起油燈，專心抄寫記誦。

從此，深參法華、宣講法華、讓法華與真實世界結合闡述，成為他的使命。證嚴法師不僅熟讀此經典，更能古今交融、從當代事相，與古典經文遙相呼應。這部總共二十八品的重要經典為佛陀釋迦牟尼晚年對著弟子所說的重要教法。最重要的核心精神是——「眾生皆可成佛」。意即，所有萬物生靈都有覺悟的根基與潛力。其中的「法華七喻」，透過淺顯易懂的故事，轉譯出深奧的佛法。

證嚴法師宣講《法華經》可溯源自一九六九年。二〇一一年後，法師重回法華，希望將這部重要經典細細分析給弟子們聽。但是證嚴法師身體狀況不佳，有時必須遵照醫囑休養。二〇一九年春天，法師因病暫停《法華經》的宣講。八月三十一日，撐著身子，重回講壇。法師說：「七十六天前停在《法師功德品》結束，行腳回來後因為身體不調和，無法繼續往下講。這一世《法華經》沒有講完，心不能安。」於是，他不斷發願一定要完成《法華經》宣講，這也成為證嚴法師年過八旬後難行之路的終極目標。

除了完成宣講法華的心願，證嚴法師最期待的就是全球弟子們能否在分流發展之際、依舊懂得緊繫靜思法脈。

證嚴法師的粽繩喻

二〇一七年，證嚴法師以包粽子比喻組織管理。透過粽葉（會眾、志工、委員）集合社會資源（米粒餡料），透過一條條粽繩綁緊後回歸繩頭，也就是他心心念念的法脈根源。

二〇一九年八月，簡慈露從證嚴法師手中請過四串粽繩帶回雪隆分會。她轉述著證嚴法師的叮嚀：「如同綁粽一般，把每一條綁粽的繩子梳理清楚，一條條繩子連通到粽串的根源，也就是法脈宗門綱領。教大家依循規範而行，並不是限制大家做事，而是保障慈濟人的安全，讓整體運作更為順利。」

靜思、慈濟、《法華經》與「粽繩喻」，或許可以作為本章、以及本書的結語了。從少女王錦雲仰望星空思考「為什麼」那個瞬間，到離家求法、改名靜思、到正式出家，一直到成就了備受信賴、但也飽受流言蜚語批評的跨國慈善平台，這一切，花了證嚴法師幾乎一輩子能夠布施與傳法的所有分秒。

回到證嚴法師自述的凡夫二字。凡的字形，就像一個單純的人、擁有一顆單純的心。只不過，塵世慾望與人性之惡，讓單純複雜化、也讓生命煩惱化。數十億人口，就有數十億個不同的境遇與內心想望。這些想望，決定人類世界的未來。

但如同土耳其志工胡光中所說：「證嚴法師是個把愛極大化的人。」他讓凡夫俗子到政要名流，都能透過參與，獲得自我的各種領悟。

也如同羅綸有對於證嚴法師的描述：「臺灣基本上還是一個禮教束縛的地方，上人對於婦女地位與理念上的解脫提升，可能也是其他團體做不到之處。以大體捐贈為例，女性願意把自己身體被別人看到，這在過去是完全不能被接受的事。大體捐贈，女性占了六、七成。願意把身體留下來讓醫學生解剖，把禮教束縛下的羞恥感跟保守變成大用，這種提升難以想像，光是觀念的轉換就不得了。慈濟志工裡，女性占了七成。傳統社會觀念，女人只能做家事。」

「因為上人特別的 Role Model 角色，第一代弟子幾乎全部都是女性。這群人大多沒什麼社會地位，但上人讓女性未必要有社會地位才能做大事。有願意做事的善念、就能提升女性的社會地位、自我認同與價值，這也是巨大的影響。」

問過羅綸有慈濟之於社會的意義在哪裡？他如此回答：「回顧過去五十多年的話，上人與慈濟值得被記錄，這是毫無疑問的。但每件事都有一個軌跡，慈濟在十幾年前應該是社會信任度最為鼎盛的時候。因為社會信任度最高，承接到的善心、善款與資源也最多。相對的，社會的期待也會變得不一樣。因為，所有事情都跟期待有關。或許應該說，慈濟過去所做都遠遠超出社會的期待值。但當你做到一個頂點的時候，並不是你做得不好，而是這個期待值也相對提升到頂點對不對？如果這時做的事無法超越期待值，它相對就會呈現一個稍微下降的趨勢。但從成就善業的觀點來說的話，這也是一個歷史的必然。我們如何在『成、住、壞、空』的過程裡面，讓『成』與『住』能夠再往上走、還能夠超越期待？可能我們目前還沒有做到，我覺得我們本身也要有一點反省。相對來講，可能因為我們還沒發揮更大的創意。」

看完上面兩段觀察，真的很難吧？

善曲不能終 好人不會散

從五毛買菜錢投進竹筒的草創年代至今，慈濟的每個階段都面臨著不同的難。把愛極大化、並且滿足社會最高標準的期待，組織如何在靜思法脈之下更有創意、更能永續，應該是證嚴法師所有弟子們該承擔的責任了。一介寒衲，已經用畢生點滴精力引領出方向與思想。這串良善粽子，每粒米、每片葉、每條繩，都該日日靜思所有提問，並且找到答案與創新。

想到西方宗教的一句經典——「每個人，都是神的一部分。」在證嚴法師的世界裡，或許可以改寫成——「每個人，都是法的一部分。」至於法是什麼？就得靠每個人的用心、參悟與力行了。

從八句法師、凡夫、寒衲、病痛、苦撐、使命、大願，再度倒敘回溯到剃度出家接受印順法師「為佛教、為眾生」六字期勉的證嚴法師、自名「靜思」的求法人、以及躲過美軍轟炸後仰望星空思考人生意義的小王錦雲，這些意象縮時的輪廓，已經把「難」這個字與「願」這個使命，凝結在超過半世紀的時空之中。

證嚴法師真情說過一段話：「師父這輩子沒有遺憾了，該為臺灣做的事，已經盡心力去做；帶動出來的人間菩薩，每一位都是身體力行『無緣大慈，同體大悲』的佛陀教法，為人間造福、為眾生拔苦，你們都做到問心無愧。」

本章尾聲，僅以法師的真心語作結。

這本書，企圖從歷史大背景、世界與臺灣社會變遷脈絡、以及源於臺灣的一位佛教法師、無數跟隨者所為，盡其客觀地述說一個團體的精神根源以及其中許多不可思議的人生故事。除了慈濟基金會的演變，章節文字裡也涵蓋了對於過去成就的肯定、對於組織轉型的省思、以及對於未來開創永續的更多觀點與提問。

如果願意靜心、不帶偏見地閱讀完《島嶼善潮》這二十萬字，或許讀者們會對真正的慈濟面貌有所理解、也有所感觸。

丹青不渝，以時光見證。

註1：陳立恒，〈為什麼「宇宙大覺者」這麼貴？法藍瓷總裁陳立恆說明〉，商業周刊，二〇一五年三月六日。
網址：https://www.businessweekly.com.tw/focus/indep/24882。

後記

又行了一趟旅程

應王志宏總編之邀，撰寫一本必須帶著史觀、宏觀、微觀，並能從當代角度描述慈濟基金會與臺灣重要慈善發展史的輪廓，心中其實是忐忑的。在這個基金會轄下的大愛電視台工作約十六年，採訪經驗、製作過的節目、接觸過的人都數不清了。我從一個自由導演、無線電視台記者轉入非營利電視台、一直到擔任節目部門主管，本身就是一個重新認識媒體這個職業與生命意義的過程。

過去幾年間，社會對於慈濟基金會的誤解、謠言與惡意的汙衊，深深打擊了這個被稱為「臺灣良心」的團體。於是，「對於慈濟的再發現」成為一種動機，希望理性溫和的讀者，從中理解網路操作與訊息的真偽。身為一個擁有文字話語權的作者，我也盡其客觀，不希望本書成為八股宣傳。內容裡，除了詳述慈濟基金會的時代脈絡與意義，也描繪出其與時俱進、調整、優化、自我省思的努力。當然，可能的問題點、如何回應社會期待？透過不同觀點的交織，成為我代替理性讀者發言的中肯提問。

坦白講，要進入慈濟的世界未必困難，關鍵在「緣」這個字。但要全然理解慈濟的精神理念並不容易。一時的感動，容易流於片段與偏見、也容易消散。如果無緣深入體悟，很多行為就會流於表象。這十多年間的自我質問、理解、認識、矛盾、衝突、認同，一直到再理解、再發現、了解為什麼、到最後稍微能夠融會貫通的過程，是一趟難以言說的思辨與體悟之旅。證嚴法師與無數志工、被幫助的苦難人給予我這個媒體工作者的生命教育，讓我道聲感恩。

一個分支會、聯絡處與據點橫跨五大洲的臺灣原生慈善團體、五十餘年的歷史、無數付出但無求的人們、包山包海的使命感、浩瀚無垠的精神境界，如何以二十萬字的篇幅呈現？

第一個遭遇的問題就是——選擇誰的故事來代表某個群體或是某種意義？但再周延，都不可能出現最圓滿的訪談清單。因此，還是從《島嶼善潮》的書寫結構為基礎，隨著許多受訪者口中說的「因緣」二字邀約採訪。本書，有許多細節來自過去製作紀錄片時拍攝過的主角人物。極其寶貴、但礙於電視篇幅無法剪輯到影片的細節，趁此機會披露。此外，文字版面無法以百千萬字計。因此，許多重要人物、執行長、院長、校長、師生、醫護、媒體工作者、資深志工、一直到精舍師父，很抱歉無法全部收錄，但相信慈濟所有文字紀錄與出版品中，上述遺珠應無缺憾。

困難之二，應該以什麼寫作架構作為理念基礎，才不會落入筆尖隨興遊走的漫談？左思右想，回到證嚴法師皈依師父印順法師的六個字——「為佛教、為眾生」，應該是最為踏實的。接著，如何把自己對於人間佛教的理解、世界變遷的脈動、全球趨勢與五十餘年慈濟所做以及未來的思考交叉呼應，則真正考驗一個寫手的觀察與領悟。書寫歷史，會讓為文者越寫越謙卑。每每撰寫到塵世之亂與莫名的挫折打擊時，免不了感嘆這麼難，為何證嚴法師堅持一分一秒都不懈怠、堅持自己的信仰與思想？當社會批評慈濟吸納太多社會資源之際，是否想過原因？真的只是宗教力量嗎？但歸根究底，傳統民間認知裡的宗教經驗，可能完全無法解釋人生的為什麼。於是，下筆拿捏之間，必須客觀、不帶偏見、不帶袒護，這也是撰寫本書的艱難之處。

作為歷史與思想媒介，一本字數相稱的書比起短短的新聞、專題、一小時的紀錄報導，當然更能呈現細節。電影理論中最為重視的 context（脈絡），是建構認識的根基、也是本書最注重的寫作原則。

人有二十難，本書寫作有三難。

第三難是，本書的觀點、論述、情感面、精神面的刻畫，會獲得怎樣的讀者回饋？媒體理論所謂的目標觀眾與傳播效益，將是最後的考驗。不過關於這第三難，深思後決定回到佛教的因緣觀，或是披頭四暢銷曲 "*Let it be*" 的歌詞 "Speaking words of wisdom：Let it be." 為慈濟超過半世紀的足跡與全球時代變遷留下盡可能客觀的紀錄與說法，約莫就是本書最終目的了。它不只陳述、還包含內省、與突顯佛教順應時代自我調整的特質。若純以 Propaganda（政治宣傳）來定位，就失掉閱讀本書的意義了。

在後真相與假訊息氾濫的年代，所有文字與真實都很容易被斷章取義、扭曲後大量散布。偏見與立場，更是左右閱讀與接近真相的障礙。不過，相信有緣者自能在書中探索到難以被偏見與誹謗抹滅的真實與不凡。一介自稱凡人的寒衲帶領出如此規模的臺灣原生非政府組織，該說凡、還是不凡？期待讀者心中浮現答案。

末了，致敬這位永遠以凡人自居、吊著點滴、奉獻餘命的寒衲、以及無數跟隨他並為小島與希望努力的志工群體。每個人，都是全球七十多億住民之一。自己的生命歷程，也只有自己能夠決定。

路、或者「道」，成為我最後一段文字的註腳。與其在塵世洪流中隨著新聞事件、社會紛擾、政治騷動、族群認同而情緒起伏、激動、不滿、躁動、鬱悶，不如尋找一條自己選擇的路專注前行。生命，沒有倒轉這件事；但生命終點前，因果論可能也會為某些人準備好滿滿的遺憾空間。

想起二〇一一年製作系列紀錄片《真情之路》時的三句片尾箴言——

「地上本無路，人走多了，自然就變成了路。」——中國近代文學作家・魯迅

「只要找到路，就不怕路遙遠。」——慈濟基金會創辦人・證嚴法師

「我願意同走路的人一同行走，我不願只是站著看隊伍走過。」——黎巴嫩詩人・紀伯倫

選條路好好走，似乎是每個人都應該思考的生命歷程。如果您已經讀到最後這句話，我深深感恩、也祝福您。對於不管如何都不願理解慈濟真相、或是依舊充滿偏見的朋友們，作為本書作者，同樣感恩您。必要時，感恩這兩個字，我願意講三次。

有些事物成了日常，我們不會珍惜；有些事物消失了，我們遺憾已經來不及。

島嶼善潮 源自臺灣的慈悲涓流，如何匯為全球的濟世浪潮？

作　　者／王俊富
發 行 人／王端正
總 編 輯／王志宏
叢書主編／蔡文村
叢書編輯／何祺婷
美術指導／邱宇陞
資深美編／蔡雅君
校對志工／何瑞昭
出 版 者／經典雜誌
　　　　　財團法人慈濟傳播人文志業基金會
地　　址／台北市北投區立德路二號
電　　話／（02）2898-9991
劃撥帳號／19924552
戶　　名／經典雜誌
製版印刷／禹利電子分色有限公司
經 銷 商／聯合發行股份有限公司
地　　址／新北市新店區寶橋路235巷6弄6號2樓
電　　話／（02）2917-8022
出版日期／2020年2月初版
　　　　　2020年5月再版一刷
定　　價／新台幣420元

ISBN 978-986-98683-3-4（平裝）
Printed in Taiwan

國家圖書館出版品預行編目（CIP）資料

島嶼善潮：源自臺灣的慈悲涓流，如何匯為全球的濟世浪潮？ / 王俊富撰文. -- 初版. -- 臺北市：經典雜誌，2020.02
面； 公分
ISBN 978-986-98683-3-4（平裝）

1. 佛教慈濟慈善事業基金會 2. 證嚴法師 3. 國際非政府組織（INGO） 4. 慈善 5. 公益 6. 環保 7. 國際援助 8. 志工

548.126 109000125

[經典]
HUMANITY
[人文]